Tamina-Florentine Zuch

SUPERTRAMP

Tamina-Florentine Zuch

SUPERTRAMP

Als blinde Passagierin mit dem Güterzug durch das Herz Amerikas

Bibliografische Information der Deutschen Nationalbibliothek:
Die Deutsche Nationalbibliothek verzeichnet diese Publikation in der Deutschen
Nationalbibliografie. Detaillierte bibliografische Daten sind im Internet über
http://dnb.d-nb.de abrufbar.

Für Fragen und Anregungen:
info@rivaverlag.de

Originalausgabe
1. Auflage 2018

© 2018 by riva Verlag, ein Imprint der Münchner Verlagsgruppe GmbH
Nymphenburger Straße 86
D-80636 München
Tel.: 089 651285-0
Fax: 089 652096

Redaktion: Matthias Teiting
Umschlaggestaltung: Isabella Dorsch
Umschlagabbildungen: Tamina-Florentine Zuch
Abbildungen Bildteil: Tamina-Florentine Zuch
Satz: Carsten Klein, Torgau
Druck: GGP Media GmbH, Pößneck
Printed in Germany

ISBN Print 978-3-7423-0436-0
ISBN E-Book (PDF) 978-3-95971-958-2
ISBN E-Book (EPUB, Mobi) 978-3-95971-959-9

Weitere Informationen zum Verlag finden Sie unter

www.rivaverlag.de
Beachten Sie auch unsere weiteren Verlage unter www.m-vg.de

Inhalt

Teil II

Für Gabi

TEIL I

Als Kind wollte ich Pyrotechnikerin werden. Mein Vater war Architekt. Solange ich mit meiner Familie zusammenlebte, träumte ich, dass ich schweben könnte. Kurz nachdem ich auszog, träumte ich zum ersten und letzten Mal vom Fliegen.

Meine Eltern haben uns immer alles zugetraut.

Ich habe blondes Haar und blaue Augen. Ich lebe allein. Sonntag ist für mich ein Tag wie jeder andere, nur dass der Supermarkt geschlossen hat. Ich habe keinen besten Freund und keine beste Freundin. Ich reise gern allein.

Früher habe ich oft gelogen, um mein Leben spannender klingen zu lassen. Heute langweile ich mich nur noch selten.

Das Wort Exil klingt in meinen Ohren paradiesisch.

Meine Mutter hat mich behalten, aber mein Vater hat mich verlassen.

Ich habe kein Haustier. Ich habe keine Waschmaschine. Ich habe keinen Kühlschrank. Ich habe keinen Wasseranschluss.

Die Wärme eines Holzofens ist mir lieber als die Wärme einer Heizung. Ich habe gern Gäste.

Als Kind habe ich mir ein Nilpferd gewünscht, mein Vater war einverstanden und meinte das ernst. Ich habe trotzdem nie eins bekommen.

Ich hatte einmal gleichzeitig Salmonellen, Würmer, Typhus und Malaria. Der Typhus hat mich fast umgebracht.

Der Gedanke an den Tod ängstigt mich nicht, er stellt mich vor ein Rätsel. Manchmal überrascht es mich, wie schön die Welt ist und dass alles Hässliche vom Menschen kommt.

Ich kann mich schlecht verstellen, aber gut anpassen.

Wenn mich jemand fragt, woher ich komme, weiß ich nie, was ich antworten soll. An einem Ort, den ich mein zu Hause nenne, fühle ich mich nicht weniger fremd als woanders. Es fällt mir nicht schwer, einen Ort wieder zu verlassen. Ich vermisse nur selten und kurz. Ich versuche die Welt zu verstehen, indem ich sie mir ansehe. Warum haben die Menschen so viel Angst vor der Fremde?

Di., 16. Mai
New York

In New York sind die Gebäude so hoch, dass man sich mit dem Rücken flach auf den Boden legen muss, um ihre Dächer zu erkennen. Es gibt Häuser und Bauten in allen Formen und Farben, womit sie den Menschen ähneln, die in ihnen ihre Leben verbringen. Die gesamte Vielfalt kommt auf engstem Raum zusammen: Businessmänner mit Anzug und Aktenkoffer, frisierte Frauen in engen Kostümen, der Blick konzentriert, sorgfältig gewählte Kleider, das Mobiltelefon in der einen, den Pappbecher mit der neuesten Chai-Latte- oder Mocchachino-Kreation in der anderen Hand. Sie rauschen an mir vorbei, jeder seinem eigenen Ziel entgegen.

Die Vielseitigkeit der Stadt umfasst die schönen Dinge ebenso wie die hässlichen. Wo sind sie, die Menschen, deren Blicke man meidet? Die Menschen, die man im Augenwinkel erkennt, an denen man dann aber gezielt vorbeisieht und hofft, nicht angesprochen zu werden? Wo sind die Menschen, deren zu Hause genau jene Straßen sind, auf denen die anderen zur Arbeit gehen?

Ich finde sie auf der St. Mark's Street, einer Straße Manhattans, die um einiges schäbiger ist als die anderen. Überall liegt Müll, die Wände sind beschmiert, der Boden verklebt. Hier kreuzen sich die Wege der Vagabunden und Obdachlosen. In jedem zweiten Hauseingang sieht man sie sitzen. Ihre Kleider und Gesichter sind dreckverkrustet, sie rauchen, verstecken den Alkohol in braunen Papiertüten, sie reden laut und grob, und ihr Lachen klingt wie das Bellen ihrer Hunde. Hin und wieder löst sich eine der Gestalten aus einem der Hauseingänge und verschwindet im nächsten.

Verirrt sich ein Tourist oder ein Anzugmensch in diese Straße, wird er sofort von hungrigen Augenpaaren anvisiert, dann angebettelt. Ich hingegen werde ignoriert. Ich passe nicht ins Beuteschema. Ich sehe aus wie sie, nur dass ich noch sauber bin.

Vor vier Stunden bin ich in New York gelandet. Ich hatte drei Wochen, um diese Reise zu planen. Sechs Wochen werde ich unterwegs sein. Vor ein paar Jahren habe ich bereits eine ähnliche Reise unternommen, allerdings war damals so einiges anders. Ich war anders. Ich bin auf der ersten Reise den Erlebnissen und Begegnungen kaum gerecht geworden, und deshalb wollte ich sie unbedingt noch einmal machen. Und diesmal richtig. Ohne Einschränkungen, ohne Kompromisse, ohne Begleitung. Ich will auf Güterzügen das Land durchqueren, gemeinsam mit den Menschen, denen ich auf der Straße begegne. Ich werde mein Essen und meinen Schlafplatz mit ihnen teilen und mir ihre Geschichten anhören.

Meine schwarze Jeans und mein graues Hemd sind frisch gewaschen, meine Haare frisiert und zu einem Zopf gebunden. Ich bin etwas müde vom Flug, aber das sieht man mir kaum an.

Ich trage nur eine Hüfttasche. Meinen Rucksack habe ich bei Fiza gelassen, dessen Adresse ich von einer Freundin bekommen habe. Fiza lebt in New York und hat mir angeboten, die erste Nacht bei ihm zu verbringen.

Nach meiner Ankunft haben wir nur ein paar Worte gewechselt, dann bin ich losgezogen, und während ich nun die St. Mark's Street hinuntergehe, beruhigt mich der Anblick ebensosehr wie er mich einschüchtert. Mit diesen Menschen werde ich die nächsten Wochen verbringen, es wird nicht lange dauern, bis meine Kleider so zerschlissen und meine Haut so dreckverkrustet ist wie ihre.

Ein junger Typ mit lockigen Haaren und schwarz umrandeten Augen tänzelt an einem Baugerüst entlang bis zu einer Gruppe, die angelehnt an das Geländer auf dem Boden sitzen. Ein älterer Mann hockt neben einem jüngeren, gegenüber sitzt ein junges Paar.

Ich bleibe vor ihnen stehen und lächle die Hunde an, die sich zwischen ihren Beinen und Rucksäcken tummeln. Dann sehe ich auf und warte, bis das Mädchen mich bemerkt.

»Hi, wie geht's?«

Sie lächelt mit schlechten Zähnen.

Ich setze mich neben sie und nicke in die Runde. Der Lockige reicht mir die Hand, sein Name ist Izzy. Er kann kaum stillhalten, springt in seiner Latzhose umher und wechselt von einem Gespräch zum nächsten. Als ich das Mädchen frage, ob sie vorhat, New York demnächst zu verlassen, erklärt sie, dass sie mit ihrem Freund eine Weile in der Stadt bleiben und erst in ein paar Wochen Richtung Norden weiterziehen werde. Ich erzähle ihr von meinen Plänen, und sie meint: »Du hast echt Eier, Mädchen!«

Sie schlägt mir vor, den Abend mit ihnen zu verbringen, vielleicht würden noch ein paar Leute vorbeikommen, von denen sie gehört habe, dass sie New York verlassen wollten.

Dea hat ihren Kopf zur Hälfte kahl rasiert und steht alle paar Minuten auf, um sich zu übergeben. Sie ist schwanger und wartet darauf, genügend Geld zusammengebettelt zu haben, um eine Abtreibung vorzunehmen.

»Ich bin keine Mutter«, sagt sie.

Dea hat Hepatitis C, ist drogen- und alkoholabhängig und glaubt selbst nicht daran, dass sie jemals von der Straße runterkommen wird. Ein Kind hat sie bereits verloren. Eine Frühgeburt, die nach drei Monaten starb, ein Junge. Ihre Tochter lebt bei ihren Eltern in Alaska, auch sie hat Hepatitis C. Dea möchte nicht noch so ein Kind in die Welt setzen. Sie und ihr Freund kennen sich seit zwei Jahren und ziehen gemeinsam mit ihren beiden Hunden von Stadt zu Stadt. Er hätte gern Kinder. Irgendwann einmal.

»Es ist ihre Entscheidung.«

»Mein Hund ist mein Baby«, sagt Dea, während sie ihrem Freund die Pickel im Nacken ausdrückt.

Deas Geschichte überrascht mich nicht. In den Vereinigten Staaten leben Tausende junge Leute wie sie auf der Straße und kämpfen mit ihrer Vergangenheit und Zukunft. Sie schließen sich zu Paaren und Gruppen zusammen und ziehen von Stadt zu Stadt. Manche finden hin und wieder Arbeit und lassen sich für ein paar Wochen nieder. Andere verfallen dem Drogenkonsum, der nicht selten mit dem Tod endet. Sie nennen sich *Dirty Kids*, weil sie schmutzig sind und stolz darauf. Mit ihrer Schmutzigkeit zeigen sie dem Rest der Gesellschaft ihre Rebellion.

Dirty Kids bleiben nie länger als nötig an einem Ort. Sie verlassen ihn wieder, ohne Spuren zu hinterlassen, und erklären, sie seien *houseless*, also ohne Haus, und nicht *homeless*, ohne ein Zuhause. Sie haben sich ihren Lebensstil selbst gewählt, was sie von den gewöhnlichen Obdachlosen unterscheidet.

Allerdings kann immer irgendwann der Zeitpunkt kommen, an dem ein Dirty Kid der Straße verfällt und zum Obdachlosen wird. New Orleans und New York haben den Ruf, die Hochburgen des Drogenkonsums und der Kriminalität zu sein, die in ihre gewaltigen Strudel die Vagabunden einsaugen und ihnen mit aller Kraft Rucksack, Stiefel und Lebensfreude entreißen. Gebrochen, mit Plastiktüte und Einkaufswagen, bleiben sie auf den dunklen Straßen zurück.

Lebt man auf der Straße, gibt es gewisse Regeln, die eingehalten werden. Man beklaut sich nicht gegenseitig, hilft sich aus mit Essen, Drogen, Alkohol und Zigaretten. Man tut sich zusammen auf der Suche nach einem geeigneten Schlaf- oder Bettelplatz.

Je größer allerdings die Stadt ist, desto mehr Leute gibt es, die sich nicht an diese Regeln halten.

Gegenüber von Dea sitzt der jüngere, der mit seiner Müdigkeit kämpft. Er heißt Squirrel und ist ein seltsamer Typ, wie ein Schatten, so ruhig und unauffällig. Er ist zweiundzwanzig Jahre alt und lebt bei seinen Eltern in Coney Island. Sie stammen aus der ehemaligen Sowjetunion und haben eine Firma gegründet, die Wände so streicht, dass sie wie Marmor aussehen.

Squirrel zeichnet gern. Sein Bruder ist drogenabhängig, er selbst wahrscheinlich auch. Während er mich zeichnet, fallen ihm immer wieder die Augen zu. Er hat seit zwei Tagen nicht geschlafen.

In Squirrels Schlafphasen unterhalte ich mich mit Brian, dem älteren. Er ist ruhig und schüchtern. Er hat nur eine ausgebliichene Plastiktüte dabei, trägt ebenfalls eine Latzhose und eine Brille auf der kleinen Nase, deren Rahmen an zwei Stellen gebrochen und nur notdürftig zusammengeflickt ist. Brian erzählt von seiner Güterzug-Vergangenheit und den schönsten Strecken, an die er sich erinnert. Er vermisst diese Art zu Reisen, das Reisen an sich. Er war schon lange nicht mehr unterwegs.

Plötzlich hören wir laute Stimmen auf der dunklen Straße, und Brian steht auf und läuft auf zwei Gestalten zu, die sich anschreien. Es sind Izzy und ein Mädchen, die sich mit roten Köpfen und vorgebeugten Oberkörpern ihre Vorwürfe entgegenschleudern. Wie sich herausstellt, hat der Freund des Mädchens mehreren Leuten Sachen geklaut, woraufhin Izzy und ein paar andere ihn verfolgt, verprügelt und seinen Rucksack und den seiner Freundin geschnappt und in irgendeinem Gebüsch versenkt haben. Es dauert nicht lange, bis der blutverschmierte Freund dazustößt und von seiner Freundin festgehalten werden muss.

Squirrel wird von dem Lärm wach und zeichnet unbeeindruckt weiter. Es scheint ihn nicht zu stören, dass er mich nun im Profil weiterzeichnen muss, weil ich gespannt die Auseinandersetzung beobachte. Ich überlege, für welche Seite ich Partei ergreifen würde.

Es dauert nicht lange, bis Sirenen ertönen und blaue Lichter kreisend die Straße erhellen.

»Scheiße, die Bullen!«

Alle schnappen ihre Sachen, greifen nach den Leinen ihrer Hunde und machen sich aus dem Staub. Nur Squirrel und ich bleiben zurück.

»Wo gehen die denn alle hin?«, fragt er verwundert.

»Ich glaube, die hauen ab, vor den Bullen.«

»Die Bullen?«

Er hebt müde den Kopf.

»Dann sollten wir auch abhauen.«

Als er sich endlich erhoben hat, ist das Blaulicht längst an uns vorbeigezogen, und die Straße wirkt verlassen.

Ich ärgere mich. Brian hätte vielleicht interessant sein können. Vielleicht hätte er New York mit mir verlassen. Jetzt ist er spurlos verschwunden.

Es ist noch vor Mitternacht, ich bin hellwach. Ich möchte die Freiheitsstatue sehen, und wir laufen los.

Squirrel erzählt mir von seinem gebrochenen Herzen und seiner russischen, allzu pro-russischen Familie, erzählt von seiner Großmutter, die damals nach Amerika kam, und dass er nur einmal im Leben verreist sei, mit seiner Mutter nach Mexiko, als er noch ein kleiner Junge war.

Wir kommen an einem Mann vorbei, der bewusstlos auf dem Boden liegt. Er sieht eigentlich nicht wie ein Obdachloser aus, eher wie ein Partygast, und ich überlege kurz, was ich tun soll. Squirrel zuckt nur mit den Schultern und will weitergehen. Ich nähere mich dem Mann und beuge mich zu ihm: »Sind Sie okay?«

Keine Reaktion.

Der Krankenwagen ist innerhalb von vier Minuten da und nimmt ihn mit. Die Sanitäter sagen, es sehe ganz nach einer Überdosis Heroin aus, und mir kommt der Gedanke, dass ich die Zukunft des Mannes, sofern es wirklich ein Obdachloser gewesen ist, um noch ein Stück schwieriger gemacht habe, da er vermutlich nicht versichert gewesen ist und ihn diese Aktion einiges kosten wird.

Wir laufen zum Wasser, und ich bemerke, das Squirrels Knie allmählich nachgeben und ihm die Augen zufallen. Bis zur Freiheitsstatue sind es noch ein paar Meilen. Wir setzen uns auf eine Bank, ich rauche eine Zigarette, Squirrel sackt der Kopf auf die Brust, und er schläft ein.

Die Freiheitsstatue werde ich in dieser Nacht wohl nicht mehr sehen. Ich bleibe noch einen Moment sitzen und höre mir Squirrels ruhigen Atem an. Es ist warm, frieren wird er nicht.

Ich stehe auf und laufe zurück zu Fizas Wohnung.

Ich bin davon ausgegangen, dass die ersten Tage schwierig werden würden. Viele haben mir davon abgeraten, die Reise in New York zu beginnen. Zu viele Drogen, zu viel Kriminalität.

Ich kenne mich in New York kaum aus, vor allem nicht auf den Güterbahnhöfen. Ich muss jemanden finden, der Erfahrung hat, der die richtigen Stellen kennt, die richtigen Gleise.

Fast zwei Stunden brauche ich für den Rückweg, und an der Straßenecke vor dem Hauseingang treffe ich zufällig auf Fiza. Er war noch feiern mit Freunden.

»Wie war dein Abend?«

»Nicht sonderlich erfolgreich.«

Ein Wachmann lässt uns hinein, und der Fahrstuhl bringt uns in den fünften Stock. Eine alte Dame vermietet ihm günstig ein Zimmer in ihrer Wohnung. Wir teilen uns sein großes Bett, er erzählt mir von New York und seiner Familie in der Heimat. Ich erzähle von meinen Plänen.

»Warum tust du dir das an?«

»Vielleicht, um es mir selbst zu beweisen. Keine Ahnung.«

Ich kannte Fiza bisher nur vom Hörensagen. Wir haben ein paar gemeinsame Freunde, sind beide Fotografen. Er ist viel unterwegs, dokumentiert die Krisen der Welt für die großen Zeitungen.

Für andere mögen solche Reisen unvorstellbar sein, aber wir lieben unseren Beruf genau wegen dieser Herausforderungen. Sechs Wochen habe ich mir zwischen zwei anderen Projekten für diese Reise freiräumen können. Ich tauche von einer Welt in die andere, von einer Kultur in die nächste, das ist mein Leben. Ich kann mich kaum sattsehen an der Vielfalt der Welt, und meine Bilder finanzieren meine Neugier.

Mi., 17. Mai
New York

Nach einem ausgiebigen Frühstück und einer langen Dusche packe ich meinen Rucksack. Unwichtige Dinge wie Shampoo und Haarbürste kommen nach unten, Matte und Schlafsack binde ich außen an.

Dann gehe ich zurück zur St. Mark's Street.

Es ist weniger los als am Abend. Ich erkenne nur vereinzelt ein Gesicht wieder, von Dea, ihrem Freund und Squirrel fehlt jede Spur. In einer der Nebenstraßen finde ich Brian, der an einer Ecke sitzt. Vor ihm ausgebreitet liegen Kugelschreiberzeichnungen, unbeholfene Striche auf abgegriffenem Papier, die hauptsächlich Drachen- und Totenkopfmotive zeigen. Vor ihm steht ein Becher mit ein paar zerknüllten Scheinen, daneben ein Pappschild: *Starving Artist – Anything Helps.*

Ein hungriger Küstler, der für jede Hilfe dankbar ist.

»Ich mag den Drachen«, sage ich.

Brian sieht zu mir auf.

»Hey, wie geht's? Du hast deinen Rucksack dabei!«

Der Rucksack, der mir plötzlich viel zu schwer vorkommt, voll mit unnötigen Sachen.

Ich stelle ihn neben Brians Plastiktüte und setze mich auf den Gehweg. Dort verbringen wir gemeinsam den Nachmittag, während New Yorks Alltag an uns vorbeiläuft. Hin und wieder bleibt jemand stehen, lobt Brians Fertigkeiten, schmeißt einen Dollar in den Becher, aber eine Zeichnung kauft niemand.

Izzy kommt vorbei, setzt sich kurz zu uns und verschwindet wieder. Auch andere Dirty Kids tauchen auf.

Sie kennen sich untereinander, die Bettler Manhattans.

»Später machen wir ein Barbecue am Wasser. Bist du dabei?«

»Klar.«

Das Sitzen fällt mir leichter, jetzt, wo ein Ende abzusehen ist. An das Nichtstun muss ich mich erst gewöhnen.

Die frische Brise am Ufer tut gut. Es ist heiß gewesen am Nachmittag, einunddreißig Grad, selbst nach Sonnenuntergang kühlt die Luft kaum ab. Nach und nach vergrößert sich die Gruppe, aus allen Richtungen tauchen aus der Dunkelheit Dirty Kids und Obdachlose auf. Als wären die Straßen New Yorks die Zimmer einer Wohngemeinschaft, und das Ufer unsere Küche. Ich halte mich an Brian und die Gruppe vom Vortag. Mit uns zusammen sind hauptsächlich junge Menschen hier, einige Paare, die seit Monaten oder Jahren auf der Straße leben und viel unterwegs waren. Ich versuche herauszufinden, wem ich mich anschließen kann und will. Wer in nächster Zeit die Stadt verlässt und mit welchem Ziel.

Während die einen kochen und die anderen Drogen nehmen, nimmt einer aus der Gruppe seine Gitarre auf den Schoß und beginnt, an den Saiten zu zupfen. Niemand reagiert, bis der erste Ton aus seiner Kehle dringt. Während er singt, verändert sich sein gesamtes Erscheinungsbild. Er wandelt sich von einer schwerfälligen, leicht unheimlichen Gestalt zu einem schnaufenden und schwitzenden Magneten, dessen dröhnende Stimme alle Bewunderung auf sich zieht.

Einige packen ihre Instrumente aus und stimmen ein. Banjo, Gitarre und Löffel. Sie singen die Lieder der Dirty Kids: über das Leben auf der Straße, von Freiheit und Verlust.

Es wird weiter getrunken, geraucht, sich allerlei Sachen in die Kehle geschmissen und in die Arme gejagt, sodass mit voranschreitender Zeit kaum noch jemand imstande ist, sein Instrument oder einen geraden Ton zu halten. Gegen ein Uhr ist die Party vorbei.

Einige kämpfen gegen die Müdigkeit an, die sie während eines Gesprächs oder beim Drehen einer Zigarette übermannt, andere werden aggressiv.

Ich setze mich etwas abseits und sehe mir die Menschen an, die so unberechenbar, so furchtlos erscheinen. Sie sitzen auf Bänken und auf dem Boden, kippen im Halbschlaf zur Seite, schnupfen, spritzen, rauchen. Ein Paar liebt sich hinter einem Baum, die anderen rufen ihnen wüste Aufforderungen zu oder ignorieren sie. Immer wieder pöbeln sie sich gegenseitig an, zerren an den Leinen ihrer unruhigen Hunde.

Sie schaukeln sich hoch an ihrer eigenen Frustration. Je später es wird, desto mehr sind sie drauf – auf Drogen, Alkohol und dem eigenen Leid. Es scheint mir, als würden sie auf ihr Leben spucken, es mit Füßen treten, sich selbst nicht ertragen. So müssen sie sich betäuben, mit allem, was ihnen zwischen die Finger kommt. Hin und wieder ein Highlight: an einem schlechten Tag die Prügelei, an einem guten die volle Dröhnung.

Ich will raus aus dieser Stadt. Raus aus New York, dem großen Sumpf, der in der Nacht seine dunkle Seite präsentiert – wenn sich die Reichen in ihre Wohnungen verziehen und die Schmutzigen und Gebrochenen auf der Straße zurücklassen. Wenn es für die Zurückgelassenen keine Ablenkung mehr gibt und die Abwesenheit der Erfolgreichen wie ein unsichtbarer Zeigefinger durch die leeren Straßen streift und auf die Gescheiterten zeigt.

Ich will mich ihnen nicht anschließen. Keinem von ihnen. Die Leute sind mir zu krass. Sie leben keine wirkliche Freiheit.

Brian hat sich wie alle anderen etwas eingeschmissen und getrunken, ist aber noch etwas klarer. Er ist auch um einiges älter. Er erzählt, dass er schon überall auf Güterzügen unterwegs gewesen ist, allerdings noch nie im Nordwesten. Da will er unbedingt noch hin.

Dann fragt er, ob ich mir mit ihm einen Schlafplatz suchen möchte. Ich putze mir die Zähne am Trinkwasserbrunnen und wir ziehen los.

Wir laufen mit Rucksack und Plastiktüte durch die verlassenen Straßen Manhattens und singen *Please don't go* von Chicago. Ich singe lauter als nötig, denn es hilft die Enttäuschung über die ersten Tage meiner Reise zu überspielen.

In einer Seitenstraße legen wir uns neben ein geparktes Auto und einen Baum.

»Das ist ein guter Platz. Ich habe hier schon einmal übernachtet.«

Brian wirft seinen Schlafsack und seine Tüte ab und stromert herum, bis er ein großes Stück Pappe findet, dass er mir mit Stolz präsentiert. Er besteht darauf, es mit mir zu teilen, obwohl ich eine Isomatte habe. Er legt sich hin, deckt sich halb zu und schläft fast in dem Moment laut schnarchend ein, als sein Kopf die Plastiktüte berührt.

Ich stehe da und starre ihn an. Starre die Pappe an. Starre die dunkle Straße entlang. Starre den Gullydeckel an, in dem gerade eine Ratte verschwindet. Ich lausche dem Lüfter des Bürogebäudes neben uns und spüre einen Knoten in meiner Magengegend anschwellen und wie ein Stein verhärten. Ich rolle meine Isomatte auf der Pappe aus. Sie ist noch so neu, dass sie sich automatisch wieder zusammenrollt.

Meine Kleidung lasse ich an, meine Jeans und mein Hemd. Socken und Schuhe ziehe ich aus. Meine beiden Hüfttaschen lasse ich umgebunden. Die eine, die ich unter den Hosenbund stecke, beinhaltet meinen Pass, meine Bankkarte und eine Liste mit wichtigen Telefonnummern. In der anderen stecken Notizbuch, MP3-Player, Geld und Tabakbeutel. Mein Mobiltelefon hängt an einem Lederband unter meinem Hemd an meinem Hals. Meine Kameratasche schlinge ich mir um den Bauch. Wie viel einfacher es ohne Kamera wäre. Die vierzehn Akkus sind schwerer als alle meine Kleidung zusammen.

Meine Schuhe binde ich an meinen Rucksack und lege einen der Gurte unter meine Matte, um zu spüren, falls er weggezogen wird. Ich will mich komplett zudecken, um mich vor den Vorbeilaufenden zu verbergen, aber es ist zu warm.

Das ist es jetzt also. Es geht los. Meine erste Nacht auf der Straße.

Ich fühle mich miserabel. Ständig wache ich auf, weil eine Mücke an meinem Ohr surrt, etwas über meine Beine krabbelt, jemand zu nah an mir vorbeiläuft, Brian laut aufschnarcht, sein Arm auf mich fällt, oder weil ich mich umdrehen will und dafür erst alle Taschen umsortieren muss. Jedes Mal überlege ich im Halbschlaf, wie es weitergehen soll, wie ich schaffen soll, was ich mir vorgenommen habe, was ich mir nur dabei gedacht habe.

Tanzend und jubelnd wollte ich New York auf einem Güterzug Richtung Süden verlassen.

Brian hat gesagt, er will mit mir kommen. Er war noch nie im Nordwesten. Das einzige Hindernis sei sein Drogenentzug. Er lässt sich behandeln in einer Klinik, in der er regelmäßig auftauchen muss. Dafür bekommt er monatlich 150 Dollar, und wenn er diesen Rhythmus zwei Jahre durchhält, wird er vom Sozialamt eine Wohnung zur Verfügung gestellt bekommen. Das ist sein Ziel. Andererseits vermisst er das Reisen, die Züge, die Freiheit. Doch er sagt, wenn er sich nicht zudröhnt, kann er nicht einschlafen. Für die Reise müsste er sich Ersatzdrogen besorgen. Seit acht Monaten ist er jetzt clean, wie er das nennt, nur Alkohol und Marihuana und ab und zu ein bisschen Acid würde er noch nehmen. Abgesehen von den Drogen, müsste er sich einen Rucksack organisieren. Dann wäre er startklar. Der Klinik würde er erzählen, dass er sich eine kurze Auszeit nimmt. Er würde in sechs Wochen wieder zurück sein, genau wie ich.

Als es dämmert, wache ich auf und kann nicht wieder einschlafen. Die Abmachung gefällt mir nicht mehr. Ich habe verzweifelt nach jemandem gesucht, der meine Reise mit mir starten würde, und Brian war der Einzige, der einigermaßen fit war und mitkommen wollte. Aber ich bin mir nicht mehr sicher. Ich möchte nicht sechs Wochen mit derselben Person unterwegs sein, möchte Brian nicht von seinem Plan abhalten, sesshaft zu werden. Vor allem aber möchte ich keine Vereinbarung treffen, aus der ich später nicht mehr herauskomme. Ich werde ihm absagen müssen und allein losziehen.

Ich pinkle zwischen zwei geparkte Autos und putze meine Zähne. Dann drehe ich mir eine Zigarette und sehe Brian beim Schlafen zu. Sein Mund ist halb geöffnet. Er liegt auf dem Rücken, sein Brustkorb hebt und senkt sich in ruhigen Intervallen. Hin und wieder schnarcht er auf, und ein Zucken durchfährt seinen Körper.

Eine Frau in High Heels und engem schwarzem Kostüm kommt auf mich zu und sagt, wir sollen verschwinden, bevor die Büros aufmachen. Ich wecke Brian und sage, ich hätte es mir anders überlegt. Er sei gerade auf dem besten Weg, sein Leben geregelt zu bekommen, und das solle er nicht so leichtfertig aufs Spiel setzen. Ich sage, die Verantwortung sei mir zu viel. Er versteht, und ich bin erleichtert.

Wir gehen zu Starbucks, und ich lade ihn auf einen Kaffee ein. Er zeigt mir seine Bilder auf Facebook und erzählt von seinem 22-jährigen Sohn und seiner 14-jährigen Tochter, die bei ihrer Mutter lebt. Vier Jahre war Brian verheiratet. Er wollte reisen, sie wollte, dass er bleibt. Nach vier Jahren war plötzlich keine Liebe mehr da, auch keine sexuelle Anziehung. Aber die Freundschaft blieb.

Zum Abschied nehmen wir uns lange und fest in die Arme. Er sagt mir noch, ich solle an der U-Bahn zweimal fest gegen die Tür treten, dann werde sie sich öffnen, ohne dass ich ein Ticket lösen müsse.

Ich gehe los, löse mein Ticket und fahre zum Times Square, um einen Greyhound Bus nach Philadelphia zu nehmen.

Vielleicht werde ich dort mehr Glück haben.

Fr., 19. Mai
Philadelphia

Zwei Stunden dauert die Busreise und kostet mich 18 Dollar. Für einen regulären Personenzug hätte ich 170 Dollar bezahlen müssen. Und ein Güterzug wäre gratis gewesen. Aber ohne jemanden, der die *Hop-Outs* kennt, wäre es mir zu riskant gewesen. Hop-Out nennt man das Versteck nahe der Gleise, meistens irgendein Gebüsch, von dem man gute Sicht auf die vorbeifahrenden der Züge hat, ohne selbst von der Polizei oder den Bahnarbeitern gesehen zu werden.

Dea hat mir gesagt, ich solle in Philadelphia zur South Street gehen, dort würden die Dirty Kids abhängen. Als ich den klimatisierten Bus verlasse, zeigt das Thermometer siebenunddreißig Grad und der Schweiß läuft in Rinnsalen meinen Körper hinunter.

Ich folge Deas Rat und laufe die South Street in beide Richtungen ab. Die Hitze steht auf der Straße, und alle Bewohner verkriechen sich in die Schatten ihrer Häuser. Weit und breit sind keine Dirty Kids zu sehen. Wo sind sie nur?

Enttäuscht und entmutigt gehe ich noch einmal die Straße hinunter und lege mich schließlich neben den Highway unter einen Baum. Ich muss entscheiden, was ich als Nächstes tun soll, aber mein Gehirn scheint nicht zu funktionieren. Ich versuche zu schlafen, doch meine Gedanken kreisen und lassen meine Augenlider flackern.

Schließlich gebe ich auf und hocke mich zum Pinkeln hinter einen Busch. Eine Straftat in den Vereinigten Staaten. Ein Mönch nähert sich, ich ziehe schnell meine Hose hoch, denke, er will mich tadeln, tatsächlich ist aber auch er nur zum Pinkeln gekommen.

Ich werde noch einmal die Straße entlanggehen und mir dann einen geeigneten Schlafplatz suchen. Einen Park oder eine Nebenstraße. Die Hotels sind zu teuer, und ich will mich am nächsten Morgen nicht wieder vom Komfort verabschieden müssen.

Die Hitze kommt mir unerträglich vor. Sie lässt die Luft über den Straßen flimmern. Die Fenster und Türen der Häuser und Geschäfte sind geschlossen. Keine Wolke ist am Himmel zu sehen, kein Lüftchen zu spüren.

Im Vorbeigehen sehe ich im Augenwinkel ein schwarz beschriebenes Pappschild auf dem Gehweg liegen: *Will wrestle mother in law for 1$* steht darauf. Für einen Dollar verspricht der Typ, mit deiner Schwiegermutter zu ringen. Davor liegt eine schäbige Mütze mit ein paar Münzen und einem Geldschein darin.

»Na, was geht?«

Ich schaue auf und sehe einen jungen Mann mit Hosenträgern. Seine Kleider sind abgetragen, er ist schmutzig. Neben ihm stehen ein zerschlissener Armee-Rucksack und ein Fünf-Liter-Wasserkanister. Seine schweren Stiefel sind nur lose geschnürt.

Dich habe ich den ganzen Tag gesucht, denke ich erleichtert.

»Wo sind denn alle?«, frage ich ihn.

»Keine Ahnung. Ich bin gestern angekommen und habe niemanden gesehen. Nur dieses Mädel …«

Er erzählt mir von einem Mädchen, das er in der vergangenen Nacht in einer Bar kennengelernt hat. Er musste die Tür zum Badezimmer eintreten, als sie sich dort eine Überdosis Heroin gespritzt hatte. Er überkippte sie mit kaltem Wasser, bis sie wieder zu sich kam.

Ebendieses Mädchen kommt wenig später zu uns und ist immer noch drauf. Weißblondes Haar, zweiundzwanzig Jahre jung und kaum zur Konversation fähig. Sie fragt nach meinem Sternzeichen und will meine Hand lesen. Dann erhebt sie sich, geht leicht in die Hocke und lässt mit ausgestreckten Armen ihren Körper über den Gehweg schweben. Ich brauche einen Moment, um zu erkennen, das sie tanzt.

Ich frage ihn, wo er als Nächstes hinmöchte. Er sagt, er wisse es nicht, auf jeden Fall raus aus Philadelphia. Er hätte keinen Bock mehr auf die großen Städte. Ich schlage vor, zusammen in den Süden abzuhauen, und er sagt Ja.

»Übrigens, ich bin Zachary. Oder Zach.«

Wir reichen uns die Hand. Als wir an einem Supermarkt vorbeikommen, decken wir uns mit Wasser, Müsliriegeln, Äpfeln und Nüssen ein. Wir wissen nicht, wie lange wir auf dem Zug bleiben werden, aber wir planen, so weit es geht in Richtung Florida zu kommen. Das könnte mehrere Tage dauern.

Ich habe gelesen, dass täglich (außer montags) ein Zug in Richtung Süden durchfährt, der lediglich am Morgen in Philadelphia anhält, zwischen sechs und sieben Uhr, damit die Besatzung wechseln kann. Dieser Wechsel dauert gewöhnlich zwischen fünfzehn und dreißig Minuten. Das sollte genug Zeit für uns sein, um einen geeigneten Anhänger zu finden, auf dem wir mitfahren können ohne allzu leicht entdeckt zu werden oder hinunterzufallen.

Der Hop-Out befindet sich direkt neben den Gleisen zwischen ein paar Bäumen und Sträuchern, die uns Sichtschutz bieten. Wir treten den Müll und die gebrauchten Spritzen beiseite, die unsere Vorgänger zwischen dem Gestrüpp haben liegen lassen, schmeißen unsere Rucksäcke auf den Boden und breiten unsere Matten aus.

Für mehrere Stunden beobachten wir die vorbeifahrenden Züge, lauschen ihren Bewegungen und zählen die Container. Die Töne, die von den Gleisen herüberkommen, lassen mein Herz aufgeregt hüpfen. *Rattatatta. Iiiiiii. Klonk Klonk Klonk.*

Das Rattern, das Kreischen, das Krachen. Endlich geht es los.

Ich bin froh über die Begegnung mit Zach. Er ist ruhig und nachdenklich, auf der Suche nach Abenteuern und Freiheit, gepaart mit der Dramatik eines jungen Mannes, der sich in seiner Kindheit und Jugend oft missverstanden fühlte und sich stets gegen das Erwachsenwerden weigerte. Er hat eine tiefe, raunzende Stimme und lacht wie ein alter Cowboy. Seine Haare trägt er an den Seiten rasiert und am Oberkopf verfilzt unter einer Mütze, die wohl einst armeegrün war, nun aber dunkelbraun ist. Er hat Tätowierungen an Körper, Händen und im Gesicht. Eisenbahngleise unter dem rechten Auge, *TX*, das Kürzel für seinen Heimatstaat Texas, unter dem linken Auge und einen senkrechten Strich in der Mitte seiner Unterlippe. Seitdem wir uns vor ein paar Stunden getroffen haben, hat er sich weder etwas gespritzt noch eingeschmissen und auch nicht getrunken. Nur ab und zu nimmt er von den Zigaretten, die ich ihm anbiete.

Während wir zwischen den Büschen liegen, den Zügen lauschen und auf den Schlaf warten, erzählt er mir von einem Mädchen, mit dem er sich seit fünf Monaten schreibt. Manchmal sehen sie sich über Face-Time. Er sagt, er sei verliebt. Für sie würde er sogar mit dem Reisen aufhören. Sesshaft werden, einen Job annehmen, Haus und Kinder, das volle Programm. Er ist ihr allerdings noch nie begegnet. Sie wohnt in New Orleans und arbeitet in einer veganen Créperie. Er will sie überraschen: Seit sechs Wochen hat er sein Mobiltelefon nicht mehr angemacht, ihr nichts gesagt, und plant, im Laufe des Sommers einfach bei ihr aufzutauchen.

Das sei romantisch, sagt er.

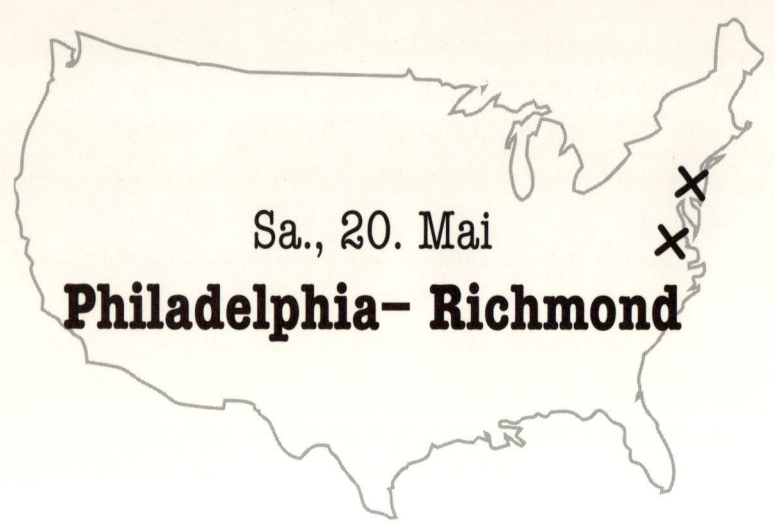

Sa., 20. Mai
Philadelphia– Richmond

Wir erwachen mit der aufgehenden Sonne und vom Quiet-schen der Gleise. Während wir packen, schleicht eine Gestalt an unserem Gebüsch vorbei, so still und aus dem Nichts, dass wir beim Aufsehen gerade noch erkennen, wie sie zu den Glei-sen davonhumpelt.

Zach und ich sehen uns verwundert an, er zuckt mit den Schul-tern, und wir packen weiter. Die Gestalt kommt zurück, setzt sich auf einen Baumstamm und öffnet sich eine Flasche Rootbeer. Er hat ein rundes, weiches Gesicht mit Bart und dunklem Haar, das ihm vorn lockig ins Gesicht fällt und sonst in dicken Dreads und geflochtenen Strähnen bis zur Hüfte reicht. Er trägt giftgrüne Fingernägel aus Plastik, die seine Fingerlänge verdoppeln und seine Hände wie Klauen aussehen lassen. Ihm fehlt der linke Fuß, der nur ein Stumpf in mehreren Sockenschichten ist.

»Hi, ich bin Nancy.«

Er spricht klar und ruhig, mit einer sanften, warmen Stim-me, die seine eigene ist. Er sitzt da und schaut uns freundlich an. Ich bin fasziniert. Zach ist höflich. Ich kann ihm anmerken, wie verrückt er diese Person findet. Einen einbeinigen Transgender-Trainhopper sieht wohl auch er nicht alle Tage.

»Wir könnten zusammen den Zug nehmen«, schlägt Nancy vor.

Wir gleichen unsere Informationen ab und werden nicht enttäuscht. Gegen halb sieben kündigt sich der Zug krachend aus der Ferne an. Wir stellen unser Gepäck zurecht und beobachten aus dem Gebüsch heraus, wie zuerst drei riesige Lokomotiven, dann ein Wagen nach dem anderen an unserem Versteck vorbeiziehen. Ständig wechseln die Form und die Größe der Container, und je nach Ladung sind sie mehr oder weniger zum Mitfahren geeignet. *Grainer*, die hauptsächlich Getreide transportieren, bieten zwar guten Sichtschutz, aber kaum Beinfreiheit. In die leeren Container der *Boxcars* kann man hineinklettern, wenn die Türen geöffnet sind – dort ist man bestens sichtgeschützt und kann herumlaufen, hat selbst aber nur einen eingeschränkten Ausblick. Automobiltransporter sind heutzutage leider meistens verschlossen. Bei vielen Anhängern fehlt zudem der Boden, und man nennt sie *Suicide*, weil man nur auf dünnen Metallstreben stehen kann und das Risiko, auf die Gleise zu fallen, enorm hoch ist.

Deep Well und *Mini Well* sind am beliebtesten. Die Anhänger sind große Wannen, in die hinein Container verkeilt sind. An beiden Enden gibt es genug Platz, um sich auszustrecken. Erwischt man das hintere Ende, ist man vor Regen und Fahrtwind geschützt.

Der Zug wird langsamer, und immer häufiger ertönt das laute Krachen, wenn die Anhänger zum Halt gezwungen werden. Mit einem endgültigen Rucken kommt der Zug zum Stehen.

Wir schultertn unsere Rucksäcke und schleichen über ein paar Gleise. Niemand ist in Sichtweite, nur unsere eigenen knirschenden Schritte auf dem Schotter sind zu hören.

Auf unserer Höhe stehen fünf *Piggybacks*. Flache Wagen, auf denen Lkw-Anhänger verankert sind. Zach will gleich auf den ersten steigen, Nancy schlägt jedoch vor, den zweiten zu nehmen. Das sei weniger offensichtlich.

Zach geht voraus, prüft den Wagen und nickt uns zu. Vier massive Räder beidseitig am Kopfende bieten uns Sichtschutz und ein wenig Platz, damit wir uns ausstrecken können. Zu dritt wird es eng. Der Boden ist nicht durchgängig, sondern fällt nach wenigen Metern zu den offenen Gleisen ab. Außerdem gibt es nur wenige Stellen, an denen wir aufrecht sitzen können. Überall hängen Ketten und Kabel, und die Stahlträger ragen tief hinunter.

Der Wagen ist nicht optimal, aber es geht. Weiterzusuchen, ohne zu wissen, wie lange der Zug hält, wäre zu riskant.

Zuerst klettert Zack hinauf. Nancy wirft ihren Rucksack auf den Metallträger und zieht sich geschickt nach oben. Dann stemme ich meinen Rucksack auf die schmale Metallfläche und bin überrascht, wie viel Kraft es kostet, mich hinaufzuziehen. Es gibt keine guten Griff- oder Trittmöglichkeiten. Mein ganzes Gewicht lastet auf meinen Armen.

Zach und Nancy haben mir den Rücken zugewandt und bekommen glücklicherweise von meinem Kampf nichts mit. Als ich endlich oben bin, vermischt sich der Schweiß auf meiner Haut mit rostigem Staub. Ich krieche zu ihnen hinüber, und wir sitzen geduckt im Schneidersitz. Zach atmet schwer und spuckt aus, Nancy öffnet sich ein weiteres Rootbeer.

Wir sagen nicht viel, lauschen nur gespannt unserem Herzschlag und den Geräuschen des Zuges. Unsere Augen sind geweitet, unsere Blicke huschen über unsere Umgebung, über unseren schattigen Unterschlupf zwischen den sonnigen Gleisen. Die Luft ist kühl und riecht nach Metall und Sonnenaufgang.

Zzzschhh.

Nach nur wenigen Minuten verrät ein lautes Zischen, dass sich die Bremsen lösen. Ein träges Knarzen und Quietschen ist zu hören, das Geräusch schwillt an und endet in einem lauten Krachen, das den ganzen Zug erschüttert und uns taumeln lässt.

Wir lächeln uns an. Geschafft! Gleich wird sich der Drache in Bewegung setzen, und niemand hat gemerkt, dass wir auf seinen Rücken gestiegen sind.

Klonk.

Klonk.

Zzzschhh.

Klonk Klonk Klonk.

Der Boden vibriert und erzittert mit lautem Krachen, dann zieht er unsere Beine in Fahrtrichtung, während unsere Oberkörper sich in die entgegengesetzte Richtung wiegen. Langsam rollen wir aus dem Güterbahnhof hinaus, nehmen Fahrt auf und lassen Philadelphia pünktlich um sieben Uhr hinter uns zurück.

Alle Anspannung fällt von mir ab, die Strapazen der letzten Tage kommen mir lächerlich vor. Endlich bin ich zurück auf den Zügen.

Während meiner damaligen Reise habe ich erst die dritte oder vierte Fahrt wirklich genießen können. Ich musste mich erst gewöhnen an die Geräusche, das Geruckel, die Gefahr. Ich hatte Angst davor, nicht aufsteigen zu können, erwischt zu werden oder in die falsche Richtung zu fahren. Angst zu fallen, abzurutschen, zu sterben oder ein Körperteil zu verlieren. Angst vor der Dunkelheit, dem Regen und Schnee, dem Wind und der Kälte. Angst davor einzuschlafen und nicht zu wissen, was um mich herum geschah. Angst, nicht genügend Wasser oder Essen dabei zu haben. Mitten im Nirgendwo zu stranden, außer Reichweite der Zivilisation.

Mittlerweile kenne ich die Geräusche, weiß sie zu deuten. Und umso schneller wird mir bewusst, wie sehr ich es liebe, den Drachen zu reiten. Für mich ist es die schönste Art zu reisen.

Rattatattata.

Mit jedem Kilometer, den wir zurücklegen, werden die guten Gedanken und Gefühle größer und verdrängen die düsteren. Als würde mir der Fahrtwind durch den Kopf, den Bauch und das Herz fegen und gute Ordnung machen. Ich lege mich zwischen Reifen und Stahlträger, sehe Landschaften an mir vorbeiziehen und atme tief die Luft ein, die sich stetig verändert. Städte, Felder und Wälder. Industriemuff, Blüten und Harze. Wir überqueren Flüsse auf Brücken und schlängeln uns parallel zu den Highways durch den Nordosten des Landes.

Für Unterhaltungen ist es zu laut. Zach schläft sofort ein, während Nancy und ich auf der Suche nach der besten Sicht auf dem stählernen Boden unseres Anhängers herumrobben, strahlen und jubeln.

Mit jeder Stunde, die vergeht, werden wir schmutziger. Winzige Metall- und Staubkörner kriechen uns in Nase, Mund, Ohren und Augen und hinterlassen eine graue Schicht auf Haut und Kleidern. Der Zug rattert, quietscht und ruckelt ununterbrochen, und nach wenigen Stunden leiden Körper und Geist unter der Belastung.

Unser Wasser wird knapp. Es sind vierzig Grad.

Nancys Ziel ist Richmond, wo der Zug nach zehn Stunden zum ersten Mal halten wird. Sie erzählt, dass ein Freund sie mit dem Auto abholt, und bietet an, uns in die Stadt mitzunehmen.

Als wir uns Richmond nähern, versucht sie, sich mit einer halben Packung Frischetücher die Dreckkruste von Armen und Gesicht zu wischen.

Die Straßen und Häuser vedichten sich mehr und mehr, und schließlich fahren wir in den Güterbahnhof von Richmond ein. Die Sonne steht bereits tief und wirft ein orangefarbenes Licht auf die riesigen Sandhaufen einer Zementfabrik, neben der unser Anhänger zum Halt kommt.

Wir sind weit genug von dem Wachturm des Güterbahnhofs entfernt, um unbemerkt absteigen zu können. Nancy blickt die Gleise entlang und schwingt sich dann von dem Metallträger. Ich versuche, mich vorsichtig hinunterzulassen und mit einem Fuß den Schotter zu berühren, bevor ich mich fallen lasse. *Rrrrtsch.* Meine Hose zerreißt. Nach nur vier Tagen! Ich habe nur diese eine Hose.

Als ich den Schotter unter den Füßen und den Luftzug an meinem Hintern spüre, ziehe ich den Rucksack hinterher und binde mir mein Tuch um die Hüfte. Dann laufe ich Nancy hinterher über die Gleise zu der glühenden Zementfabrik. Die Arbeiter haben bereits Feierabend, und wir können einfach über das Gelände bis zur Hauptstraße laufen.

Nancys Freund hat eine zierliche Statur und eine dünne Stimme. Ihre Augenlieder sind schwarz bemalt und die Wimpern getuscht. Er heißt Michael. Er sagt, er könne uns zu der Haupteinkaufsstraße der Innenstadt mitnehmen. Dort lasse sich gut Geld machen.

Als wir aussteigen und uns auf die Suche nach einem geeigneten Platz zum Betteln machen, kreuzt sich unser Weg mit dem zweier Dirty Kids. Zach und ich schauen uns an, ich nicke in deren Richtung, und er zuckt zustimmend mit den Schultern.

Noah und Sarawh haben schöne Gesichter und wache Blicke. Sie reden laut und schnarrend, und wenn sie lachen, hört man das auch noch drei Blocks weiter. Seit einem halben Jahr sind sie ein Paar und gemeinsam unterwegs. Noah ist noch ein Frischling, Sarawh schon seit fast zehn Jahren auf der Straße. Ihr fehlen noch zwei Staaten, ansonsten war sie überall.

Zach genießt es, endlich wieder Bier zu trinken, tut dies laut kund und setzt sich in einen Mülleimer.

Noah hat schöne Augen, die er beim Betteln einsetzt. Sarawh spielt ein paar Lieder auf ihrem Banjo, und ihr herrlicher Gesang bringt am meisten Geld ein.

Ich bekomme von Zach ein Stück Leder, eine dicke Nadel und Zahnseide, um meine Hose zu flicken.

Die Passanten überhäufen uns mit Essen, das sie selbst nicht herunterbekommen, weil die Portionen zu groß sind.

Einer kauft uns sogar frische Chickenwings.

Zwei Tage verbringen wir mit Noah und Sarawh. Zwei Tage, die mir die nötige Leichtigkeit zurückgeben, die ich für diese Reise brauche. Wir betteln und geben das Geld sofort wieder aus für kalte Getränke und Eis am Stiel. Wir gehen in das *Richmond Railroad Museum* und sehen uns auf der Modelleisenbahn die kleinen Miniatur-Hobos an, die sich in ihrem Miniatur-Camp um ein Miniatur-Lagerfeuer scharen. Wir baden in einem Fluss und übernachten erst in einem kleinen Wäldchen auf einer Verkehrsinsel, dann unter einer Brücke in der Nähe der Gleise.

An unserem letzten gemeinsamen Abend schläft Zach sofort ein. Auch Sarawh legt sich auf ihre Matte und bildet einen Berg aus sich selbst, Schlafsack, Rucksack und drei Hunden, die sich an sie schmiegen.

Noah zockt Gameboy und raucht Marihuana.

»Sie liebt die Hunde mehr als mich«, sagt er und schaut kurz von seinem Spiel auf. »Ich kann sie sogar verstehen. Wir kennen uns erst seit einem halben Jahr, aber die Hunde, die hat sie schon ewig.«

Sarawh sei mit vierzehn von zu Hause abgehauen. In ein paar Monaten wird sie vierundzwanzig. Er sei froh, sie getroffen zu haben. Er habe eine Menge von ihr gelernt, und nicht nur über das Leben auf der Straße.

Noah hat ein paar Wunden an Bauch und Rücken, die ich reinige und verbinde. Sein größtes Problem ist sein wunder Hintern, um den er sich allerdings selbst kümmern muss.

Er zockt, bis der Akku leer ist, und flucht dann über Sarawh, die vergessen hat, am Tag die Solarzellen in die Sonne zu legen.

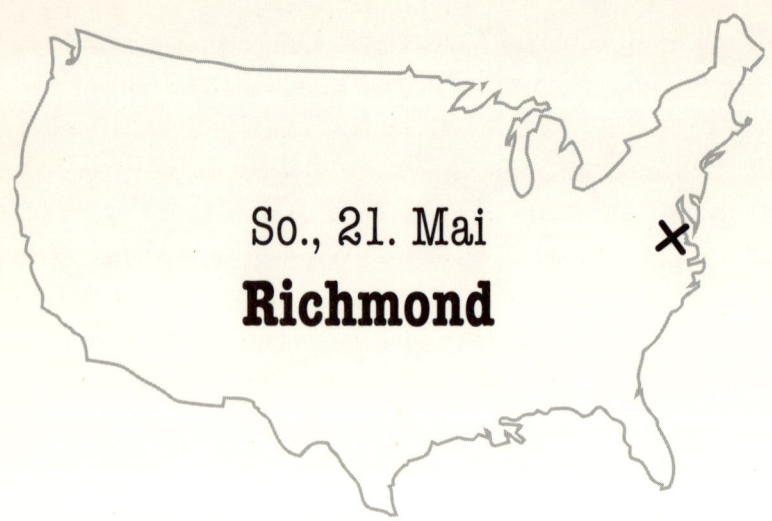

So., 21. Mai
Richmond

Am nächsten Morgen ziehen Noah und Zach los, um unsere Wasserkanister aufzufüllen. Sarawh versucht, ihren Sechzig-Liter-Rucksack neu zu packen, damit sie es beim Tragen leichter hat. Den gesamten Inhalt breitet sie auf ihrer Plane aus. Hauptsächlich sind es Erinnerungsstücke. Steine, Muscheln, Bücher, Fotos, auf denen sie mit anderen Leuten in die Kamera lacht. Briefe von ihrer Mutter. Hundefutter, Hundeleinen. Und ein riesiger Berg zerschlissener, bunter Klamotten. Ihr ganzes Leben ist in dem Rucksack verstaut.

Sie zeigt mir ein zusammengeflicktes Kleid, das sie vor drei Jahren an Halloween getragen hat. Es ist mehr Loch als Kleid.

»Niemals werde ich das zurücklassen!«

Sie umarmt den Stoff, als hätte sie Angst, das Kleid und die damit verbundenen Erinnerungen zu verlieren.

Als die Jungs zurückkommen, hinterlassen Sarawh und Zach ihre Tags an den Wänden. Noah hat noch kein Tag. Er will erst ein paar Züge nehmen und sich dann eins überlegen. Auch ich tagge nicht. Ich habe auch keinen Road-Namen so wie Zach, den sie *Texas* nennen, weil er aus Texas kommt.

Ich bettle zwar, gebe das Geld jedoch an die anderen weiter. Ich bin hier, um diese Leute kennenzulernen und zu verstehen. Ich will das Land bereisen und den Güterzug als Fortbewegungsmittel nutzen. Ich will in diese Kultur eintauchen und sie erleben, aber ich bin kein Teil von ihr und kann es niemals werden. Ich will mir selbst und niemandem etwas vormachen, und werde für diese Ehrlichkeit mit ihrer Akzeptanz belohnt.

Es ist später Nachmittag, und ich verstecke mich mit Zach auf dem Gelände der Zementfabrik. Die Kiesberge heben sich farblich kaum vom Grau des Himmels ab. Wir rechnen damit, dass der Zug ungefähr zur gleichen Zeit und an gleicher Stelle halten wird wie zwei Tage zuvor und uns bis nach Florida bringt. Der Zug lässt auf sich warten. Wir lösen uns ab in unserer Ungeduld und beobachten besorgt, wie gigantische Gewitterwolken aufziehen.

Die Minuten ziehen sich wie guter Kaugummi und werden zu Stunden. Um mich abzulenken und die Zeit totzuschlagen, frage ich Zach, ob ich ihn zeichnen kann. Ich bin keine gute Zeichnerin und Zach kein gutes Modell. Es macht ihn nervös, er bewegt sich zu viel. Eigentlich ist er ein selbstbewusster Mann, der den Eindruck erweckt, ihm wäre die Meinung anderer egal. Er ist klug, aber verschlossen. Wenn er mit einem redet, sieht er einen nie direkt an. Er kommt wunderbar allein zurecht und lässt es mich spüren. Er ist einer, von dem man erwartet, er würde eines Morgens einfach verschwunden sein. Ohne Nachricht, ohne Abschied. Einfach weg. Man würde es ihm nicht einmal verübeln, sondern denken: Ja, so ist er, dieser Zach.

Der Zug kommt nach drei Stunden. Wir sehen ihn einfahren und mit scheinbar endlos vielen Anhängern an uns vorbeirollen. Alle Arten von Wagen sind dabei: Deep Well, Mini Well, Piggyback und ein paar Grainer. Wir haben freie Wahl.

Ich sage, dass ich einen Deep Well will. Piggyback ist mir zu laut, zu eng und zu unsicher. Zach ist einverstanden, und wir halten Ausschau nach einem mit zwei Containern beladenen Anhänger mit geschlossenem Boden, der idealerweise Platz für uns beide hat und gegen die Fahrtrichtung vor Sonne, Wind und Regen geschützt ist. Wir finden den perfekten Ride. Deep Well im wahrsten Sinne des Wortes: Der Anhänger sieht aus wie eine übergroße Badewanne. Brusthoher Sichtschutz von allen Seiten, geschlossener Boden, doppelte Container-Ladung für extra viel Regenschutz.

Als wir langsam aus dem Yard hinausrollen, kribbelt mein ganzer Körper vor Aufregung. Die Gefahr, erwischt zu werden oder zu fallen, die Ungewissheit, wohin es gehen wird, die Luft, das Schaukeln und Rattern des Zuges, alles stimmt. Es ist herrlich, als mir die frische Nachtluft um die Ohren weht und wir aus der Stadt hinausschleichen, ohne dass es jemand bemerkt oder sich für uns interessiert. Der Lärm hält sich im Vergleich zum Piggyback in Grenzen, sodass wir uns während einer Unterhaltung nicht anschreien müssten. Aber das Schweigen ist uns lieber.

Es wird bereits dunkel und nicht mehr lange dauern bis zur Nacht. Wann immer wir durch Wälder fahren, wird die Luft kühler und riecht nach Harz. Glühwürmchen schwirren durch wilde Gläser und hohe Bäume. Wir stehen am Rand der Badewanne und hängen unseren Gedanken nach, während die Landschaft an uns vorbeizieht. Fahren wir durch Städte, setzen wir uns auf den kalten Stahl, um unentdeckt zu bleiben, und blicken hinauf zu den Strommasten, Brücken und Wohngebäuden, die über unseren Köpfen vorüberziehen. Die Straßenlaternen erhellen unsere Gesichter, und bevor wir uns an das Licht gewöhnen können, versinken die Umrisse schon wieder in der Dunkelheit. Der Drache trägt uns weiter, immer weiter, er schaukelt unsere Container vorbei an Baumwipfeln, quietschend und kreischend durch Virginia.

Zach hat zu singen begonnen. Seine Stimme dringt durch die Nacht und wird aufgenommen vom *KlonkKlonkKlonk* und *Rattatatta* des Zuges. Mit seinem silbernen Löffeln schlägt er rhythmisch gegen seine Hand und das Metall. Er wirkt glücklich.

Sein Vater, der Schriftsteller, war ein Heroin-Junkie. Zach wuchs in einer wohlhabenden Familie als mittleres von drei Kindern auf. Er gab sich alle Mühe, der Rebell zu sein. Mit seinem Vater kam er kaum zurecht, er konnte es ihm nicht recht machen. Als er von zu Hause fortging, war er sechzehn Jahre alt. Er ging und sagte, er wolle nun endlich anfangen zu leben. Sie waren wohlhabend, die ganze Familie. Heute verurteilt er sie dafür. Er ist vierundzwanzig und sieht aus wie fünfunddreißig. Den Kontakt nach Hause hat er noch, hält es aber nie länger als ein paar Tage aus, wenn er mal dort ist. Der Vater schreibt über das Reisen und die Freiheit, ohne sie wirklich gelebt zu haben. Der Sohn reist und lebt die Freiheit, ohne darüber zu schreiben. Einmal wollte er ihn mitnehmen auf einen Zug, aber der Vater hielt ihn für verrückt.

Zach ist in diesem Moment vollkommen nüchtern und stolz darauf. Das kommt wohl immer seltener vor.

Wir sitzen Schulter an Schulter unter den quietschenden Containern, hin und wieder versichern wir uns, dass der Zug in die richtige Richtung fährt. Es ist eine perfekte Nacht. Ich stehe auf und schreie und juble, und Zach beginnt wieder zu singen. Als wir in dunkelster Nacht die Grenze zu North Carolina überqueren, breiten wir unsere Matten und Schlafsäcke aus.

Mo., 22. Mai
Rocky Mount

Ich wache auf und bin nass. Es ist dunkel und still. Ich atme kalte, feuchte Luft ein und setze mich auf. Der Zug ist stehen geblieben, und es hat geregnet.

Ich sehe mich um. Für einen Moment denke ich, wir wären umgeben von Wasser.

»Zach, wir sind auf dem Meer«, flüstere ich.

Zach rührt sich nicht. Ich gehe von der einen Seite zur anderen und kann nur weißen Nebel erkennen. So weit das Auge reicht. Ich schaue auf mein Mobiltelefon. Es dauert einen Moment, bis das GPS-Signal gesendet wird. Wir sind nicht auf dem Meer, aber in Richtung Süden sind wir auch nicht gefahren. Unser Zug muss irgendwo einen falschen Abzweig genommen haben. Wir sind auf direktem Wege an die Ostküste.

»Zach!«

»Hm?«

»Der Zug ist falsch abgebogen. Wir fahren nach Osten.«

»Kann man nicht ändern.«

Und noch während er sich umdreht, ertönt ein Schnarchen.

Ich lege mich hin und starre in den Himmel. Er hat recht. Es ist zwei Uhr nachts, es ist stockfinster, und keine Straße oder Stadt in Hör- oder Sichtweite. Trotz der Kälte und Feuchtigkeit schlafe ich tief und fest.

Als ich gegen sieben Uhr aufwache, stehen wir immer noch an gleicher Stelle. Was ich für das Meer gehalten habe, sind mit Nebel überzogene Felder. Ich kontrolliere noch einmal unseren Standort und wiege alle Möglichkeiten ab. Wir haben definitiv den falschen Zug erwischt.

Ich wecke Zach.

»Lass uns abhauen!«

Wir verstauen unsere klammen Sachen in den Rucksäcken und klettern aus unserer Badewanne. Dann drehen wir uns noch einmal um und blicken wehmütig den Zug entlang. Es wäre auch zu schön gewesen.

Wir finden einen Feldweg und folgen ihm eine Stunde, bis wir einen Highway erreichen. Dort wechseln wir uns ab, den vorbeirauschenden Autos unsere Daumen entgegenzustrecken.

Es fängt an zu regnen.

Zwei weitere Stunden vergehen, bis uns jemand mitnimmt. Ein junger Student hält in seinem Ford und ist selbst ganz hin und weg von der Tatsache, dass er Anhalter mitnimmt. Er könne uns den ganzen Weg bis Savannah bringen. Eine siebenstündige Fahrt. Zach sieht mich fragend an, und ich schüttle den Kopf. Mir reicht eine kürzere Fahrt.

Ich fühle mich unwohl in dem Auto, wo ich doch gerade in den Genuss des Zugfahrens gekommen bin. Die Klimaanlage macht mich müde und trocknet meine Augen aus. In der sauberen Umgebung fühle ich mich schmutzig und stinkig, und der Student nervt mit bescheuerten Fragen über das Reisen. »Wie lange seid ihr schon unterwegs?« »Wo schlaft ihr?« »Ist das nicht gefährlich auf so einem Zug?« »Habt ihr keine Angst?« »Und die Polizei?« »Seid ihr schon einmal erwischt worden?«

Er wird uns in Rocky Mount rauslassen. Die anderthalb Stunden in seinem Auto kommen mir länger vor als eine zehnstündige Güterzugfahrt.

Rocky Mount ist eine kleine Stadt in North Carolina. Der Student lässt uns an einem Wallmart aussteigen, und ich atme tief ein, als mich endlich die schwüle, schwere Luft umgibt. Es hat aufgehört zu regnen, und die Sonne lässt die Nässe auf dem Asphalt verdampfen. Wir planen, bis zum Nachmittag etwas Geld zu verdienen und unsere Vorräte aufzustocken, bevor wir zum Güterbahnhof wollen.

Wir finden eine gute Stelle, halten den vorbeifahrenden Autos Zachs Pappschild hin und machen innerhalb von zwei Stunden einhundertfünfundzwanzig Dollar.

Travelling folk, hungry and broke.

Auf der Reise, hungrig und pleite.

Ein sehr effizienter Spruch auf einem Pappschild.

Außerdem bekommen wir eine warme Mahlzeit und jede Menge Softdrinks. Einer besorgt uns sogar Müsliriegel, Wurst und Frischetücher für unterwegs.

Am Nachmittag wird es uns zu heiß. Die Sonne brennt gnadenlos auf unsere Köpfe nieder. Wir haben genug verdient und suchen uns ein schattiges Plätzchen vor einem Wallmart.

Ich gehe zu den öffentlichen Toiletten, wasche mich und wechsle meine Unterhose. Die benutzte schmeiße ich in den

Müll: zu viel Gepäck, zu wenig Waschmöglichkeiten. Sieben Stück habe ich ingesamt dabei, allerdings komme ich seltener zum Wechseln, als es mir eigentlich lieb wäre.

Während ich draußen bei unseren Rucksäcken sitze und Zach die klimatisierte Luft des Wallmart genießt, kommt ein junges Paar auf mich zu. Er, ein rundgesichtiger, rotbärtiger Typ, sie mit zerschlissenem, buntem Kleid und langen Dreads.

»Bist du mit Zachary unterwegs?«, fragt sie mich.

Sie haben uns von ihrem Bus aus gesehen. Sie kennt Zach. Samantha hat ihn vor drei Jahren auf der Straße getroffen. Nun reist sie gemeinsam mit ihrem Freund Scott und ihrem Sohn Atlas in einem alten Schulbus durch das Land. Als Zach aus dem Walmart kommt und uns erblickt, traut er kaum seinen Augen. Die beiden umarmen sich herzlich und erzählen sich, wie es ihnen ergangen ist, seitdem sie sich vor fast drei Jahren zum letzten Mal gesehen haben. Scott geht einkaufen, während Zach und Samantha sich nach gemeinsamen Freunden oder Bekanntschaften erkundigen. Tatsächlich sind einige der Leute, die sie von früher kennen, an einer Überdosis Heroin gestorben.

Und natürlich wirft diese Begegnung unsere Pläne wieder komplett um.

Di., 23. Mai
Outer Banks

Wir übernachten neben einem Waschsalon. Samantha und Scott füllen am Abend noch zwei Maschinen. Der Laden hat gerade erst aufgemacht, und man kann seine Wäsche umsonst trocknen. Für das Abendessen fischen wir gut erhaltene Lebensmittel aus den Mülltonnen von verschiedenen Supermärkten. Es gibt Salat mit Hähnchenbruststreifen und Hummersuppe. Es tut gut, etwas Selbstgekochtes zu essen.

Während die Nacht hereinbricht, sitzen wir vor dem Bus und unterhalten uns. Atlas wuselt um uns herum, spielt mit den Hunden, sammelt Müll auf, klettert unter den Bus und kommt dreckverschmiert wieder hervor. Scott und Samantha haben stets ein Auge auf ihn, lassen ihn aber machen. Wenn er sich einmal zu weit vom Bus entfernt, rufen sie: »Nicht zu weit, Kumpel!«, und Atlas kommt zurück. Es ist ein großes Abenteuer für ihn. Jedes Mal, wenn er aus dem Bus steigt, liegt ihm eine neue Welt zu Füßen.

Samantha und Scott haben sich beim Arbeiten auf einer Farm kennengelernt. *Shut up and grow it*, so heißt die Farm, auf der jeder, unabhängig von Geschlecht, Hautfarbe und sozialem Hintergrund, arbeiten kann. Viele Dirty Kids verbringen dort ein paar Wochen, bevor sie zurück auf die Straße gehen. Samantha ist mit Atlas auf der Farm angekommen, nachdem sie einige Monate mit ihm auf der Straße gelebt hatte. Atlas wurde in ihrem alten Bus geboren, den sie später verkaufen musste. Sie hat einen weiteren Sohn, der gerade für ein paar Wochen bei seinem Vater in Florida lebt. Sie werden ihn in zwei Wochen dort abholen.

Samantha ist im zweiten Monat schwanger von Scott. Sie wollen noch eine Weile mit den Kindern und Hunden im Bus unterwegs sein. Wenn dann ihr drittes Kind zur Welt kommt, werden sie sich einen Ort suchen, an dem sie bleiben können. Scott will dann arbeiten, als Schreiner vielleicht. Er hat amerikanische Literatur und freies Schreiben studiert. Sein Traum war es, Journalist zu werden. Er geht gern angeln. Inzwischen ist er siebenunddreißig Jahre alt und seit zwanzig Jahren unterwegs. Er liebt Samantha und freut sich auf ihr gemeinsames Kind. Er wird zum ersten Mal Vater und hat großen Respekt davor. Mit Atlas geht er wahnsinnig liebevoll um, als wäre er sein eigenes Kind.

Nur manchmal wird Scott alles zu viel, sagt er, und er sehnt sich nach der Zeit, als er noch allein unterwegs war. Er ist gern allein. Manchmal hat er ein schlechtes Gewissen deswegen, aber er hat sich im Laufe der Jahrzehnte nun einmal daran gewöhnt.

Samantha scheint hin- und hergerissen zu sein zwischen der Freiheit, die sie immer gelebt hat und nicht aufgeben will oder kann, und dem Wunsch, sich niederzulassen und ein paar Konstanten in ihrem Leben zu haben. Mittlerweile hat sie auch die Leute unterwegs und ihre immer gleichen Unterhaltungen satt. Wo warst du überall? Kennst du den und den? Hast du gehört, der und der ist an einer Überdosis gestorben ... Das ständige Wetteifern darum, wer die schlimmste Vergangenheit hat, ist für sie kaum noch zu ertragen.

Zach und ich legen uns zum Schlafen unter einen Baum, die Familie verschwindet im Bus. In der Nacht beginnt es zu regnen, und wir ziehen im Halbschlaf unser Lager unter einen verlassenen Carport. Am nächsten Morgen regnet es immer noch, und die Polizei kommt, um uns davonzujagen. Wir wollen ohnehin nicht länger bleiben.

Für die nächsten Tage ist Regen und Sturm angekündigt, und wir werden bei Samantha und Scott in ihrem Bus bleiben. Wir fahren an die Ostküste und weiter auf eine Inselkette, die sich Outer Banks nennt. Am Nachmittag hat Zach bereits die fünfte Bierdose geleert. Auch Scott ist ordentlich dabei, ihm merkt man es jedoch weniger an, er fährt erstaunlich kontrolliert.

Es regnet ununterbrochen. Die Dachfenster des Busses sind undicht, weshalb nach und nach alles nass wird, was niemanden kümmert. Wir halten an einem Gebäude der Touristeninformation. Zach bleibt im Bus, um »auf die Hunde und Sachen aufzupassen«. Tatsächlich ist er zu betrunken, um noch gehen zu können.

Zu viert stehen wir vor einem sauberen alten Mann, der hinter seinem Tresen von Karten, Flyern und Souvenirs umrahmt wird. Während Atlas ihn anstrahlt und sich dann durch die Souvenirs wuselt, erzählt der Alte uns in einem perfekt auswendig gelernten Vortrag und mit Sing-Sang-Stimme von den Highlights der Inseln und erklärt, wie wir fahren müssen, um uns auf den zwei vorhandenen Straßen der Inseln nicht zu verirren.

Auch am Strand bleibt Zach im Auto. Er sei kein Wassermensch. Wir laufen über eine Düne, bevor wir das Meer erblicken. Scott mit den Hunden, Samantha mit Atlas auf dem Arm. Das Meer sieht düster aus, der dunkle Himmel geht in die großen schäumenden Wellen über. Atlas staunt mit weit aufgerissenen Augen. Wir stehen nur da, sehen die Wellen auf uns zukommen und spüren die Gischt, die sich mit Regen vermischt und in unsere Gesichter peitscht.

Wir sammeln Muscheln, und Scott findet eine Krabbe. Als der Regen schließlich zu stark wird, gehen wir zurück zum Bus. Wir fahren zu einem Wallmart, aber im Regen lässt es sich nicht gut betteln. Zach und ich kaufen für das Abendessen ein. Als wir uns an der Kasse treffen, ist mein Wagen gefüllt mit Avocados, Tomaten, Salat, Krabben und Taccos für alle. Zachs Wagen ist voll mit Bier.

»Ich zahle das Essen, du das Bier«, sage ich.

Er ist einverstanden. Während wir zum Bus laufen, erkärt er, dass er nicht recht mit der Situation umzugehen weiß. Er sei es nicht gewohnt, mit Leuten abzuhängen, die ihr Geld nicht mit Betteln verdienen. Die an der Supermarktkasse mit der Karte zahlen und sich ihr Essen selbst zubereiten. Diese Art zu leben verunsichert ihn. Ich verunsichere ihn. Die Tatsache, dass Samantha die ganze Zeit nüchtern ist, verunsichert ihn. Dass sie eine Familie hat und Verantwortung übernimmt. Dass wir kaum fluchen und uns über das Meer freuen können. Dass er der Einzige ist, der um jeden Preis betrunken sein will. Der Einzige, der keine Aufgabe hat, kein Ziel.

Draußen brechen die Wolken und lassen literweise Regen auf den Bus nieder, der so laut auf das Blechdach prasselt, dass man kaum seine eigenen Worte versteht. Wir kochen und essen gemeinsam, und ich frage Samantha, ob wir in der Nacht im Bus bleiben können, um nicht im Regen schlafen zu müssen. Es ist für sie selbstverständlich, trotzdem freut sie sich über die Nachfrage. Die Familie zieht sich in den hinteren Teil des Busses zurück, und ich setze mich auf den Fahrersitz und lese. Zach stürzt ein Bier nach dem anderen hinunter und häuft die leeren Dosen in einer Ecke des Busses an. Ab und zu steht er auf, zieht hinter seinem Rucksack einen Fünf-Liter-Plastikkanister hervor und füllt ihn mit seinem Urin. Fast ohne zu kleckern. Wenn er zurückkommt, setzt er sich mit jedem Mal ein Stückchen näher zu mir. Er starrt mich an, aber ich ignoriere ihn.

»Hey Tamina.«

»Zach?«

»Liest du ein Buch?«

»Genau das tue ich.«

Ich antworte ohne aufzuschauen, und er lacht sein abfälliges Lachen. Dieses Lachen, wenn Samantha sagt, dass sie sich irgendwann niederlassen möchte. Dieses Lachen, mit dem er sagen möchte: Ich bin besser als ihr, und dabei versucht, es selbst zu glauben.

»Rede mit mir.«

»Nein.«

Er kommt mit seinem Gesicht so nah, dass ich seinen Bieratem auf meiner Wange und im Nacken spüre. Ich hebe den Kopf und erkenne meine Umrisse in seinen tränenunterlaufenen Augen. Eigentlich ist er ein schöner Mann.

»Zach. Was zur Hölle tust du? Du bist total betrunken.«

Er kippt zurück auf die Sitzbank und schnaubt. Ich lese weiter, und er summt ein trauriges Lied.

Es regnet die ganze Nacht, und noch vor Mitternacht ist der Fünf-Liter-Kanister voll mit Zachs Pippi.

Fr., 26. Mai
Outer Banks

Die Sonne ist gerade aufgegangen, als ein mächtiger Sturm den Bus umspült und uns wach schaukelt. Wir kleben mit unseren schlaftrunkenen Gesichtern an den beschlagenen Scheiben und sehen uns das Spektakel an. Nach einer halben Stunde quellen die Gullydeckel über und lassen die Straße zum Fluss werden. Der Wind zieht an den Blättern der Bäume und pfeift durch die Risse und Löcher des Busses.

Die Stimmung ist gedrückt. Der Regen und die Enge im Bus machen uns zu schaffen, sodass wir kaum ein Wort wechseln. Ich bin unzufrieden, weil ich nicht vorankomme. Ich habe insgesamt nur sechs Wochen und bekomme das Gefühl, meine Zeit nicht ausreichend zu nutzen. In knapp drei Wochen muss ich im Norden Kaliforniens sein. Vor meiner Abreise habe ich gelesen, dass dort eine Art Hobo-Treffen stattfinden wird. Mit Musik und allem. Das will ich nicht verpassen, außerdem ist es gut, ein Ziel zu haben. Zach hat keine Eile, und das merkt man ihm auch an. Samantha und Scott wollen irgendwann in Florida ankommen, aber das könnte auch erst in zwei Wochen sein. Nur ich habe Zeitdruck und langweile mich.

Im Laufe des Vormittags bricht die Wolkendecke auf und lässt die erste Sonne durchscheinen. Endlich. Ich gehe hinaus, Atlas kommt hinterher, und wir machen einen langen Spaziergang. Die Sonne brennt heiß auf den feuchten Boden und lässt Dunst aufsteigen. Es wird unheimlich schwül. Als wir zurückkommen, hat Samantha Frühstück zubereitet und ein Angestellter des Touristenzentrums kommt, um uns zu sagen, dass wir nicht länger parken können.

Wir fahren zu einer Tankstelle, um von den Durchreisenden Benzin zu schnorren. Scott geht mit einem leeren Kanister von Auto zu Auto, und der eine oder andere füllt ihm ein paar Liter ab. Irgendwann hält ein Kombi neben uns, und eine Familie steigt aus. Ein schöner, schlanker Mann mit langem braunen Haar und dunklen Augen, seine Frau, die ungefähr viermal so breit ist wie er, und ein Junge mit hüftlangem, blondem Haar, das an manchen Stellen zu Dreads verfilzt ist. Matt, der Mann, steckt Scott zwanzig Dollar zu und schlägt uns vor, den Bus zwei Straßen weiter vor seinem Haus zu parken. Wir könnten unsere Sachen waschen, sagt er, uns duschen und wie zu Hause fühlen.

Die Häuser, die auf den Inseln der Outer Banks stehen, sind meistens Hotels oder die Ferienhäuser der Reichen. Das Haus von Matt und seiner Familie ist ein in die Jahre gekommenes altes Holzhaus, das nur leidlich sauber und instand gehalten wurde. Sie lassen uns ein, und wir setzen uns um den großen Küchentresen.

Matts Frau fängt sofort an zu kochen. Trotz ihrer Gast-freundschaft fühle ich mich unwohl. Sie reden zu laut, zu aufgeregt, zu emotional. Überhaupt reden alle durcheinander, kreuz und quer, sie schreien sich fast an. Das Fett brutzelt laut in der Pfanne, und der Frittier-Gestank vermischt sich mit dem Geruch von abgestandener Luft und Hund. Es gibt Schweinehack mit Speck, in Fett angebraten und mit Ei und Weißbrot umwickelt. Alles noch einmal in die Mikrowelle, bevor es serviert wird. Mein Magen füllt sich schwer und wird hart.

»Du bist also aus Deutschland?«

»Bin ich.«

»Was?«

Ich spreche wohl zu leise.

»Ja, ich bin aus Deutschland.«

»Was zur Hölle machst du hier?«

Ich antworte ruhig und überlegt. Das dauert ihnen zu lange, und bevor ich meinen Satz beendet habe, geht Matt Bier holen. Die Frau lobt ihre Kochkünste, Zach rülpst, Scott läuft Atlas hinterher, und Samantha geht auf die Toilette. Ich ziehe mich auf die Veranda zurück und spiele mit dem blonden verfilzten Sohn, der Einzige der Familie, mit dem man sich in normaler Lautstärke unterhalten kann. Er hat einen zerbeulten Fidget Spinner, aber seine Hände sind noch zu klein, um ihn vernünftig zu drehen. Also lassen wir ihn auf dem hölzernen Boden und den vergilbten Sofakissen kreisen.

Matt kommt hinaus, setzt sich und zündet sich eine Zigarette an.

»Er ist nicht unser richtiger Sohn. Wir haben ihn adoptiert. Seine Familie konnte sich nicht um ihn kümmern.«

Der Junge und ich blicken zu ihm auf, dann sehen mich beide erwartungsvoll an.

»Okay.«

Ich weiß nicht, was ich dazu sagen soll. Ich schäme mich für Matt. Der Junge geht rein, und alle anderen kommen auf die Veranda. Die Frau will uns mästen. Sie überlädt uns mit Fett-Wraps und lässt nicht locker, bis jeder von uns mindestens zwei hinuntergewürgt hat. Dann kommen Brownies, Chips und Popcorn. Sie will uns füttern, besonders auf Zach und mich hat sie es abgesehen. Als wir bei den Donuts ankommen, finde ich es kaum noch witzig, lehne mehrmals ab und ignoriere sie irgendwann, woraufhin sie lacht und schreit: »Ihr Deutschen esst wohl nicht, *willst du das damit sagen*?«

Und sie blickt in die Runde, ob auch jeder mitlacht.

Bier und Wein werden verteilt. Ich lehne ab und nippe an meinem Rootbeer.

»Ihr Deutschen trinkt wohl nicht, *willst du das damit sagen*?«

Ihr fällt ein, dass sie noch Chickenwings im Gefrierschrank hat, und geht zurück in die Küche.

Ihr Sohn kommt am Abend von der Arbeit nach Hause. Ihr *richtiger* Sohn. Er ist achtzehn Jahre alt und arbeitet als Klempner, wie sein Vater, in der gleichen Firma. Seine sechzehnjährige Freundin ist gerade für ein paar Tage zu Besuch. Sie hat ein rundes, schönes Gesicht und blau gefärbtes Haar. Sie kommt aus einer Kleinstadt, in der nichts los ist. Alle seien die ganze Zeit nur auf Drogen, und auf den Spielplätzen lägen die Heroinspritzen herum. Sie selbst nehme keine Drogen. Sie rauche noch nicht einmal. Nur Marihuana. Dann steht sie auf und geht ohne ein weiteres Wort ins Haus.

Die beiden sind seit zwei Jahren ein Paar.

»Ich hab sie entjungfert, musst du wissen. Deswegen hängt sie so an mir.«

Der Sohn erklärt, dass ihre Beziehung schwierig sei wegen ihres fehlenden Selbstvertrauens. Sie sei immer sofort eifersüchtig, sobald er sich mit anderen Mädchen unterhalte. Das liege wahrscheinlich an ihren kleinen Brüsten. Als sie zurück auf die Veranda kommt, hat sie anstelle der Jogginghose eine Jeans und anstatt des Schlabberpullis ein T-Shirt angezogen. Sie bleibt im Türrahmen stehen und starrt abwechselnd mich und ihn an. Dann fixiert sie ihn und schreit: »Ernsthaft? ERNSTHAFT?«

Sie dreht sich um und knallt die Tür hinter sich zu.

Ich schaue ihn fragend an, und er sagt: »Siehst du, was ich meine? Jetzt werde ich mit ihr reden müssen. Ich weiß nicht. Es war schon immer so. Es gibt nicht viel, was ich dagegen tun kann. Jeden Tag sage ich ihr, dass ich sie liebe und sie der wichtigste Mensch für mich ist. Ich versuche, ihr so viel Liebe zu geben, wie ich kann. Und ich liebe sie wirklich!«

Ich finde das traurig. Hätte seine Freundin sich zu uns gesetzt und gehört, was er gerade über sie sagt, wäre das unnötige Missverständnis aus der Welt gewesen.

»Frag, ob sie sich zu uns setzen will. Ich würde gern mit ihr reden.«

»Wirklich? Cool. Okay!«

Aber sie kommen an diesem Abend beide nicht wieder. Stattdessen verwickelt Matt mich in ein Gespräch. Wir unterhalten uns über Religion, Politik und Familie. Nur dass es mehr ein Monolog als eine Unterhaltung ist. Matt ist ein großer Redner, der seinen ganzen Körper nutzt. Er spricht laut und lauter, bäumt sich auf, breitet seine Arme aus, setzt eine dramatische Pause ein und erstarrt, schaut fragend in die Runde, und bevor jemand antworten kann, redet er im schnellen Tempo weiter und macht seinen Standpunkt zum abschließenden Endergebnis der Diskussion. Er ist seit dreiundzwanzig Jahren verheiratet und hat mit einundzwanzig sein erstes von drei leiblichen Kindern bekommen. Alle von der gleichen Frau, die hier neben ihm sitzt und die er, wie er sagt, seit dreiundzwanzig Jahren liebt. Familie bedeutet alles für ihn. Das wiederholt er immer wieder. Samantha sagt, wie schön es sei: Die beiden seien selbst nach so langer Zeit noch so glücklich miteinander, und man sehe es ihnen auch an.

Am Abend setzt die Frau den Adoptivsohn mit Atlas in die Badewanne. Anschließend gehen Samantha und Scott ins Badezimmer, und auch Zach will duschen, belässt es dann aber bei einer Rasur. Als wir alle wieder mehr oder weniger frisch auf der Veranda sitzen, fragt die Frau, ob irgendjemand noch nüchtern genug sei, um Auto zu fahren. Sie will zum nächsten Supermarkt, um Nachschub an Zigaretten, Bier und Süßigkeiten zu holen. Zach zeigt auf mich, und eine Diskussion entfacht, ob man es mir überhaupt zutrauen könne, ein Auto mit Gangschaltung zu fahren.

»Ich bin es gewohnt, mit Gangschaltung zu fahren.«

»Oh, ihr habt Autos mit Gangschaltung in Deutschland, *willst du das damit sagen*?«

Ich antworte, für mich gebe es kein Problem, aber die Entscheidung liege bei ihr. Mir sei es egal, schließlich bin nicht ich diejenige, die unbedingt noch mehr Essen und Bier braucht. Es folgt eine peinliche Pause, Zach lacht, und wir fahren los.

Zach kommt mit.

»Du musst mich vor der Deutschen beschützen«, sagt sie und streichelt ihm über die Wange. Innerhalb von fünf Kilometern verfahren wir uns zweimal, weil die Frau sich nicht auf die Straße konzentriert und uns zu einem Roadtrip quer durch das Land überreden will.

Im Supermarkt macht sie dem armen Kassierer schöne Augen. Der steht ganz verschüchtert hinter der Kasse und sieht sich hilfesuchend um. Zach ist amüsiert, ich bin ebenso irritiert wie der Kassierer. Sie schnorrt die fehlenden drei Dollar für Zigaretten und Bier bei mir und fragt den Kassierer, ob sie ein paar Donuts verschwinden lassen könne.

»Nein, Ma'am.«

Sie lehnt sich über den Tresen, steckt sich den Zeigefinger in den Mund, zieht ihn laaangsam wieder heraus und wischt ihn sich an ihrem großen Busen ab. Dann flüstert sie in sein Ohr: »Doch Sir.«

Der Kassierer wird rot und dreht sich hilfesuchend nach seiner Kollegin um. Die erklärt, wir sollen noch eine halbe Stunde warten, dann sei es zwölf Uhr, sie könne die Donuts abschreiben und wir sie mitnehmen. Aber die Frau wird ungeduldig. Alle werden ungeduldig. Die Situation wird so unangenehm, dass der Kassierer der Frau einfach das Okay gibt und die sich im Handumdrehen zwei Tüten prall mit Donuts füllt und mit erhobenem Haupt aus dem Laden spaziert.

Der Abend endet in einer Völlerei, bei der die Frau zu Boden fällt, als sie versucht, sich auf Zachs Schoß zu setzen und ihn gleichzeitig zu füttern, begleitet von Matts nicht endenden Monologen. Samantha und Scott ziehen sich bald mit Atlas in eines der Schlafzimmer zurück, Zach schläft auf einem Sofa im Wohnzimmer ein, und ich frage, ob ich auf der Veranda übernachten könnte. Die Frau und Matt wollen mich überreden, ebenfalls drinnen zu übernachten, aber ich habe die letzten beiden Nächte im Bus mit drei weiteren Erwachsenen, einem Kleinkind und drei Hunden verbracht und sehne mich nach Ruhe und frischer Luft.

Um nicht weiter diskutieren zu müssen, sage ich Gute Nacht und gehe zum Bus, um meine Zahnbürste und den Schlafsack zu holen. Als ich zurückkomme, steht nur noch die Frau auf der Veranda. Ich lasse mir beim Zähneputzen besonders viel Zeit, doch es hilft nichts. Als ich auf die Veranda komme, steht die Frau immer noch da und mustert mich mit seltsamem Blick.

»Bist du nicht müde?«, frage ich sie.

»Ich möchte nur sichergehen, dass es dir gut geht hier draußen. So allein.«

»Mir geht es gut, keine Sorge. Du kannst ins Bett gehen.«

Sie stellt sich direkt neben mich, während ich meinen Schlafsack ausrolle. Ich zögere kurz, bevor ich meine Hose und den Pullover ausziehe, ignoriere dann aber das seltsame Gefühl, entkleide mich und schlüpfe schnell in meinen Schlafsack.

Sie steht immer noch da und starrt mich an. Als ich gerade fragen will, ob ich noch etwas für sie tun kann, fängt sie an, mich in Decken zu wickeln, klopft mein Kissen zurecht und streichelt mir über das Gesicht.

»Äh. Danke. Mir geht es gut. Du kannst mich ruhig allein lassen«, sage ich noch einmal.

Ich bin sechsundzwanzig Jahre alt und frage mich, wie es nur dazu kommen konnte, dass ich ausgerechnet jetzt und von dieser Frau bemuttert werde. Erst nachdem ich demonstrativ zu meinem Buch greife, lässt sie von mir ab und setzt sich in einiger Entfernung auf einen Sessel. Ich versuche zu lesen, kann aber ihren Blick auf mir spüren und lese immer wieder die gleichen Sätze ohne sie zu verstehen.

»Stört es dich, wenn ich rauche?«

»Nein.«

»Sicher, dass es dir gut geht?«

»Ja.«

»Brauchst du noch etwas?«

»Nein.«

»Willst du, dass ich mich neben dich setze?«

»Nein.«

»Willst du, dass ich mit dir hier draußen schlafe?«

Ich drehe mich zu ihr um.

»Nein. Wirklich. Ich komme hier draußen sehr gut allein zurecht.«

Sie steht auf, hält kurz inne und setzt sich dann halb neben mich, halb auf mich. Ich lege mein Buch zur Seite und versuche, mich aufzurichten. Sie streichelt mir über die Stirn und Wange, wandert meinen Hals entlang und beginnt, meinen Schlafsack hinunterzuziehen. Ich greife nach ihrer Hand und schiebe sie von mir weg.

»Entschuldigung!?«

Sie starrt mich an.

»Du bist so schön.«

Ich spüre ihre Hand auf meiner Brust und schiebe sie erneut zur Seite. Sie stöhnt laut auf und starrt in die Ferne.

»Mein Leben ist zum Kotzen. Alle hassen mich.«

In was bin ich da nur hineingeraten? Ich könnte einfach aufstehen und gehen, aber ich bin müde. Will diese Frau mich tatsächlich anfassen, oder ist sie nur einsam und traurig und sucht jemanden zum Reden? Ich habe kein Mitleid mit ihr. Ich mag sie nicht. Ich mochte sie nicht, bevor sie versucht hat, mich anzufassen, und jetzt mag ich sie noch weniger.

Aber wenn sie redet, fasst sie mich zumindest nicht an, also bringe ich sie zum Reden.

»Du hast ein Haus und Kinder. Du hast einen Mann, der dich liebt ...«

»Mein Mann liebt mich nicht.«

»Das hat er gesagt. Tausendmal hat er gesagt, dass ihm die Familie alles bedeutet. Du hast ihn doch gehört!«

»Scheiß auf ihn. Vor drei Monaten hat er mich mit meiner besten Freundin betrogen. Ich hab sie dabei erwischt.«

Und sie fängt an zu erzählen. Seit dreiundzwanzig Jahren sind sie verheiratet. Seit dreiundzwanzig Jahren macht sie nichts ohne ihn. Sie verbringt ihre Tage im Haus. Putzt, kocht, wäscht die Wäsche und räumt das Zimmer ihres achtzehnjährigen Sohnes auf. Das Haus verlässt sie nur, um einkaufen zu gehen. Haus. Auto. Supermarkt. Auto. Haus. Wenn sie alles erledigt hat, wartet sie auf die Rückkehr von Mann und Sohn. Manchmal fahren sie zusammen zum Angeln. Er angelt, sie sieht ihm dabei zu. Vor zwei Wochen ist sie zum ersten Mal allein an den Strand gefahren. Sie stieg aus dem Auto und lief ein paar Schritte durch den Sand.

Ich frage, wie sie sich dabei gefühlt hat.

»Ich hatte eine Scheißangst. Mein Herz raste, und ich fühlte mich furchtbar.«

Für einen kurzen Moment starren wir beide in die Dunkelheit hinter der Veranda. Diese Frau hat Ängste, von denen ich keine Ahnung habe.

»Was macht dich denn glücklich?«

Sie dreht sich langsam zu mir um.

»Ich mag es, mich selbst zu befriedigen ...«

Ihr Blick hat sich verändert. Aus dem leidenden, ängstlichen Blick, der ins Leere ging, ist ein verwaschener, gieriger Blick geworden. Der Blick, den bereits der Kassierer abbekommen hat.

»... aber ich finde nie die Zeit dazu.«

Ich ziehe meine Augenbrauen nach oben und meine Beine an mich heran.

»Äh. Dann solltest du dir die Zeit wohl nehmen, wenn es das ist, was dich glücklich macht.«

Noch während ich spreche, merke ich, dass das Gespräch zu Ende ist und mein Ablenkungsmanöver somit gescheitert. Sie fasst mich an, diesmal aggressiver, zerrt an meinem Schlafsack und drückt ihren großen schweren Busen auf mich. Sie riecht nach Bratfett und Schweiß. Mit der einen Hand versuche ich, ihren Körper von mir wegzudrücken, mit der anderen greife ich nach ihren fetten Fingern, die sie versucht, unter mein Hemd zu schieben. Wir ringen kurz miteinander, dann stoße ich sie zurück und sage: »Stopp!«

Sie schaut mich mit gespielter Verwunderung an.

»Was? Du willst nicht mit mir schlafen?«

»Nein! Auf gar keinen Fall!«

»Warum sagst du so was? Magst du mich nicht?«

»Nein. Um ganz ehrlich zu sein: Nein, ich mag dich nicht. Lass mich in Ruhe! Du solltest ins Bett gehen.«

Sie nimmt einen Schluck Bier, wendet sich zu mir und versucht, mich zu küssen. Sie schlingt ihre gewaltigen Hände um meinen Nacken und Hals und zieht mich ihrem Kopf entgegen. Ich kneife Augen und Mund zusammen, als ich ihren Bieratem auf meinen Lippen spüre, dann stoße ich meine Hand in ihr

Gesicht und grabe meine Finger in ihre Augen und Wangen, um sie von mir wegzudrücken. Sie weicht zurück.

»Scheiße, mir reicht's. Ich hau ab!«

»Nein, nicht. Bitte. Es tut mir leid. Ich werde es nicht noch mal versuchen.«

Ich richte mich auf und ziehe mir meinen Pullover über.

»Nein. Bitte. Geh nicht. Ich möchte dir einfach nahe sein.«

»Ich dir aber nicht!«

Ich bin sauer. Richtig sauer. Ich will weg. Weg von dieser Frau. Weg von dieser Veranda, den Leuten, den sinnlosen Gesprächen. Ich stehe auf und packe meine Sachen. Sie legt sich auf meinen Schlafsack, um mich daran zu hindern.

»Nein. Bitte bleib, bitte.«

Ich stoße sie weg und stopfe den Schlafsack in meinen Seesack.

Plötzlich packt sie meinen Arm und zieht mich grob an ihr Gesicht heran. Sie will mich nicht mehr küssen. Ihr Blick ist voller Angst und Zorn.

»Bleib!«

»Nein.«

Ich reiße mich los und brauche nur zwei Schritte bis zur Tür.

»Wo willst du denn hin?«

»Egal, Hauptsache weg von hier.«

Ich stürme hinein, ziehe meine Akkus aus den Steckdosen und schmeiße sie in meine Tasche. Ich gehe zu Zach.

»Zach, wach auf!«

»Was?«

»Ich gehe.«

»Tu, was du tun musst.«

Er dreht sich um und schläft weiter. Ich drehe mich um. Mir wird schlecht. Die Frau läuft hinter mir her, versucht, mich festzuhalten und redet flüsternd auf mich ein. Ich will, dass Zach aufwacht. Ich will, dass er mich fragt, warum ich gehen will. Mich fragt, was passiert ist. Ich will, dass er sich mit mir an den Straßenrand setzt. Dass er mir zuhört und dann mit dem Kopf schüttelt und sagt: »Scheiß auf diese Leute.«

Ich klopfe an die Tür von Samantha und Scott. Keine Antwort. Ich flüstere ihre Namen, aber sie hören mich nicht. Ich versuche, die Türe aufzustoßen. Sie ist verschlossen. Ich komme mir vor wie in einem Alptraum. Die Frau ist mir auf den Fersen und versucht, mich von der Tür wegzuziehen. Ich schließe kurz die Augen und atme. Dann reiße ich mich von ihr los und stürme aus dem Haus in die Dunkelheit. Sie bleibt zurück.

Ich stehe inmitten der Dunkelheit auf der Straße, als es anfängt zu regnen. Mein Gehirn rast. Was soll ich tun?

Mein Rucksack, der ist im Bus.

Der Bus.

Ich klettere durch den Notausgang hinein.

Die Hunde springen um mich herum und sind so aufgeregt. Sie haben den ganzen Tag hier drinnen verbracht. Ich schubse sie zur Seite und suche im Dunkeln meine Sachen zusammen. Der Bus ist auf der gegenüberliegenden Straßenseite des Hauses geparkt, alle paar Sekunden schaue ich auf und vergewissere mich, dass mir niemand folgt. Ich male mir die verrücktesten Szenarien aus, etwa, dass sie ihrem Mann erzählt, ich hätte versucht, ihr etwas anzutun, und er würde mit einem Gewehr hinauskommen. Die Bilder rasen durch meinen Kopf.

Ich habe fertig gepackt. Es gibt nichts mehr, was ich einpacken kann, und ich habe keine Ahnung, was ich als Nächstes tun soll. Ich setze mich auf den Boden und versuche, einen klaren Gedanken zu fassen. Keine Menschenseele ist unterwegs. Es ist zwei Uhr nachts. Es ist dunkel, es regnet. Keine Autos sind zu sehen, und die Tankstelle ist geschlossen. Mein Körper ist müde. Ich beschließe, mich für ein paar Stunden hinzulegen und im Morgengrauen aufzubrechen.

Plötzlich fangen die Hunde an zu bellen und ihre Zähne gegen die Fenster zu fletschen. Ich bin nur für ein paar Minuten weggedöst. Jemand steht vor dem Haus und bewegt sich auf den Bus zu. Durch den Regen und die beschlagenen Scheiben kann ich nur eine grobe Silhouette erkennen. Ich hole mein Pfefferspray aus dem Rucksack und hoffe, es nicht benutzen zu müssen. Die Hunde bellen und knurren, und zum ersten Mal bin ich froh über ihre Anwesenheit. Richtig froh. Die Gestalt bleibt kurz stehen und geht dann zum Haus zurück.

Ich lege mich wieder hin und schlucke. Ich halte das Pfefferspray fest umklammert, den Finger auf dem Auslöser. Die Hunde beruhigten sich wieder und kommen zu mir. Sie wollen gestreichelt werden. Ich will nur schlafen. Der Sturm wird lauter, und ich döse weg.

Wieder werden die Hunde unruhig. Anders unruhig. Mir dämmert, was ihr Problem ist, nachdem sie schon so lange im Bus eingesperrt sind. Ich kann nicht mit ihnen rausgehen. Die Hunde sind zu dritt und total aufgedreht. Wir müssten durch den Notausgang klettern, und ich würde sie nicht unter Kontrolle halten können. Noch während ich im Halbschlaf versuche, das Problem zu lösen, ertönt direkt hinter meinem Kopf ein schlabberiges, platschendes Geräusch, und ein brechreizerregender, beißender Gestank erfüllt das Innere des gesamten Busses. Es wird sogar etwas wärmer in der Kabine. Ich ziehe

mir den Schlafsack über Mund und Nase. Dieser Tag muss endlich ein Ende haben.

Ich habe meine Brille im Haus vergessen.

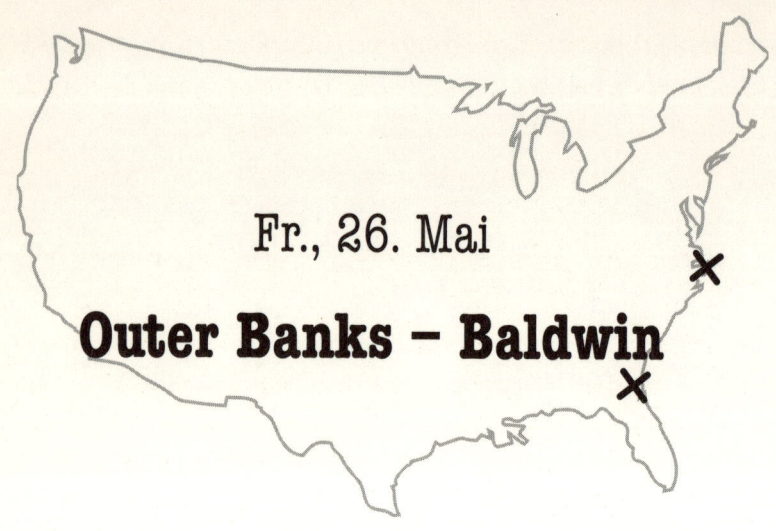

Fr., 26. Mai

Outer Banks – Baldwin

Dear Zach
Thank you for everything.
I hope you will find whatever you are looking for.
It was a pleasure meeting you.
I hope we will meet again, somewhere, someday.
I wish you all the best.
Love, Tamina

Ich wache auf, starre an die Decke und fühle mich wie ein Stein. Ist der vergangene Abend wirklich passiert? Die Sonne scheint, und als ich nach draußen blicke, sieht mich das Haus trügerisch freundlich an. Die Angst ist verflogen, und zurück bleiben Verwunderung und Frustration. Ich habe mich zum Gehen entschieden und werde dabei bleiben. Leicht fällt es mir nicht. Das Unbekannte schüchtert mich ein. Ich bin nicht unverwundbar, ich kann nicht nur das Gute in den Menschen hervorzaubern. Das hat mir die vergangene Nacht bewiesen.

Ich rolle meinen Schlafzack zusammen und hoffe, dass dies der einzige Moment auf meiner Reise bleiben wird, in der ich die ungewollte Lust eines anderen abwehren muss.

Als ich die Haustür öffne, ist alles still im Haus. Ich warte ein paar Atemzüge, bevor ich eintrete und mich ins Badezimmer schleiche. Es riecht immer noch nach Bratfett und treibt mir eine Gänsehaut über den Rücken. Während ich mir die Zähne putze, höre ich, wie jemand den Flur entlanggeht und die Haustür öffnet. Dann ein würgendes Geräusch.

Ich laufe in die Küche, schnappe meine Brille und gehe zur Tür. Es ist mir egal, wem ich begegnen werde, ich will nur weg. Als ich aus dem Haus trete, steht die Freundin des Sohnes vor mir. Ihre Haare sind vom Schlaf verteilt, sie trägt das übergroße T-Shirt irgendeiner Metall-Band, und ihre nackten Beine enden in flauschigen Hausschuhen. Ihre Augen sind tränenunterlaufen, und die Röte des Halses steigt ihr bis zur Stirn. Sie versucht sich zu übergeben.

»Alles in Ordnung?«

Ihr Anblick treibt mir Tränen in die Augen. Sie ist überrascht, mich zu sehen. Ihre Augen blitzen hilfesuchend an mir vorbei. Nach dem gestrigen Abend und unserer kurzen Auseinandersetzung fühlt sie sich offenbar unwohl allein mit mir.

»Mir geht es gut. Ich habe gestern zu viel Zitrone gegessen. Davon wird mir schlecht.«

Ich schaue sie fragend an, sage aber nichts.

»Gehst du?«

»Ja.«

»Allein? Ganz allein?«

»Ja.«

»Wow.«

Ich weiß nicht, warum ich ihr sage, was ich nun sage, oder was ich mir davon erhoffe. Doch es kommt mir in den Sinn, und ich spreche es aus, und ich bin müde, und mein Gehirn ist langsam. Ihr *Wow* bringt mich durcheinander.

»Ich habe kleine Brüste, und es ist mir egal. Die Jungs mögen das, und du bist eine hübsche junge Frau.«

Sie starrt mich an. Dann wird ihr Blick weicher, und ihre Augen füllen sich wieder mit Tränen.

»Kannst du nicht bleiben?«

»Nein.«

Ich lasse das Haus und den Bus hinter mir, und mit jedem Schritt lässt meine Anspannung nach. Die Muskeln, die sich schützend verkrampft haben, müssen nun nur noch den Rucksack tragen und entspannen sich. Ich laufe und laufe, schneller und schneller, ich renne fast, so gut fühlt es sich an. Ich bin allein. Keine Hunde, keine Menschen, keine Enttäuschungen. Nur ich. Ich strahle über das ganze Gesicht und schreite den Highway entlang, als ein Auto neben mir hält und sich die Beifahrertür öffnet.

»Steig ein!«

Ich habe noch nicht einmal meinen Daumen herausgehalten.

Der Mann ist Ingenieur und kann mich für ein paar Meilen mitnehmen. Er fragt nach meiner Herkunft und schimpft dann über die Mexikaner. Es könne ja wohl keiner von ihm verlangen, dass er Spanisch lerne, schließlich seien es die Mexikaner, die in »sein Land« kämen, den Amerikanern die Arbeitsplätze wegschnappten und keine Steuern zahlten. Die sollten gefälligst Englisch lernen oder bleiben, wo sie hingehörten. Ich sage, ich würde gern einmal nach Mexiko reisen, und er lässt mich an der nächsten Kreuzung aussteigen. Es gibt nicht viel Verkehr. Ich setze mich neben meinen Rucksack und rauche, als ein Scheriff neben mir hält und fragt, ob alles in Ordnung sei.

»Ja, Sir. Ich versuche, von dieser Insel herunterzukommen.«

Er wartet, ich ignoriere ihn, und er fährt davon. Ein Müllwagen hält an der roten Ampel. Der Schweiß glitzert auf der schwarzen Haut des Fahrers.

»Wo willst'n hin?«

»Florida!«

»Florida? Wo kommste her?«

»Aus Deutschland.«

»Was? Deutschland? Du kommst den ganzen Weg über den großen weiten Ozean, um jetzt nach Florida zu fahren? Verrückt!«

Er schüttelt den Kopf, lacht und fährt winkend davon.

Ein schwarzer Ford hält neben mir. Der Fahrer sagt nicht viel, schaut mich nur verwundert an. Silberne Locken mischen sich unter sein schwarzes Haar. Er ist Künstler, Maler. Wir schweigen und sind beide damit einverstanden. Nach einer knappen Stunde lässt er mich aussteigen. Er will mir die Hand geben, zieht sie dann aber doch zurück. Er setzt an, um etwas zu sagen, sieht mir für den Bruchteil einer Sekunde in die Augen, senkt seinen Blick und steigt zurück in seinen Wagen.

Dem schwarzen Ford folgt ein weißer Geländewagen. Die nächsten einhundert Meilen sehne ich mich nach Stille. Der Mann erzählt mir von seinen Verflossenen. Es sind drei, und jede hat ihre eigene Geschichte. Während er anfängt, von Ying Pang zu erzählen, fallen mir die Augen zu, und als ich aufwache, ist er gerade dabei, mich vor asiatischen Frauen zu warnen, die alle nur aufs Geld aus sind.

Ich bin müde. Der Glücksrausch, den ich am Morgen verspürt habe, ist verblasst, und die unruhige Nacht macht sich bemerkbar. Der Mann hält an einer Raststätte und lädt mich zum Essen ein, bevor er allein weiterfährt. Bei Doppelcheeseburger mit Pommes und klebriger Limonade erzählt er von seinen überstandenen Operationen und denen, die ihm noch bevorstehen. Er ist vierundfünfzig Jahre alt, stark übergewichtig und außer seiner Hüfte sind auch seine Knie, Hände und sein Nacken kaputt. Er steckt mir zwanzig Dollar zu und fährt davon.

Ich frage bei Burger King nach einem Stück Pappe, um mir ein Schild zu malen. Während ich darauf warte, dass die Schichtleiterin aus dem Lager zurückkehrt, starrt mich die Kassiererin sehnsüchtig an.

»Bist du auf Reisen?«

»Ja.«

»Coool.«

Noch während ich am Straßenrand sitze und sorgfältig *South* auf meine Pappe schreibe, hält direkt vor mir ein rostiger, bordeauxroter Wagen. Der Motor geht aus und die Scheibe wird mühsam hinuntergekurbelt. Am Steuer sitzt ein alter Mann mit Bart und Brille, der mich unsicher ansieht.

»Was hast du denn vor?«

Er will lässig klingen, spricht offenbar nicht oft mit Fremden. Vermutlich spricht er überhaupt nicht oft.

»Ich versuche, in den Süden zu kommen. Nach Florida.«

»Oh, Florida.«

»Fahren Sie hin?«

»Nein, ich fahre nicht hin. Nicht nach Florida. Nein. Ich habe Feierabend. Ich wohne hier in der Gegend. Ich fahre nirgendwohin. Nein. Nicht nach Florida.«

Er spricht mehr zu sich selbst als zu mir. Als würde er sich in diesem Moment erst darüber klar werden, dass er tatsächlich nicht nach Florida fahren wird, sondern nach Hause, so wie jeden Tag. Ich höre mir seinen Monolog an und nicke. Ich mag ihn.

»Möchtest du, dass ich dich irgendwohin fahre?«

»Kommt drauf an, wo Sie hinfahren.«

»Oh, ich habe kein bestimmtes Ziel. Ich könnte dich also ein paar Meilen in deine Richtung fahren.«

Und so steige ich ein, in das Auto des alten Mannes. Frank ist seit dreißig Jahren Feuerwehrmann. Am schlimmsten seien die Autounfälle. Er hat gerade Feierabend, jetzt zwei freie Tage vor sich, was bei ihm aber keine große Freude auslöst. Seine Frau hat er vor elf Jahren an Krebs verloren. Sie haben keine Kinder, weil sie keine bekommen konnte. Zwei Tage nach der Beerdigung ließ er alles stehen und liegen und fuhr mit dem Motorrad in Richtung Westen. Man hatte ihm gesagt, er könne vor seinen Problemen nicht davonlaufen, aber er brauchte die Reise, um seinen Verlust zu verarbeiten. Vier Wochen war er unterwegs. Seitdem hat er mehrere Frauen kennengelernt, kam aber nie dagegen an, sie mit der Verstorbenen zu vergleichen. Sogar die Haarfarbe und die Form und Größe ihrer Brüste. Er spürte, dass sein Verhalten den Frauen gegenüber nicht fair war und verließ jede von ihnen nach nur wenigen Wochen.

Er spricht langsam und leise, wiederholt manche Worte und macht längere Pausen zwischen den Sätzen. Als würde es ihm schwerfallen die Gedanken, die ständig in seinem Kopf kreisen, in Worte zu fassen.

Ich sage ihm, er hätte als Feuerwehrmann einen ehrenvollen Beruf, und frage, ob er anständig bezahlt werde.

»Ja. Selbstverständlich. Dieses Auto habe ich mir erst vor fünf Monaten gekauft. Ja. Ich mag es sehr.« Er sieht sich sein Auto an und streichelt kurz das Armaturenbrett. »Ich habe ein Motorad, ein Haus ...« Er sieht sich erneut um. »Ich habe nur niemanden, mit dem ich es teilen kann.«

Während er spricht, verschwindet sein Blick von der Straße ins Leere. Das Auto wird langsamer, und der Schmerz zeichnet sein Gesicht.

Mir seine Einsamkeit vorzustellen, tut weh. Ich lasse ihn langsamer werden, seine Gedanken beenden und wieder beschleunigen. Bei der nächsten Ausfahrt hält er kurz inne, überlegt und fährt schließlich weiter. Das wiederholt sich noch vier- oder fünfmal. Schließlich fährt er mich sechzig Meilen Richtung Süden und wird dafür den Anfang seiner Lieblingsserie verpassen.

Ich habe noch fünfhundert Meilen vor mir, kaufe mir einen Eistee und setze mich in den Schatten einer Mauer, als ich eine SMS bekomme:

»Hey there, my name is Chris, I got your info from Noah. He suggested I contact you. Told me your story. I'm a train rider on my way to Nola from Baldwin, FL. Cought an IM to csx Yard in Jax. Would love to meet at some point. I'm riding solo at the moment. I don't drink or do drugs or anything like that. I'm a recovering addict (6yrs)«

Soll so viel heißen wie: Er hat meine Nummer von Noah bekommen. Er reist auf Güterzügen und ist gerade in Baldwin, Florida, unterwegs nach New Orleans. Er ist mit einem Schnellzug in den Güter-Ablauf-Bahnhof von Jacksonville eingefahren und würde sich freuen, mich zu treffen. Er ist zurzeit allein unterwegs. Und er trinkt nicht und nimmt keine Drogen, schreibt er. Seit sechs Jahren sei er clean.

Ich freue mich über diese Nachricht. Er ist ein Freund von Noah. Sie waren für ein paar Tage gemeinsam unterwegs, noch bevor Noah Sarawh kennenlernte.

Wir vereinbaren, uns in Baldwin zu treffen und gemeinsam einen Zug nach New Orleans zu nehmen. Baldwin ist ein Vorort von Jacksonville und der Hauptumschlagpunkt für Güterzüge, die Richtung Westen fahren. Ich bin nun entspannter. Ich muss mir nicht erst Leute suchen, wenn ich in Florida ankomme, außerde werde ich jemanden treffen, der sich mit den Zügen auskennt.

An meine Mauer gelehnt höre ich Musik und döse kurz weg, als mir jemand härter als nötig gegen die Schulter tippt. Ich öffne die Augen und sehe einen massiven Mann vor mir stehen. Er trägt Sonnenbrille, T-Shirt und beige Shorts. Seine Wade ist so groß wie mein Kopf.

»Wo willst du hin?«

»Forida.«

»Da fahr ich hin. Falls du mitkommen willst.«

Ich sehe ihn an, und er sieht weg. Ich kann diesen Mann nicht einschätzen. Sein Wagen ist übergroß mit beigen Ledersitzen. Am hinteren Fenster hängt ein dunkler Anzug an einem Kleiderbügel. Wir fahren schweigend über die Autobahnausfahrt.

Er sagt, sein Name sei John Kelly, und fragt, ob ich etwas dagegen hätte, wenn er Musik anmacht.

»Okay. Ich weiß, ihr Mädchen mögt Britney Spears und den ganzen Mist, aber das ist mir egal. Mein Auto. Meine Regeln.« Er scrollt auf seinem Telefon nach der passenden Harte-Männer-

Musik. »Ich habe eine Tochter in deinem Alter. Ich weiß wovon ich spreche.«

Ich sage: »Okay«, und denke: *Arschloch*.

Er spielt »Say hello to heaven« von Temple of the Dog, einer Band, die Anfang der Neunziger um den Sänger Chris Cornell entstanden ist und nur ein einziges Album herausbrachte. Ich kenne das Lied, sage jedoch nichts. Ich kenne das ganze Album. Ich war im vergangenen Jahr auf einem Konzert von Chris Cornell und bin von seinem Selbstmord in der vergangenen Woche ebenso schockiert wie verärgert. Ich bleibe regungslos sitzen und schließe die Augen. Ich liebe dieses Lied. Ich höre John Kelly im Takt auf sein Lenkrad klopfen und spüre, wie er seinen großen Körper im Rhythmus der Gitarren bewegt. Chris Cornell singt: »You better seek out another road, 'cause this one ends abrupt. Say hello to heaven, heaven, heaven ...«, und ich drehe mich zu John Kelly und sage: »Es ist echt eine Schande, dass der sich umgebracht hat.«

John Kelly hört auf zu trommeln und starrt mich an. Den ganzen Refrain durch starrt er mich an. Dann hupt ein Auto, er reißt das Lenkrad herum und schreit: »Was zur Hölle ist hier eigentlich los? Du kennst Temple of the Dog? Du kennst Chris Cornell? *Du?*«

Er schüttelt seinen Kopf und atmet schwer. Ich lache.

John Kelly ist gerade auf der Heimfahrt von einer dreiwöchigen Reise durch den Nordosten des Landes, wo er seine fünf Kinder besucht hat. Er fährt mit dem Auto und nimmt sich alle Zeit der Welt. Er ist seit Neustem in Rente und will sich sein Land ansehen. Er liebt Amerika. Er schwärmt von der Landschaft und der Verrücktheit der Menschen. Ich stimme ihm zu und erzähle von meiner Reise bisher und was ich noch vorhabe.

Als ich von den Güterzügen erzähle, zieht John Kelly nur seinen Kopf in den Nacken und mustert mich von der Seite.

Ich frage ihn, was sein Beruf war, bevor er in Rente gegangen ist.

»Ich bin ein pensionierter Polizist«, sagt er todernst und schaut mich von der Seite an.

»Fuck. Das ist nicht dein Erst?«

»Du hast gerade einem Polizisten von all den Sachen erzählt, die du illegal in meinem Land getan hast und noch vorhast zu tun.«

Ich starre ihn an und er starrt herausfordernd zurück. Dann lache ich laut los. Ich lache und lache, bis mir der Bauch wehtut und die Tränen kommen.

Eine meiner größten Ängste auf diesen Zügen ist es, von der Polizei erwischt zu werden und eine lebenslange Visumsperre für die Vereinigten Staaten zu bekommen. Nun sitze ich hier auf der Flucht vor einer übergriffigen Frau im übergroßen Auto eines Polizisten und erzähle ihm vollkommen unbedarft von meinen Straftaten.

Ich sehe John Kelly nicht an, bis ich mir die Tränen von den Wangen gewischt habe. Es wird still im Auto. Dann drehe ich mich zu ihm hin. Er sitzt mit einem unergründlichen Gesichtsausdruck da, wendet sich langsam zu mir hin, blickt mich kurz an und sieht kopfschüttelnd wieder zur Straße. Er lacht kurz auf und beruhigt sich wieder. Dann lacht er wieder. Und wieder. Das Lachen baut sich nach und nach auf und endet schließlich in einem dröhnenden, bellenden, den ganzen Wagen erfüllenden und ihm die Röte ins Gesicht treibenden Grölen.

Wir wechseln uns ab mit Geschichten und verstummen, wenn gute Lieder laufen, um sie mit rhythmischem Kopfnicken zu würdigen. Wir verstehen uns ausgezeichnet. Er bricht sogar seine eigene Regel: Ich darf Musik aussuchen. Er dreht voll auf, und wir hören »Yellow Led Better« von Pearl Jam und singen aus vollem Halse mit. Wir hören es immer und immer wieder, bis der Hunger uns eine Ausfahrt suchen und zu einem Restaurant in der Nähe des Highways fahren lässt.

Es ist eine große Holzhütte mit rustikaler Einrichtung, Baseball-Dekoration und Fernsehern in jeder Ecke. Es ist laut wie in einer Bar. Wir setzen uns gegenüber an einen Tisch und müssen uns erst an den Anblick gewöhnen, da wir uns bisher nur von der Seite kennen. Schön ist er nicht. Er ist mir sogar etwas unsympathisch. Er bewegt sich schwerfällig und kleckert beim Essen Soße auf sein T-Shirt. Als er versucht, sie wegzuwischen, reibt er sie nur tiefer.

»Himmel! Du machst es nur noch schlimmer!«

»Warum hältst du nicht die Klappe und kümmerst dich um deinen eigenen Scheiß?«

Er lächelt. Ich mag ihn umso mehr. Ich esse Salat mit Hühnchen und bekomme alle seine Maiskolben. Nachdem er bezahlt hat und mir einen Zahnstocher reicht, stellen wir uns an die offenen Wagentüren und ich rauche eine Zigarette.

»Du kannst im Wagen weiterrauchen, wenn du willst.«

»Ich bleib lieber draußen. Ich möchte schließlich deinen Anzug nicht vollqualmen.«

Er lässt ein trockenes Lachen hören, setzt sich in den Fahrersitz, holt ein Gläschen aus dem Handschuhfach, dreht es auf und fischt einen halb aufgerauchten Joint heraus. Er weiß, dass ich ihn beobachte, und sieht mich aus den Augenwinkeln lächeln. Der Bulle hat Gras dabei. Er inhaliert tief und hält kurz die Luft an, bevor er genüsslich wieder ausatmet. Dann beugt er sich zu der offenen Beifahrertür, streckt seinen Arm aus und hält mir den Joint hin. Der Geruch steigt mir in die Nase. Es ist gutes Gras. Bevor ich einsteige, stellt er meine Lehne zurück und den Sitz nach hinten.

»Du schläfst jetzt. Du musst verdammt müde sein nach dem ganzen Scheiß, der dir passiert ist.«

Ich lege mich hin, und wir fahren los. Ich bin satt und breit und fühle mich wohlig.

John Kelly weckt mich genau so unsanft, wie er mich begrüßt hat. Es ist dunkel, und wir stehen an einer Tankstelle.

»Wir sind da. Hier ist Baldwin.«

Ich ärgere mich, dass ich die letzten vier Stunden der Fahrt verschlafen habe.

Er notiert mir seine Nummer und sagt: »Ruf an, wenn du Hilfe brauchst.«

Zum Abschied gibt mir John Kelly einen Kuss und sein Gras-Gläschen. Dann fährt er davon.

Sa., 27. Mai

Baldwin

Chris stolpert aus einem Gebüsch neben dem Lkw-Parkplatz, eine halbe Stunde nachdem mich John Kelly abgesetzt hat. Er sieht sich um, ob mir auch kein Polizist gefolgt ist, aber der Parkplatz ist mensschenleer.

Chris ist ganz aufgeregt und redet ununterbrochen, während er mich zu seinem Schlafplatz führt. Nicht nur hat Chris ein Zelt, er hat auch alles Laub und die Äste weggefegt und eine Plane im Eingangsbereich ausgebreitet. Er streckt die Arme aus, ruft: »Tadaa!«, und schaut mich stolz und erwartungsvoll an.

»Nett.«

In meinem Gesicht steht wohl mehr Verwunderung als Begeisterung, und Chris dreht sich enttäuscht weg. Er lädt mich ein, in seinem Zelt zu übernachten, und ich nehme dankend an.

Die Luft vibriert vom Gesumme der Mücken.

»Lass bitte deine Schuhe vor dem Zelt auf der Plane.«

Ich schlafe tief und fest.

Beim Packen am nächsten Morgen brauche ich länger als sonst, weil Chris jede Einzelheit meiner Ausrüstung unter die Lupe nimmt und die europäische Qualität lobt. Ich frage mich, wie sehr sich meine Schaumstoffmatte von einer amerikanischen unterscheiden kann. Dann zeigt er mir seine Sachen, angefangen bei einer Solarlampe mit drei Helligkeitsstufen bis hin zum Tropenhut mit Fliegennetz.

Ich spiele meine Begeisterung sehr schlecht. Chris hat einiges mehr zu packen, und ich will ihm behilflich sein, indem ich seine Plane zusammenrolle.

»Nein, lass mich das machen. Du machst es falsch.«

Ich stelle mich hin und sehe diesem sonderbaren jungen Mann dabei zu, wie er mit seiner Plane kämpft. Was Zach wohl von diesem Chris halten würde? »Hipster-Hobo« würde er ihn nennen und sein abfälliges Lachen ertönen lassen, wann immer Chris sein neues iPhone rausholt und seine Likes bei Instagram zählt.

Wir einigen uns darauf, unsere Vorräte aufzustocken und uns dann einen Platz neben den Gleisen zu suchen, um den nächsten Zug nach New Orleans zu erwischen. Mit jeder Stunde die vergeht, wird Chris sonderbarer. Er redet mehr und mehr und schwankt zwischen extremer Euphorie und tragischem Trübsal. Er schneidet mir das Wort ab, fragt mich bei der Planung nur rhetorisch nach meiner Meinung und ist am glücklichsten, wenn er redet und ich nur zwischendurch ein Ja oder Hm von mir gebe. Ich meinerseits bin froh, wenn er einmal für eine Minute nichts sagt.

Wir laufen ein paar Kilometer eine Straße entlang, bis diese von Gleisen gekreuzt wird, dann ein paar Hundert Meter auf Schotter, bevor wir einen Graben überqueren, hinter dem sich ein Wald befindet, der sich entlang der Gleise in Richtung Süden erstreckt. Wir finden einen Platz, an dem wir einigermaßen sichtgeschützt sind und gleichzeitig einen guten Blick auf die Gleise heben. Ein kaputter Klappstuhl und ein paar Tags verraten, dass schon vor uns jemand hier gewesen ist. Ein gutes Zeichen.

Wir setzen unsere Rucksäcke ab und atmen die schwere, schwüle Luft ein. Es ist zehn Uhr morgens, und das Thermometer zeigt dreiundvierzig Grad.

Ich höre ein Summen, spüre einen Stich auf meinem Oberarm, schlage zu, und auf mir klebt eine dicke Mücke, die mehr wie eine Fliege aussieht und deren Bisswunde sofort rot anschwillt und juckt. Die Viecher sind überall. Trotz der Hitze ziehe ich mein Hemd an und werfe mir ein Tuch über den Kopf. Sobald ich sitze, bringt auch das nichts mehr: Sie stechen sogar durch meine Jeans. Die Stunden kriechen langsam dahin. Auf den Gleisen ist nicht viel los, nur vereinzelt sind Züge in Richtung Norden oder Süden unterwegs. Wie lange wir wohl hier festsitzen werden?

»Es ist schön, jemanden zum Reden zu haben. Stell dir vor, ganz allein hier warten zu müssen.«

Ich wäre lieber allein.

»Okay«, sage ich. »Erzähl mir von dir.«

Und Chris kommt in den nächsten drei Stunden kaum zum Luftholen.

Er ist der älteste von vier Brüdern. Als seine Mutter ihn zur Welt brachte, war sie gerade fünfzehn Jahre alt. Sie waren noch nicht bereit für Kinder, besonders der Vater nicht. Er spülte seine Frustration mit Bier und Schnaps hinunter. Es lief nicht gut, und der Vater misshandelte die Mutter, schlug sie manchmal blutig. Kinder und Mutter hatten Angst vor dem Vater, zu viel Angst allerdings, um ihn zu verlassen. Einmal weckte der Vater den kleinen Chris mitten in der Nacht und schleifte ihn in die Küche. Dort stand die Mutter, blutverschmiert, und der Vater wollte von ihm hören, wen von den beiden er lieber mochte. Mutter oder Vater. Chris liebte seine Mutter und fürchtete den Vater. »Dad«, antwortete er.

Ein anderes Mal nahm der Vater ihn und seinen jüngeren Bruder mit in den Keller, wo er mit seinen Kumpels abhing. Sie schlossen Wetten ab und ließen die Jungs gegeneinander kämpfen. Dass sein Vater auf seinen Bruder gesetzt hatte, verletzte Chris am meisten. Als Chris zehn Jahre alt war, verließ sein Vater die Familie und ließ nichts mehr von sich hören. Nur einmal hat er ihn seitdem wiedergesehen, auf der Beerdigung seines jüngeren Bruders, gegen den er damals im Keller gekämpft hatte. Er ist an einer Überdosis Heroin gestorben. Chris brach nach der achten Klasse die Schule ab. Es folgten Jahre des Drogenmissbrauchs, an die er sich abschnittweise kaum erinnert. Mit siebzehn fand ihn seine Mutter zum ersten Mal in einem Crack-Haus wieder, wo er für Drogen die Überwachungskameras beaufsichtigte. Es dauerte nicht lange, bis er wieder davonrannte und sich in den nächsten Rausch stürzte. Sieben Jahre lang, malträtierte er Körper und Geist mit allem, was ihm zwischen die Finger kam. Hauptsache high.

Seinen ersten Güterzug bestieg er mit achtzehn, im Vollrausch. Er reiste von Stadt zu Stadt, dem billigen Stoff hinterher. Als er mit fünfundzwanzig in New York landete, kam der Wendepunkt. Er lernte Jack kennen, einen alten Mann, der ihn bei sich aufnahm. Jack gab ihm ein Zimmer und ließ ihn machen, solange er nur am Abend wieder zurückkam. Er suchte für ihn nach Kliniken und Therapeuten und stellte ihm frei, ob er die Termine wahrnehmen würde oder nicht. Wenn Chris erst nach mehreren Tagen wiederkam, öffnete er die Tür, ohne ihm Fragen zu stellen. Chris stahl ihm sein Geld aus der Tasche, die Jack trotzdem offen herumliegen ließ. Die Ärzte sagten, sein Gehirn sei durch den jahrelangen Drogenkonsum irreversibel geschädigt. Heute ist er einunddreißig und seit sieben Jahren runter von jedem Stoff. Nur nach dem Kick, den man von der Fahrt auf den Güterzügen bekommt, ist er noch süchtig.

»Das Leben ist so viel leichter, seitdem ich clean bin. Ich kann das ganze Geld für gutes Essen und Hotelzimmer ausgeben. Ich habe sogar aufgehört zu rauchen. Und das Beste ist: Ich kann jede Fahrt richtig genießen. Das ist die Freiheit, die ich heute habe. Ich werde niemals aufhören mit Güterzügen zu fahren. Niemals.«

Der Tag vergeht, und kein Zug kommt. Chris holt seine Gitarre aus der Tasche, ein Geschenk von einem Mädchen.

»Alles, was ich besitze, habe ich geschenkt bekommen.«

Er erzählt von seinem iPhone, das ihm der alte Frank zu seinem siebten Enthaltsamkeitsjubiläum geschenkt hat, und dem Dreihundert-Dollar-Rucksack, den er von einem anderen Mädchen bekam. Er erzählt von Frauen, die er unterwegs traf, bei denen er unterkam, die ihn versorgten und zum Bleiben überreden wollten. Denen er schließlich doch wieder den Rücken kehrte. Sie versuchten, ihn zu bestechen mit Geld und Sex und teuren Sachen, manche überweisen ihm heute noch monatlich etwas auf sein Konto.

Ich frage, ob er nicht lieber auf eigenen Beinen stehen will, als von dem Geld anderer zu leben.

»Das ist halt mein Ding!«

Er sagt, er verdiene auch mit seiner Musik ein bisschen Geld und sei bereits von mehreren Plattenlabels auf der Straße angesprochen worden. Ich fordere ihn auf, mir etwas vorzuspielen, und wie sich herausstellt, kennt er nur drei Akkorde. Er drückt die Saiten mit seiner Linken auf den Gitarrenhals hinunter und zittert krampfhaft mit seiner Rechten über den Korpus. Als er zu singen beginnt, wird es laut. Er kann nur laut, da er die Töne mit aller Kraft durch seinen Hals presst. Ich bin so entsetzt, dass ich ganz vergesse, wo wir uns befinden. Dass wir uns ruhig und unauffällig verhalten müssen. Dass wir uns auf illegalem Terrain befinden und nicht erwischt werden dürfen. Das Lied hat glücklicherweise nur zwei Strophen.

»Na, wie findest du das?«

Er hat aufgehört zu spielen, ich hingegen habe mich von meinem Schrecken noch nicht erholt.

»Na ja. Es ist nicht wirklich die Musik, auf die ich stehe.«

»Du magst keinen Punk Rock???«

»Ich bin mir nicht mehr so sicher.«

»Okay. Warte. Lass mich ein zweites Lied spielen.«

Für einen langen Moment denke ich, er würde das gleiche Lied noch einmal spielen, doch der Text hat sich tatsächlich verändert. Diesmal geht es nicht um Mädchen, sondern darum, dass das Stehlen in Supermärkten cool sei, weil man damit den Großkonzernen schade. Er bricht plötzlich ab und lässt Hände und Kopf hängen.

»Scheiße. Sorry, sorry, sorry, ich habs versaut. Falscher Akkord.«

»Oh, kein Problem.«

»Nein, warte. Nochmal von vorn.«

Er verspielt sich noch zwei weitere Male, gibt aber nicht auf. Als wir es endlich geschafft haben und auch dieses Stück ein Ende hat, schaut er wieder zu mir auf.

»Na, was denkst du jetzt?«

Ich schüttele meinen Kopf.

»Vielleicht hast du einfach keine Ahnung von Musik. Das ist schon in Ordnung. Wir *müssen* keine ähnlichen Interessen haben«, erklärt er.

Das war ein bisschen hart, aber nun gut, denke ich, ich habe seine Gefühle verletzt, weil ich seine Musik ätzend finde, und nun muss er es mir heimzahlen.

Ich stehe auf und sage, ich wolle zum nächsten Supermarkt gehen, um noch mehr Wasser zu besorgen. Ich werde gewiss eine Stunde unterwegs sein und riskieren, dass genau in dieser Stunde unser Zug vorbeikommt. Ich sage Chris, er soll dann meine Sachen einfach liegenlassen und aufspringen. Ich würde den Nächsten nehmen.

Es tut gut, dem Wald zu entkommen. Die Luft ist besser als zwischen den Bäumen, außerdem sind nicht so viele Insekten unterwegs. Der Ort scheint verlassen, es sind keine Menschen zu sehen, nur ab und zu fährt ein Auto die Straße hinunter. Die Mittagshitze hat kurz vor der Dämmerung nachgelassen.

In meinem Kopf höre ich noch Chris' Gesang und die Episoden seiner Geschichte. Irgendetwas stört mich an ihm, es fällt mir schwer, ihn zu mögen. Vielleicht liegt es daran, dass ich das Gefühl habe, er hätte diese Geschichte bereits oft erzählt und wüsste genau, wie sie wirkt und welche Reaktionen er erwarten kann. Es ist schwierig einzuschätzen, was man ihm glauben kann und was nicht. Und natürlich stellt man so eine

Geschichte nur ungern in Frage. Wenn er sich so an seine Vergangenheit erinnert, dann tut mir das leid für ihn. Es tut mir leid, dass seine Kindheit so schlimm verlaufen ist, dass er jahrelang durch die Drogenhölle gehen musste, bevor er lernte, sein Leben zu genießen. Trotzdem habe ich kein Mitleid mit ihm.

Der Supermarkt ist schlecht sortiert, es gibt weder Wasserkanister noch Obst. Ich kaufe vier Flaschen Wasser, Müsliriegel, eine Dose vegane Bohnen für Chris und drei kalte Getränke, von denen ich eines auf der Stelle austrinke. Ich besorge auch Spray und Räucherzeug gegen die Mücken. Mit zwei prall gefüllten Plastiktüten gehe ich zurück zu den Gleisen und auf dem Schotter entlang.

Mir rinnt der Schweiß in die Augen und tropft von meinen Haaren, als ich ein ruckartiges Zupfen an meiner Jeans spüre. Eine Schlange liegt zu meinen Füßen. Sie ist rot, gelb und schwarz und schlängelt ihren langen Körper um ihren erhobenen Kopf herum, offensichtlich im Begriff, noch einmal zuzuschnappen. Ich bin in Deutschland aufgewachsen und vollkommen arglos. Das Schlimmste, was Mutter Natur dort für den Menschen bereithält, ist Borreliose durch einen Zeckenbiss oder der Blechschaden am Auto nach einem Wildunfall.

Was für eine schöne Schlange!, denke ich, stelle meine Tüten ab und beuge mich in die Hocke, um sie mir genauer anzusehen. Ich muss meinem Reaktionsvermögen dankbar sein, das gegen meine Naivität siegt und mich im letzten Moment zurückspringen lässt, als die Schlange ihren Körper aufrichtet und ihren Kopf nach mir wirft. Ich liege rücklinks auf dem Schotter, die Schlange zu meinen Füßen, sie rollt sich wieder ein, und ich mache, dass ich davonkomme.

Ich gehe und stampfe bei jedem Schritt härter auf als nötig. Ich bin wütend auf mich selbst. Was zur Hölle habe ich mir nur dabei gedacht? Ich habe mich keinen Moment lang darauf vorbereitet, dass auf dieser Reise die Gefahren nicht nur auf den Straßen, Schienen und Verandas lauern, sondern auch die Natur mir übel mitspielen kann.

Das immer lauter werdende Quietschen von Metall auf Metall reißt mich aus meinen Gedanken. Ich blicke auf und sehe mich in einer Kurve direkt neben den Gleisen stehen. Ich bin bereits auf dem Eisenbahngrundstück. Vor mir, nur ein paar Hundert Meter um die Kurve, ist der Güterumschlagbahnhof. Hinter mir ist die Straße, zu meiner Linken sind die Gleise, zu meiner Rechten ein Graben gefüllt mit Brackwasser und dem dichten Wald dahinter.

Ich muss schleunigst verschwinden, um nicht von dem Zugführer gesehen zu werden, der jeden Moment um die Kurve und somit in Sichtweite kommen wird. Die Brücke aus abgebrochenen Baumstämmen, die ich zuvor mit Chris über den Graben gelegt habe, ist nirgends zu erkennen. Die Straße liegt zu weit zurück. Eine der Tüten verfängt sich in einem Dornenbusch, ich schaue auf und sehe die gelbe Nase einer Union Pacific Lokomotive hinter den Bäumen auftauchen. Er wird mich sehen. Ich habe keine Wahl und lasse mich in den Graben fallen. Die Tüte reißt auf, und ich stehe bis zum Nabel in der Brühe. Es riecht und blubbert, und jede Luftblase, die an mir aufsteigt, jede Berührung einer Alge fühlt sich an wie eine giftige Schlange oder ein Krokodil. Der Zug fährt langsam an mir vorbei. Ich beuge mich so tief wie nur möglich nach unten, um nicht gesehen zu werden, und versuche gleichzeitig, keinen einzigen weiteren Zentimeter meines Körpers in die Brühe zu tauchen. Meine Nase ist nur wenige Zentimeter von der Wasseroberfläche entfernt. Ich rieche das Grün des Wassers und sehe meinen Atem kleine Wellen schlagen.

Als ich zurück zum Camp komme, bin ich schweißgebadet und bis zur Hüfte getränkt in übelriechendes Sumpfwasser. Ich gebe Chris die Tüte mit seinen Sachen. Er schnappt sich die Cola-Dose, hält sie prüfend in der Hand und schaut mich genervt an. Die Cola ist kein Kaltgetränk mehr.

»Warum zur Hölle hat das so lange gedauert? Ich warte schon ewig!«

Ich starre ihn ungläubig an.

Die Nacht bricht herein und lässt Züge vorbeirollen, die nicht unsere sind. Ich sehne mich danach aufzuspringen und den kühlenden Fahrtwind zu spüren. Ich sehne mich nach dem lauten Rattern, das keine Unterhaltung zulässt. Weder die Hitze noch Chris noch die Mücken werden erträglicher. Das Spray und das Räucherzeug helfen nicht. Die Mücken bringen uns um den Verstand. Sie fliegen uns in Ohren, Nase und Augen. Die geschwollenen Bisse jucken und brennen und schmerzen. Es werden mehr und mehr, als hätte sich herumgesprochen, dass neben den Gleisen ein Festmahl auf sie wartet. Alle Mücken des Waldes vereinen sich, um sich an unserem Blut zu laben.

Als wir es nicht mehr aushalten, binden wir das Zelt an einen Ast. Wenn ein Zug kommt, können wir es einfach abreißen, zusammenrollen und loslaufen.

Wir wechseln uns ab: Einer schläft, der andere lauscht den Zügen. Es ist fast Mitternacht, und langsam wird es still auf den Gleisen. Einige Stunden vergehen, dann bewegt sich gar nichts mehr. Während ich schlafe, verlässt Chris das Zelt und sagt, er werde kurz in die Stadt gehen. Ich höre ihn im Halbschlaf und versuche aufzuwachen, aber es gelingt mir nicht. Ich bekomme meine Augen kaum auf und mein Rücken schmerzt vom harten Boden und dem langen Tag. Irgendwann wache ich vom Quietschen und Krachen eines Zuges auf und klettere aus dem Zelt.

Es ist fast drei Uhr morgens, und von Chris fehlt jede Spur. Zwei Lokomotiven fahren auf den hinteren Gleisen hin und her und bauen einen Zug zusammen. Auch dieser wird nicht in Richtung Westen fahren.

Ich setze mich auf den kaputten Klappstuhl, zünde mir eine Zigarette an und beobachte die Arbeiten auf den Gleisen. Hin und her fahren die Lokomotiven, beschleunigen und bremsen. Sie schieben und ziehen an den Containerwagen und vereinen sie mit lautem Krachen und Scheppern zu einer scheinbar endlosen Kette. Je nach Ladung, Gewicht und Strecke können bis zu zweihundertfünfzig Wagen aneinandergekoppelt werden. Etwa eine Stunde dauert es, bis es wieder still wird. Unheimlich still. Es ist nichts zu hören, außer dem Summen der Mücken und einem gelegentlichen Krachen im Unterholz.

Chris ist noch immer nicht zurückgekehrt. Er ist nun schon seit mehreren Stunden fort. Ich werde unruhig und überlege, wo er wohl steckt. Seine Sachen sind noch da. Vielleicht hat ihn eine Schlange gebissen? Vielleicht hat ihn die Polizei erwischt? Vielleicht ist er doch nicht ganz ehrlich gewesen und hat sich in einer stillen Ecke einen Schuss gesetzt, an dem er jetzt krepiert?

Ich schreibe ihm eine Nachricht: »Alles in Ordnung?«
Keine Antwort.

Ich wähle seine Nummer, lege aber schnell wieder auf bei dem Gedanken daran, wie es sich anfühlen würde, wenn er nicht ranginge.

Die Nacht mit ihrer Dunkelheit versetzt einen in komische Stimmungen, und als hinter mir ein lautes Knacken ertönt, schnelle ich ängstlich herum. Ich kneife die Augen zusammen, um in der Dunkelheit etwas erkennen zu können, sehe aber nur die dunklen Umrisse der Bäume.

Wo zur Hölle ist Chris? Ich kenne ihn noch keine vierundzwanzig Stunden, kann ihn jetzt schon nicht leiden und verfluche ihn dafür, dass ich mich um ihn sorge. Ich schwanke zwischen panischer Angst und vollkommener Ruhe. Das unregelmäßige Krachen im Wald schüchtert mich ein. Minuten später lässt es mich wieder kalt.

Gegen fünf Uhr krieche ich zurück ins Zelt und schlafe ein.

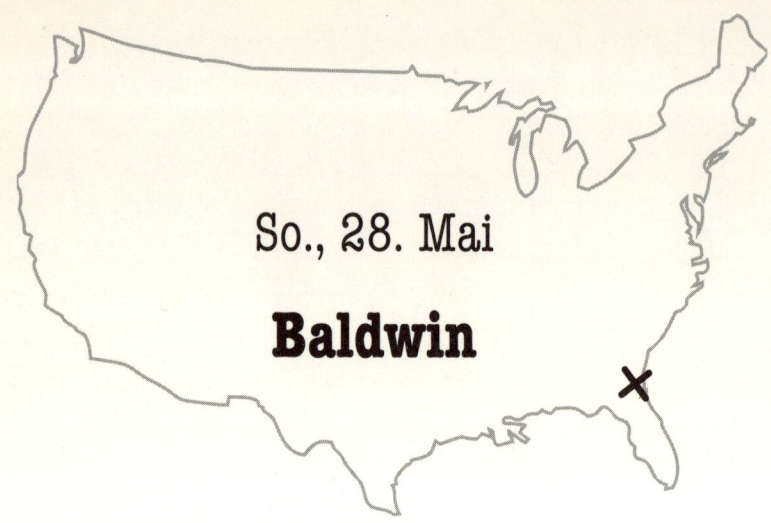

So., 28. Mai

Baldwin

Chris kommt mit dem Sonnenaufgang. Er hat zwei volle Wasserkanister mitgebracht, mit denen er sich später duschen will. Bevor ich mir erklären kann, warum ich mich so sehr freue, ihn zu sehen, fängt er auch schon an zu reden.

Wir ziehen das Zelt außer Sichtweite, und Chris legt sich schlafen, während ich die Gleise beobachte. Es fängt an, leicht zu regnen und hört bis zum frühen Nachmittag nicht auf. Von Abkühlung keine Spur. Zum Trinken haben wir genug, aber das Essen wird knapp. Ich esse meine letzte Banane und will mir den Apfel für den Zug aufheben. Mein Körper verlangt nach mehr, und ich gönne ihm hin und wieder eine Pistazie. Mein Gehirn bittet um etwas visuelle Stimulation, aber damit kann ich nicht dienen.

Der zweite Tag vergeht, zäh wie der erste. Die einzige Beschäftigung besteht darin, den Mücken so oft es geht zu entkommen. Ich habe angefangen zu lesen, als Chris am Nachmittag aufwacht. Er kontrolliert die Gleise und kommt zu mir.

»Guten Morgen.«

»Guten Morgen. Konntest du schlafen?«

»Nicht wirklich. Verdammt heiß da drin.«

Ich wende mich wieder meinem Buch zu.

»Bist du fertig mit Lesen?«

Ich sehe ihn fragend an.

»Nein. Ich habe gerade erst angefangen.«

»Aber jetzt bin ich ja wach. Du brauchst also nicht mehr zu lesen.«

»Eigentlich macht mir Lesen tatsächlich Spaß.«

»Oh.«

Er läuft unruhig umher und schimpft über die Hitze, die Mücken und den Zug, der nicht kommt. Er spricht mit sich selbst, will es mich aber hören lassen.

»Komm schon! Rede mit mir!«

»Chris, gib mir eine Auszeit, okay? Lass mich einfach lesen.«

»Was meinst du mit Auszeit? Ich habe den ganzen Tag geschlafen!«

Ich frage mich, wie er sich selbst erträgt. Er nervt mich mehr als die Mücken.

Ich schlage vor, er könnte mit mir reden, aber ich würde nebenher mit einem Kopfhörer im Ohr Musik hören. Er ist beleidigt, aber einverstanden. Mit der Musik im einen und Chris' pausenlosem Gerede im anderen Ohr, bemerke ich das Auto erst, als es direkt auf der anderen Seite des Grabens zum Halten kommt. Ich packe Chris am T-Shirt und zerre ihn die Böschung hinunter, hinter einen umgekippten Baumstamm. Wir fliegen mehr als wir rennen und landen flach auf unseren Bäuchen. Zum Glück ist Chris sofort ruhig.

Wir versuchen, uns nicht zu bewegen und lauschen angestrengt. Schritte auf dem Schotter sind zu hören, jemand sagt etwas Unverständliches, dann eine sich schließende Tür und das Auto fährt davon.

»Fuck. Glaubst du, sie haben uns gesehen? War das ein Bulle?«

Wir sind zu unaufmerksam gewesen. Es ist nahezu ausgeschlossen, dass sie uns nicht gesehen oder zumindest gehört haben, als wir den Hang hinunterpurzelten. Ob es nur Arbeiter gewesen sind oder es tatsächlich die Bahnpolizei war, kann ich nicht genau sagen. Wir gehen zu unseren Rucksäcken zurück, und ich sammle meine Sachen zusammen. Ich weiß nicht, was ich tun soll. In diesem Wald halte ich es kaum noch aus. Wir haben keine Gewissheit, ob heute der richtige Zug kommen wird oder erst morgen. Oder übermorgen. Ich ertrage Chris und die Mücken nicht mehr. Er erträgt mein Schweigen nicht mehr.

»Rede mit mir!«

»Nein! Was soll ich dir denn sagen?«

»Nichts! Nichts! Setz dich einfach hin und rauch deine blöde Zigarette. Ich brauche deine Aufmerksamkeit nicht!«

Er schreit und läuft wild umher, bleibt dann an einem Baum stehen und tritt ihm den Ast ab.

»Das war unnötig.«

»Verteidigst du gerade diesen verdammten Baum? Du isst Tiere, wie rechtfertigst du–«

Wir erstarren. Wir haben es beide gehört, und bevor wir uns bewegen können, hält ein Polizeiwagen an genau der Stelle, wo zuvor das weiße Auto gestanden hat. Ich schnappe meinen Rucksack und renne los. Chris ist mir dicht auf den Fersen. Meine Schritte machen einen Heidenlärm, aber es ist ohnehin zu spät. Sie haben uns gesehen. Ich renne und stolpere und verfange mich in den Dornen und renne weiter, immer weiter. Der Wald scheint endlos. Wir sind langsam und nicht zu überhören, und nur der Graben hat uns einen kleinen Vorsprung ermöglicht, weshalb wir nicht schon erwischt worden sind. Wir blicken nicht zurück, bis wir die Straße erreichen und uns dort hinter einem Strom-Häuschen verstecken. Meine Lunge schmerzt und zerreißt mir fast den Brustkorb. Ich verfluche jede einzelne Zigarette, die ich an diesem Tag geraucht habe.

Ich werde nicht zurück in den Wald gehen. Für mich ist die Sache gegessen. Wenn die Bullen schlau genug sind, wissen sie, was wir vorhaben, und setzen sich mit ihren faulen Hintern in ihren klimatisierten Wagen und warten darauf, dass der Zug uns aus dem Wald lockt. Dann könnten sie zuschlagen. Sie würden uns auf frischer Tat ertappen, und wir keine Ausreden haben, von wegen, es wäre gar nicht unsere Absicht, auf einen Zug zu springen. In Florida drückt die Polizei kein Auge zu. Würden sie uns erwischen, hieße das Gefängnis oder Bußgeld, und in jedem Fall bekäme ich die Visumsperre. Davor hat mich auch John Kelly gewarnt.

Ich sage Chris, ich würde mir irgendwo einen Schlafplatz suchen und am nächsten Morgen versuchen, nach New Orleans zu trampen. Er versteht das als Einladung.

»Okay. Lass uns das machen.«

»Chris. Das funktioniert nicht. Wir können nicht gut miteinander.«

»Sag das nicht!«

»Es ist wahr. Du kannst mir doch nicht erzählen, dass du die Zeit mit mir genießt.«

»Ja, aber doch nur wegen der Mücken und der Warterei. Wir können immer noch zusammen Spaß haben!«

Ich schnaube und schaue die Straße hinunter.

»Komm schon, bitte. Ich sage kein Wort mehr, versprochen.«

Ich muss lachen.

Während wir auf der Straße herumlungern, wird es langsam dunkel. Chris ist sehr bemüht und höflich, und wir haben tatsächlich eine gute Zeit. Vor allem sind wir wohl froh, endlich aus dem Wald heraus zu sein. Auf der Straße ist nichts los. Vereinzelt fährt ein Auto vorbei, und irgendwann erhellen die Straßenlaternen die Szenerie. Eine Gestalt kommt in der Dunkelheit auf einem BMX die Straße entlanggefahren und beginnt, auf unserer Höhe zu kreisen. Er ruft uns etwas zu, aber wir verstehen nichts. Er dreht eine weitere Runde und kommt direkt neben uns zum Stehen.

»Wollt ihr Drogen?«

Er zählt auf, was er alles dabeihat. An seinem Lenkrad baumelt eine Plastiktüte. Er hat Schwierigkeiten beim Sprechen und ein unsymmetrisches Gesicht. Ich lehne dankend ab und blicke hinüber zu Chris, der ebenfalls ablehnt.

»Ich bin erst vor ein paar Wochen aus dem Krankenhaus entlassen worden. Mein Vater hat auf mich geschossen, weil ich ihm nichts von dem guten Stoff abgeben wollte. Ja, der ist komplett irre. Hey, seht ihr das Haus da drüben? Das steht leer, falls ihr einen Platz zum Pennen sucht.«

Er zeigt auf ein Haus auf der gegenüberliegenden Straßenseite und fährt davon.

Chris schaut mich begeistert an. Ich bin mir unsicher, lasse mich aber überreden, das Haus wenigstens anzusehen. Wir steigen durch die Verandatür ein und tasten uns durch die Dunkelheit, bevor wir am Ende des Flures einen Raum mit verbarrikadierten Fenstern erreichen und unsere Taschenlampen einschalten. Das Haus scheint gerade renoviert zu werden. Es riecht muffig, ist aber sauber. In den Ecken stapeln sich Tapetenrollen und Kleistereimer.

»Das ist mein Schlafplatz für heute Nacht«, sagt Chris.

Meiner ist es nicht, denke ich.

Ich will gerade hinausgehen, als ich ein Jubeln aus dem Badezimmer höre. Es gibt fließendes Wasser. Wasser! Eine Dusche! Ich stehe in der Tür und bin hin- und hergerissen. Ich habe ein ungutes Gefühl bei dieser Sache. Auf der Straße zu schlafen ist etwas anderes. Die gehört niemandem. Ich will hier nicht bleiben. Andererseits klebt und juckt mein ganzer Körper und sehnt sich danach, dass die Erinnerung an den Wald und den Graben von ihm abgespühlt werden. Ich kann der Dusche nicht widerstehen.

Ich gehe in das hintere Zimmer, in dem Chris bereits seine Schlafmatte ausbreitet, und werfe meinen Rucksack auf den Boden: »Ich gehe zuerst.«

Ich verteile den Inhalt meines Rucksacks über den gesamten Fußboden. Mein Shampoo habe ich ganz unten vergraben, zusammen mit den anderen Dingen, die ich kaum benutze. Im Badezimmer stelle ich ein Brett vor das Fenster und mache die Taschenlampe an. Jede Pore meines Körpers schreit nach Wasser. Ich ziehe mich komplett aus und löse mein Haargummi. Gerade als ich ein Bein in die Badewanne hebe, höre ich ein Geräusch vor dem Haus. Autoreifen auf Kieselsteinen. Ich wickle mein viel zu kleines Handtuch um, lösche die Lampe und spähe hinaus auf den Flur. Die Scheinwerfer des Wagens beleuchten das Innere des Hauses. Eine Autotür fällt zu, doch der Motor bleibt an. Ich sehe einen großen Schatten auf das Haus zukommen.

»Fuck, fuck, fuck! Da kommt jemand!«

Ich habe meine Sachen geschnappt und bin in das Zimmer geschlüpft, in dem sich Chris bereits zum schlafen hingelegt hat.

»Was? Fuck!« Er springt auf und schließt die Zimmertür. »Wir müssen uns verstecken!«

Unser Flüstern wird zu panischem Quietschen.

»Willst du mich verarschen? Das ist ein *leeres* Haus! Man kann sich nirgendwo verstecken! Und der einzige Weg hier raus führt an diesem Typen vorbei!«

Ich ziehe mir Hose und Hemd über und versuche, meine Sachen zusammenzusammeln und in meinen Rucksack zu stopfen. Ich will mich bemerkbar machen, will den Hausbesitzer nicht erschrecken, will rausgehen, mich entschuldigen und schleunigst verschwinden. Uns bleibt ohnehin keine andere Wahl. Wir hören Schritte vor der Zimmertür. Sie kommen näher.

»Lass mich das machen«, sagte ich. »Ich werde mit ihm reden.«

»NEIN!«

Chris bekommt Panik. Er springt auf mich zu und hält mich zurück. Ich versuche, mich von ihm zu lösen, und er drückt mir seine Hand auf den Mund. Im gleichen Moment öffnet sich die Tür, und wir blinzeln im Gegenlicht den Umrissen einer massiven Gestalt entgegen, die in Höhe und Breite den gesamten Türrahmen einnimmt.

Der Mann ist zwei Köpfe größer als ich und dreimal so breit. Er hat einen Stiernacken und ein fieses Gesicht, aber vor allem hat er ein Gewehr, das er auf unsere Köpfe richtet.

»Raus. Sofort!«, flüstert er.

Ich schnappe meine letzten Sachen, ziehe mein Ladegerät aus der Stockdose und beginne zu schwitzen. Ich spüre, wie der Gewehrlauf mir folgt. Chris ist wie versteinert, dann fängt er an zu stammeln. Der Riese schreit: »ICH SAGTE: RAUS HIER!«, aber Chris stammelt weiter. Ich gehe zu ihm, schüttle seine Schultern und zische: »Chris, schnapp dir deine Sachen und lauf!«

Er erwacht aus seiner Trance, nimmt Rucksack und Isomatte, und wir stürmen aus dem Haus. Und schon wieder rennen wir. Diesmal um unser Leben.

Nachdem wir aus dem Haus des Riesen geflohen sind, laufen Chris und ich zurück zu dem Rasthof, an dem mich John Kelly zwei Tage zuvor abgesetzt hat. Wir verbringen die Nacht mit Daniel, Jamie und Sarah, die wir unter einem Baum neben Burger King kennenlernen. Sie kommen aus verschiedenen Ecken des Landes und sind nur wenige Stunden zuvor in Baldwin angekommen. Daniel scheint der unangefochtene Anführer der Gruppe zu sein. Er stellt sich und die anderen vor und bietet an, dass wir uns dazusetzen. Sie sind mit dem Güterzug gekommen. Völlig zugedröhnt haben sie die meiste Zeit auf dem Dach des Containers verbracht und sich die Sonne auf den Bauch scheinen und den Wind durch das Haar blasen lassen. Mehr noch als die Aussicht auf die vorbeiziehenden Landschaften, genossen sie den Nervenkitzel und die Gefahr. Für Jamie und Sarah war es die erste Fahrt und sie lieben es. Dort oben ist man den Launen des Drachens schutzlos ausgesetzt. Ein falscher Schritt, ein plötzliches Rucken des Zuges, und man fällt in den sicheren Tod. Ich bin überrascht, sie noch hier sitzen zu sehen, sie klingen, als könnten sie es kaum abwarten, auf den nächsten Zug zu kommen.

Daniel ist Mitte dreißig und schon sein halbes Leben auf den Zügen unterwegs, quer durch das Land. Er ist gutaussehend, mit langen Haaren und Bart und einem Rucksack, der in Farbton und Verschleiß seinen Kleidern in nichts nachsteht. Jamie hat nur ein kleines, zusammengeschnürtes Bündel dabei. Sarah eine Plastiktüte randvoll mit Bier. Die drei sind guter Stimmung. Sie schwelen noch in Erinnerungen und dem Rausch, den ihnen die Fahrt beschert hat. Nach achtundvierzig Stunden mit Chris ist das eine angenehme Abwechslung für mich.

Daniel ist schon mehrmals in Baldwin gewesen.

»Dieser Ort ist beschissen. Scheiß auf Florida!«

Er hat in allen Geschäften der Umgebung Hausverbot wegen Diebstahls und Sachbeschädigung, prahlt damit und wird mir dadurch sofort wieder unsympathisch. Ich wende mich ab und setze mich neben Jamie, der an einem Baumstamm lehnt. Mit seinen Falten um Augen, Mund und Stirn sieht er immer aus, als würde er lächeln.

»Diese Fahrt war herrlich! Ich wünschte, Michelline wäre dabei gewesen ...«

Michelline war seine große Liebe, die er vor zwei Jahren verloren hat. Sie starb im Bett neben ihm mit einem Lächeln im Gesicht, und sein Herz war gebrochen. Bevor er sie traf, war er schon zweimal verliebt und hatte sich geschworen, sein Herz nie wieder zu öffnen. Er arbeitete als Auslieferer von antiken Möbeln. Michelline hatte einen Stuhl bestellt, so lernten sie sich kennen.

»Zwei Wochen später zog ich ein.«

Manchmal weckte sie ihn mitten in der Nacht. Dann fuhren sie gemeinsam mit dem Motorad ans Meer und sahen sich den Sonnenaufgang an. Sobald die ersten Sonnenstrahlen das Wasser glitzern ließen, zogen sie sich nackt aus und schwammen hinaus. Sie liebten sich, fuhren zurück zum Haus, duschten und gingen zur Arbeit. Sie genossen diese Ausflüge sehr. Sie waren das kleine Geheimnis, das sie während der Arbeit mit sich herumtrugen und das sie strahlen ließ.

Eines Abends vor fast genau zwei Jahren ging Michelline früher zu Bett, weil sie sich nicht besonders wohlfühlte. Sie war schlapp und müde, und ihr schmerzte die Brust. Wegen ihrer Herzrhythmusstörungen wollte Jamie sie schon mehrmals im Krankenhaus untersuchen lassen, aber Michelline weigerte sich. Sie nahm zwei Tabletten und legte sich schlafen. Als Jamie sich später zu ihr legte, hatte sie die Augen geschlossen und atmete ruhig.

»Geht's dir gut, Baby?«, flüsterte er, und als keine Antwort kam, küsste er ihre Wange und schlief neben ihr ein.

Jamie erwachte vom Klingeln ihres Mobiltelefons. Es war Bobby, ein gemeinsamer Freund.

»Bobby ruft an!«, murmelte er und reichte Michelline das Telefon.

Sie reagierte nicht, er blickte zu ihr auf und sah, dass etwas nicht stimmte. Er ging ans Telefon.

»Bobby, ruf einen Krankenwagen, Michelline ist tot.«

Er versuchte, sie wiederzubeleben, doch das gelang ihm nicht. Ihre Lippen waren bereits blau angelaufen. Er drehte sie zur Seite und sah, dass auch der Rücken blau war von dem Blut, das sich dort gestaut hatte.

Sie war schon seit mehreren Stunden tot.

»Sie hatte ein Lächeln auf den Lippen und die Arme hinter dem Kopf verschränkt. Sie hatte ein Lächeln auf ihren Lippen!«

Jamie und Michelline waren nicht verheiratet. Das Haus ging an ihre Kinder, die ihm zehn Tage gaben, um zu verschwinden. Jamie konnte tagelang nicht schlafen. Die ersten Nächte legte er sich auf die Veranda, dann ins Gästezimmer. In der letzten Nacht nahm er sich ihr Kissen, das noch nach ihr roch, und konnte zum ersten Mal seit ihrem Tod wieder einschlafen.

»Ob du es glaubst oder nicht, sie ist in dieser Nacht zu mir gekommen im Traum. Sie nahm meine Hand und sagte: ›Ist gut. Alles wird gut.‹«

Als er aufwachte und realisierte, dass es nur ein Traum gewesen war, hatte er das Gefühl, sie ein zweites Mal zu verlieren.

»Es brach mir das Herz. Sie hat gelogen. Nichts wird gut. Weil sie nicht mehr da ist!«

Tränen laufen durch seine Lachfalten und die Wangen hinunter. Er gibt den Versuch auf weiterzusprechen. Ich nehme ihn in den Arm. Ich weiß nicht, was ich sagen soll. Dass alles okay sein wird? Dass er den Kopf nicht hängen lassen soll und sich gewiss noch einmal verlieben wird? Dass er sich glücklich schätzen kann, überhaupt die große Liebe erlebt zu haben? Dass die Zeit alle Wunden heilt?

Jamie ist doppelt so alt wie ich. Er hat mehr gefühlt, mehr gesehen, mehr gelebt. Er wischt die Tränen von seinem Gesicht, schnieft und sagt: »Tut mir leid, Liebes. Es kam gerade alles wieder hoch.«

Seitdem er das Haus von Michelline verlassen hat, lebt er auf der Straße. Er reist durch das Land, bleibt nie länger als ein paar Tage an einem Ort und ist dem Alkohol und den Drogen verfallen. Anderthalb Jahre hat er die Asche von Michelline in einer Urne mit sich herumgetragen. Vor wenigen Monaten fand er sich an einem Strand wieder, den Golf von Mexiko vor sich. Es regnete, und der Wind türmte die Wellen zu riesigen Bergen auf. Michelline liebte das Meer. Sie wollte nie in einem

Sarg begraben oder in einer Urne aufbewahrt werden. Jamie zog sich nackt aus und lief mit der Urne in der Hand ins Wasser.

»Das Wasser war eiskalt. Ich schwamm hinaus, öffnete die Urne und streute ihre Asche ins Meer. Ich warf sogar die Urne hinein. Ich war umgeben von ihr, und eine Welle trug uns den ganzen Weg zurück zum Ufer. Wir konnten ein letztes Mal gemeinsam schwimmen.«

Er will sich nie wieder verlieben.

»Das ist 'ne echt traurige Geschichte, Alter«, nuschelt Sarah und klopft ihm auf die Schulter.

Sie hat sich zu uns gesetzt, während Jamie erzählte, lässt ihren Körper in der Hocke auf und ab wippen und starrt mit unruhigen Augen auf den verlassenen Parkplatz.

»Ich hab keine Ahnung von der Liebe. War ja auch nur zweimal verheiratet.«

Sie hat ein rundes Gesicht unter glattem, schwarzem Haar, eine gerade Nase und Lippen, die einst voll gewesen sind. Nun stülpen sie sich in ihre Mundhöhle hinein, denn ihr fehlen beinahe alle Zähne. Selbst wenn sie mit uns spricht, lässt sie den Parkplatz nicht aus den Augen. Sie wippt weiter auf und ab in ihrer grauen Jogginghose und einem rosafarbenen T-Shirt, das viel zu groß ist und sie wie ein Zelt umhüllt. Sie hat zwei Kinder aus erster Ehe. Nachdem sie nach ihrer zweiten Scheidung auf der Straße landete, bot ihre Tochter an, sie könne bei ihr leben, doch das wollte sie nicht.

»Warum nicht?«

»Sie sagt ständig: Mach dies nicht, tu das nicht. Ich bin zweihundert Jahre alt! Ich brauche niemanden, der mir sagt, was ich tun oder lassen soll.«

»Was sollst du denn nicht tun?«

Sie überlegt, und ihr Blick fällt auf die geöffnete Bierdose in ihrer Hand.

»Trinken. Rauchen. All so was eben.«

Dann nimmt sie einen großen Schluck.

Wenn jemand an Krebs erkrankt, gibt es keinen Zweifel daran, dass es sich um einen harten Schicksalsschlag handelt. Auch wenn nach jahrelangem Zigarettenkonsum bei jemandem Lungenkrebs diagnostiziert wird, ist ihm unser Mitleid sicher. Alkoholsucht hingegen gilt als selbst verschuldetes Laster und wird in kaum einer Gesellschaft als Krankheit anerkannt. Du bist Alkoholiker? Hör doch einfach auf zu trinken! Gleichzeitig gilt schon die kleinste Feier, ein Treffen unter Bekannten, als Anlass. Du trinkst nicht? Komm, nur einen kleinen Schluck! Auf dich, das Leben, den Feierabend! Wenn man der Sucht einmal entkommen ist, gibt es nichts Schwierigeres, als der Versuchung zu widerstehen.

»Hey, kommst du mit?«

Daniel nickt zu den beiden Mülltonnen, die in der Dunkelheit stehen, nimmt meinen Arm und zieht mich zu sich hoch. Er ist stark und starrt mich mit gierigen Augen an. Ich sehe mich verwirrt nach Jamie um.

»Willst du ’nen Schuss?«, fragt der mit einem Lächeln im Gesicht, als würde er mir einen Schokoladenkeks anbieten.

Ich will keinen Schuss. Ich will auch nicht, dass die drei sich einen Schuss setzten. Für einen kurzen Moment habe ich sogar überlegt, die Nacht bei ihnen zu verbringen, aber jetzt wird mir klar, dass sie nicht die Absicht haben, sich demnächst schlafen zu legen. Als sie wiederkommen, lassen sie sich unter den Baum fallen und lachen und nuscheln unverständliche Dinge.

Ich verabschiede mich und laufe davon, um mir einen Schlafplatz zu suchen.

Chris holt mich ein und startet einen Monolog darüber, wie müde er ist und wie wenig Lust er hat, das Zelt aufzubauen. Ich habe ihn nicht gefragt, ob er mitkommen will, sondern gedacht, er würde bei den anderen bleiben und ich wäre ihn los. Ich muss an Daniel denken – an Daniel mit dem gierigen Blick. Vielleicht ist es gar nicht so schlecht, nicht allein im Freien zu übernachten. Ich bleibe stumm, um Chris zu zeigen, dass ich keine Lust auf Konversation habe. Es ist vier Uhr morgens, und ich bin hundemüde.

Wir nähern uns einem geeigneten Platz, und Chris lehnt seinen Kopf an meine Schulter. Ich ziehe meinen Oberkörper weg und beschleunige meine Schritte, um Abstand zu gewinnen.

»Ich bin zu müde, um das Zelt aufzubauen!«, jammert er hinter mir.

»Kein Problem. Ich mach das.«

Die Situation mit der Plane bei unserer ersten Begegnung habe ich ganz verdrängt.

»Nein, kannst du nicht. Du wirst es kaputt machen.«

»Wie soll ich es denn kaputt machen?«

»Du hast keine Ahnung, wie man das macht.«

»Es ist nicht das erste Zelt, das ich aufbaue.«

»Es ist empfindlich. Und es ist dir nicht wichtig, weil es nicht dein Zelt ist. Du wirst nicht sorgsam damit umgehen. Du wirst es herumschmeißen und kaputt machen.«

Dazu fällt mir nichts mehr ein.

»Du kannst das Licht halten.«

Ich gehorche und richte meine Kopflampe auf seine Hände.

Dann drehe ich mir eine Zigarette und überlege, wen ich weniger leiden kann: ihn oder die Veranda-Frau.

»Nein. *NEIN!*«

Für einen Moment denke ich, dass er nun tatsächlich selbst sein Zelt zerstört hat, aber als ich aufblicke, starrt Chris *mich* an und stürmt auf mich zu.

»Auf keinen Fall wirst du jetzt diese Zigarette rauchen! Ich habe dich nur um eine einzige Sache gebeten. *Eine* Sache. Und du kannst keine fünf Minuten abwarten und musst deine scheiß Zigarette rauchen? Was stimmt nicht mit dir?«

Er reißt mir den Tabak aus der Hand und wirft ihn zu Boden.

Ich bin wie versteinert und starre ihn mit leerem Blick an.

Er dreht sich zornig um und macht sich weiter an seinem Zelt zu schaffen.

»Es ist kaputt! *Du* hast es kaputt gemacht! Schau, was du gemacht hast. Nur weil du deine *Scheißzigarette* rauchen musstest! Wie süchtig bist du eigentlich, Mädchen?«

Ich gehe zu meinem Rucksack und höre mir weiter seine Hassrede an.

»Du bist so egoistisch! Wie kannst du nur so sein? Wie kannst du überhaupt mit dir selbst leben?«

Ich hebe den Rucksack auf meine Schultern und gehe davon.

»Den ganzen Tag behandelst du mich wie Dreck und lässt *mich* die ganze Arbeit machen. Ich brauche dich nicht! *Du* brauchst *mich*!«

Ich laufe weiter, höre ihn fluchen und spüre seinen Hass.

»Du hast dich noch nicht einmal für deinen Egoismus entschuldigt!«

Dann mache ich zwei Schritte, ohne dass er etwas sagt.

»Endlich! Du gehst! Sie geht! Juhu! Geh! Ich brauche dich nicht! NIEMAND BRAUCHT DICH!«

Ich laufe weiter, und in meinem Kopf dreht sich alles, aus dem gesamten Tag wird ein Gedankenbrei, aus dem sich immer wieder Fetzen lösen. Erinnerungen an den Wald, die Schlange, die Polizei, den Riesen in dem Haus. Fetzen von Jamies Geschichte, wie er mit seiner Frau nackt dem Sonnenaufgang entgegenschwimmt, und von Sarahs Geschichte, die Erinnerungen in mir weckt. Ich kann Chris nicht leiden, aber was er sagt, tut trotzdem weh. Dieses blöde Arschloch. Ich lege mich hinter einen Busch und fange an zu heulen, dann zu lachen, und dann ziehe ich trotzig an meiner Zigarette.

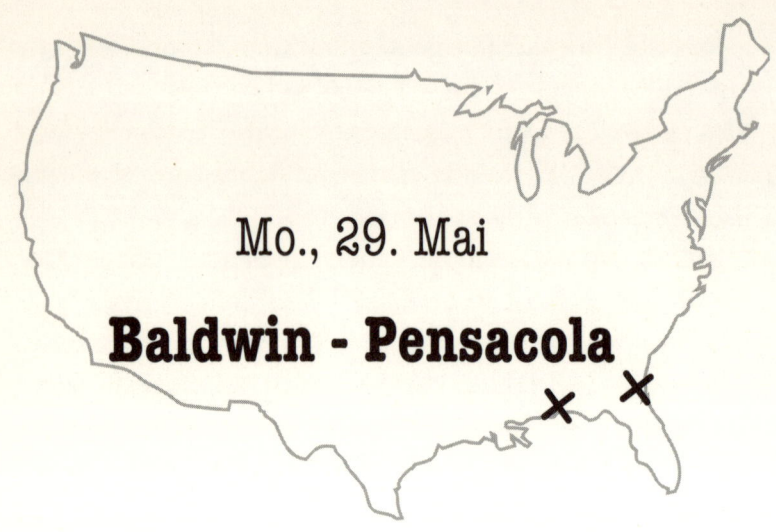

Mo., 29. Mai

Baldwin - Pensacola

»Du kannst hier aussteigen. Ich fahr in Richtung Norden weiter.«

Baldwin liegt keine zwanzig Meilen hinter uns, und der Lkw-Fahrer will mich schon wieder rauslassen. Ich wusste, er würde mich nicht allzu weit mitnehmen können, da er nach Tennnessee muss, aber ich war verzweifelt. Als er hielt, um mich mitzunehmen, wollte ich bloß wegkommen. Fünf Stunden hatte ich bereits gewartet. Zweimal wurde ich von den Besitzern der Geschäfte fortgejagt, vor denen ich stand, dreimal von der Polizei, weshalb ich mich schließlich in der prallen Mittagssonne an die Auffahrt des Highways gestellt habe. In Florida ist es verboten zu trampen oder Tramper aufzusammeln.

Jetzt, nach nur zwanzig Minuten Fahrt, bremst der Lkw-Fahrer mitten auf einem Autobahnkreuz.

»Hier ist kein Rasthof«, sage ich und schaue ihn ungläubig an.

Er kann mich unmöglich mitten auf dem Highway aussteigen lassen wollen.

»Ich weiß. Aber ab hier fahre ich nicht mehr in deine Richtung. Viel Glück!«

Ich komme ins Taumeln, während ich mit meinem Rucksack aus der hohen Fahrerkabine springe. Als ich mich wieder aufrichte, braust der Lkw auch schon davon.

Ich bin mitten im Nirgendwo. Hier gibt es nichts. Nichts, außer Straße, dichtem Wald und Schildern, die vor Bären warnen. Die Autos rauschen mit hundert Sachen an mir vorbei, ich renne hinter die nächste Leitplanke und versuche, mich zu orientieren. Es ist heiß, und meine sonnenverbrannte Haut hatte sich gerade an die klimatisierte Luft in der Fahrerkabine gewöhnt.

Der nächste Truck-Stop ist vier Meilen entfernt, und ich muss zwei Auffahrten überqueren, um auf die richtige Straßenseite zu gelangen. Sobald eine Lücke zwischen zwei Autos entsteht, renne ich los. Die Autos hupen, und ich denke: Verdammt, mir bleibt keine andere Wahl!

Ich laufe auf dem Rasenstück zwischen Highway und Wald, zwischen Autos und Bären, und fluche laut. Ich fluche auf den Lkw-Fahrer, fluche auf die Hitze, meinen Rucksack, Chris und Florida. Ich fluche auf jedes einzelne Auto, das an mir vorbeifährt, ohne anzuhalten. Ich wünsche mir, John Kelly würde mit seinem klimatisierten Auto neben mir halten und wir könnten den ganzen Weg nach New Orleans laut Pearl Jam hören. Bei diesem Gedanken muss ich lachen. Was macht John Kelly wohl gerade? Sitzt er auf seinem Sofa und überlegt, was er als Nächstes mit seiner Pensionierung anfangen soll?

Ein Hupen reißt mich aus meinen Gedanken, und ich sehe Hundert Meter vor mir einen silbernen Wagen am Seitenstreifen stehen. Das Warnlicht blinkt, die Beifahrertür schwingt auf und lauter Hip-Hop dröhnt heraus. Es hupt erneut, diesmal aggressiver. Erst jetzt verstehe ich, dass der Fahrer meinetwegen gehalten hat. Ich renne los, bevor er es sich anders überlegt, und lasse mich schließlich keuchend und verschwitzt auf den Beifahrersitz fallen.

Es riecht nach künstlicher Orange und ist angenehm kühl. Mein Kopf ist knallrot, und ich habe Äste und Dornen an der Hose, meine Schuhe sind von dem Brackwasser aus dem Wald noch nicht getrocknet und stinken, und meine Haare und das T-Shirt kleben verschwitzt an meinem Körper. Ich hätte mich selbst für eine Verrückte gehalten.

»Also, sag an. Wie bist du überhaupt hierhergekommen?«, raunzt mich eine tiefe Stimme vom Fahrersitz an.

Der Mann mustert mich mit erhobenem Kinn und halb geschlossenen Augen.

»Lange Geschichte.«

Wir nicken beide, dann fahren wir los.

Barry hat dunkelbraune Haut, die unter seinem strahlend weißen Unterhemd tiefschwarz aussieht. Ich kann nicht einschätzen, wie alt er ist. Er ist gut durchtrainiert, trägt aber eine Brille. Keine coole, sondern eine, die nirgendwo mehr in Mode ist: eckig und mit dünnem Metallrahmen. Er scheint, sich ständig bewegen zu müssen. Wenn er seinen Körper gerade nicht im Takt wippt, kramt er in den Staufächern des Autos herum oder betrachtet sich prüfend im Rückspiegel. Die Musik ist laut, und Barry redet mit starkem Akzent, sodass ich Mühe habe, ihn zu verstehen. Wenn ich ihn bitte, etwas zu wiederholen, ist er sofort genervt. Schließlich dreht er die Musik leiser.

»Na, auf Reisen?«

»Ja«, sage ich.

»Ich bin selbst gern unterwegs. Ich war schon überall in Florida, nur habe ich nicht viel *gesehen*.«

Ich überlege kurz, ob ich ihn richtig verstanden habe.

»Wie kannst du schon überall gewesen sein, ohne etwas *gesehen* zu haben?«

»Hmm.« Er wirft mir einen kurzen Seitenblick zu. »Um ehrlich zu sein: Ich saß die letzten sechsundzwanzig Jahre im Knast. Ich bin erst vor fünf Monaten rausgekommen.«

Ich lehne mich zurück und sehe aus dem Fenster. Der Wald, der an uns vorbeizieht, ist in der Abenddämmerung nur ein Schleier aus Grün und Braun.

»Du warst genau so lang weggesperrt, wie ich auf der Welt bin.«

Er lächelt und nickt.

»Und es fühlt sich guuuuut an, zurück zu sein!«

»Warum haben sie dich eingesperrt?«

»Hm.«

Er wird wieder still, und ich realisiere, wie direkt meine Frage gewesen ist.

»Das war unhöflich. Ich bin nur neugierig. Du musst nicht antworten.«

Er überlegt kurz.

»Ich hatte eine *Diskussion*. Mit einem anderen Mann. Er hat mich provoziert. Zu sehr. *Zu oft.* Ich habe ihm gesagt, er soll sich zurückhalten, aber *Das. Hat. Er. Nicht. Getan.* Also habe ich meine Knarre rausgeholt. *Und geschossen. Auf ihn.* Auf ihn und seinen Bruder und das Mädel, mit dem ich zu der Zeit eine Sache am Laufen hatte.«

Er ist nicht gut zu verstehen, da er in Fahrtrichtung spricht und die Musik weiterläuft und ich mich immer noch nicht an seinen Akzent gewöhnt habe. Hat der tatsächlich drei Leute umgebracht? Ich will nicht noch einmal nachfragen.

»Ich habe einhundertzweiundzwanzig Jahre bekommen. Aber ich habe *gekämpft*. Ich habe das Urteil *angefochten*. Noch an dem Tag, an dem sie mich eingebuchtet haben, fing ich an, Jura zu studieren.«

Manchmal betont er jedes einzelne Wort, und wenn er vom Kämpfen redet, dann klingt das physisch und verkrampft, wie im Kampf eben.

»Verurteilt haben sie mich mit neunzehn. Ich wäre über einhundertvierzig Jahre alt gewesen, hätte ich alles abgesessen. Sie haben nur sechsundzwanzig Jahre von mir bekommen. «

»Das Gefängnis hat dich nicht altern lassen. Du siehst nicht aus wie sechsundvierzig.«

Das ist kein Kompliment, sondern eine Feststellung.

»HA! Das habe ich schon oft gehört.«

Sein Lachen klingt wie ein Bellen, und er sieht angestrengt aus dabei. Mich freut sein Lachen, denn ich verspüre den Drang, ihn bei guter Laune zu halten. Er fährt sehr schnell und unkontrolliert. Er erklärt, er müsse sich erst daran gewöhnen, dass das Lenkrad und die Bremsen so gut reagieren. Als er vor siebenundzwanzig Jahren das letzte Mal am Steuer saß, musste man noch heftig kurbeln und die Pedale bis zum Anschlag durchdrücken. Vieles sei heute anders.

»Einen Freund nannte man damals Freund, heute sagt man *Bruder*. Ich sage: *Waaaaaas?* Der Typ soll dein *Bruder* sein? Der soll aus der Muschi *deiner* Mutter gekommen sein? *NEIN?* Wozu nennst du ihn dann einen Bruder?«

Wir sitzen in diesem Mietwagen, irgendwo in Florida, zwei völlig Fremde, beide fremd in diesem Land, über dessen Realitäten wir uns nur wundern können.

Wir halten an einer Tankstelle und kaufen Chips und kalte Getränke. Barry ist riesengroß, bestimmt zwei Meter. Er trägt eine beige, Neunzigerjahre-Anzughose mit Hosenträgern und dünnem schwarzen Ledergürtel, die er sich bis zum Anschlag hochgezogen hat. Das strahlend weiße Unterhemd hat er in die Hose gesteckt. Er hat eine seltsame Art zu gehen, als wären ihm seine Beine stets einen Schritt voraus. An der Kasse stellt er sich hinter einen dicken Mann mit Basecap, der ihm gerade bis zur Brust reicht, und ein junges Kaugummi kauendes Mädchen mit künstlichen Wimpern und knappen Shorts. Er sieht selbstsicher aus, obwohl er fehl am Platz wirkt. Während der Fahrt gibt er mir Chips und reicht mir einen Energy-Drink.

»Rauchst du Gras?«

Die Frage überrascht mich nicht.

»Tu ich.«

»Schnapp dir mal die Box da drüben.«

In dem kleinen Kästchen sind ein paar krümelige Grasreste, Blunts und ein halb aufgerauchter Joint.

»Ja, nimm den. Nicht viel übrig.«

Ich ziehe zweimal und reiche ihn Barry. Der zieht und zieht, ohne abzusetzen, und sein Blick wird starr, während seine Stirn vor Anstrengung Falten wirft. Er raucht den Joint in nur einem Zug auf.

»Ich wünschte, wir hätten mehr von dem Scheiß.«

Mir fällt John Kellys Grasdöschen ein. Ich beuge mich zu meinem Rucksack und suche danach. Als Berry sieht, wie ich mich in den Sitz zurückfallen lasse und das Döschen aufschraube, fängt er an zu lachen.

»Ha! Wo hast du *das* denn her?«

»Du würdest es mir nicht glauben.«

»Was meinst du?«

»Von einem pensionierten Polizisten.«

»Sccchhheeeiiiße.«

Und wir rauchen John Kellys Gras. Der Qualm wird immer dichter, wir werden immer breiter. Irgendwann nehme ich mich zurück und lehne ab, als mir Barry den Joint erneut reicht. Ich bitte ihn die Fenster zu öffnen, und er beginnt zu Husten, während er nach dem richtigen Knopf sucht. Das Husten wird immer schlimmer, bis es schließlich seinen ganzen Körper einnimmt. Ich biete ihm mein Wasser an, doch er winkt ab. Wir brettern mit hundertsechzig Sachen über den Highway, kommen kurz ins Schlingern, und er beruhigt sich wieder. Er öffnet beide Fenster, und der Fahrtwind nimmt unsere Rauchwolke mit. Dann zeigt er auf ein kleines Fläschchen mit orangefarbenem Etikett und sagt, ich solle dreimal sprühen, falls die Bullen uns anhalten. Er ist sechs Jahre auf Bewehrung, und darf sich *nichts* zu schulden kommen lassen.

»Nichts. Keine Drogen, absolut nichts!«

»Was ist mit Geschwindigkeitsüberschreitungen?«

»Nein. Sie würden mich gleich wieder zurückschicken.«

»Falsch Parken?«

»Nein.«

»Pinkeln in der Öffentlichkeit?«

»Nein.«

»Was ist mit Abfall auf die Straße schmeißen?«

»Was für'n Abfall?«

»Na, deine Reste.«

»Ach, du meinst meinen *Müll?* Darüber weiß ich nichts.«

Wir hören seine gebrannten CDs durch, die in einem Stapel auf dem Rücksitz liegen. Er hat sie in einer Kiste bei seiner Mutter gefunden. Es ist die Musik, die er vor seiner Inhaftierung gehört hat. Manche Lieder machen ihn wütend, und er nimmt die CD aus dem Player und wirft sie voller Verachtung in den Fußraum. Andere gefallen ihm, und er versucht, sich an die Texte zu erinnern und mitzusingen. Im Gefängnis hat er die meiste Zeit mit Lesen verbracht. James Pattisons *Capital Crime* war sein erstes und ist heute noch sein liebstes Buch.

»Als ich ins Gefängnis kam, konnte ich lesen, aber ich konnte das Gelesene nicht *verstehen*. Das habe ich erst gelernt, als sie mich in *Einzelhaft* steckten.«

Es wird Nacht, und unsere Unterhaltung verebbt. Barry wird bis nach Pensacola fahren, was zwei Drittel meiner Strecke bis New Orleans ist. Immer wieder fallen mir die Augen zu, und ich schrecke auf, wenn Barry das Lenkrad herumreißt, weil er von der Fahrbahn driftet. Auch er hat mit der Müdigkeit zu kämpfen.

»War Bush Senior oder Clinton Präsident, als du ins Gefängnis gekommen bist?«

»Clinton, glaube ich. Keine Ahnung.«

Ich versuche, uns irgendwie wachzuhalten.

»Jetzt ist es jedenfalls Trump.«

»Teufel, ja.«

»Du hast viel verpasst.«

»Teufel, ja.«

»9/11 zum Beispiel.«

»Yep, das habe ich auch verpasst. Aber ich glaube nicht dran.«

»Woran?«

»Schon mal von Steven Quall gehört? Ich kenne ihn aus dem Radio. Die Regierung sucht nach ihm, weil er die Wahrheit kennt. 9/11 war ein *Fake*. Eine dicke Lüge. Schon mal was von Area 53 gehört?«

Ich kenne mich schlecht aus mit Verschwörungstheorien und frage mich, wie verwunderlich es ist, dass ein Mensch, der sein halbes Leben im Gefängnis verbracht hat, an sie glaubt. Schon wieder driften wir von der Fahrbahn ab, und ich hüstle, was Barry aufschrecken lässt. Dann fallen ihm erneut die Augen zu. Ich bewege mich geräuschvoll, krame in meinem Rucksack und stelle hin und wieder eine blöde Frage, worauf ich nur kurze Antworten bekomme, bis er irgendwann überhaupt nichts mehr erwidert.

»Du bist dran mit Fahren.«

»Fahren?«

»*Fahren!* Oder hast du keinen Führerschein?«

Einen Führerschein habe ich schon, doch ein gutes Gefühl habe ich nicht dabei. Ich bin immer noch verdammt high und hundemüde, allerdings werde ich zumindest langsam fahren.

Bis zum nächsten Rastplatz sind es noch einige Meilen, mit denen Barry schwer zu kämpfen hat. Seine Augen sind mittlerweile öfter geschlossen als geöffnet. Ich bin angespannt. Wir kommen wieder von der Fahrspur ab, ich weiß nicht, was ich tun soll, starre ihn an, sehe seine Brille und schreie fast: »Wie schlecht sind deine Augen?«

Er schreckt auf, flucht und setzt sich so aufrecht ans Steuer, dass sein Kopf über das Lenkrad ragt, das er mit beiden Händen fest umklammert.

»*Was?*«

»Deine Augen. Wie schlecht sind deine Augen?«

Er antwortet ohne seinen Kiefer zu bewegen.

»Meine Augen *sind. Nicht. Schlecht.* Ich bin nur *verdammt MÜDE!*«

Er wird mit jedem Wort lauter, und sein ganzer Körper spannt sich an. Seine Muskeln sind riesig.

»Na, wegen deiner Brille ...«

Er hat mich falsch verstanden. Er denkt, ich hätte ihn dumm angemacht. In dem Moment, in dem ich seine Brille erwähne, entspannt er sich schlagartig.

»Oh. Äh. 2,25 auf jedem Auge.«

Ich kann spüren, wie unangenehm es ihm ist, dass er die Beherrschung verloren hat. Glücklicherweise fahren wir im selben Moment auf eine Ausfahrt, und Barry bringt den Wagen auf einem Parkplatz zum Stehen.

»Hast du 'nen Platz zum Pennen in Pensacola?«

»Nee. Ich such mir ein billiges Motel.«

»Ich bring dich zu 'nem Guten.«

Ich habe tatsächlich die Absicht, mir ein Zimmer zu nehmen. Ich bin zu geschafft, um mir einen Schlafplatz auf der Straße zu suchen, und es ist zu spät, um weiter zu trampen.

Ich gehe zu einem Trinkbrunnen auf dem Parkplatz, spritze mir Wasser ins Gesicht und strecke meine Arme und Beine, um etwas klarer und wacher zu werden. Viel hilft es nicht.

Als ich mich ans Steuer setze und Spiegel und Sitz einstelle, schwöre ich mir, mich von Barry nicht unter Druck setzen zu lassen. Mein linker Fuß tastet ins Leere. Es ist ein Automatikauto. Wir fahren los, und Barry gibt mir Anweisungen, während ich beschleunige.

»Du machst das guuut«, sagt er, als würde er seiner Nichte das Fahren beibringen.

Keine fünf Minuten vergehen, und er faucht: »*Mädchen*, drück auf die *Tube*!«

Ich weiß, dass ich langsam fahre, aber mehr traue ich mir nicht zu. Es ist eine Qual. Ich bin nervös und immer noch breit. Meine Müdigkeit wird mit jeder Meile stärker. Ich schwanke zwischen hypersensiblem Bewusstsein für jede Bewegung, jedes Gefühl, jede Stimmung im Auto und völliger Gedankenleere, bis ich plötzlich wieder realisiere, wo ich bin und was ich gerade tue. Barry ist keine Hilfe. Ich konzentriere mich auf mein linkes Bein, damit es nicht versehentlich auf der Suche nach der Kupplung im Cockpit herumirrt.

»Verdammt noch mal, Mädchen! Gib Gas!«

»Ich bin müde und breit! Ich bin in einem fremden Land, und meine Augen sehen nachts nicht sonderlich gut! Ich will keinen Ärger, also hör auf mich zu stressen, *Herrgottnochmal!*«

Daraufhin sagt er nicht mehr viel.

Nach einer gefühlten Ewigkeit kommen wir in Pensacola an. Barry lotst mich zu einem Motel, nicht weit vom Highway entfernt. Es ist ein zweistöckiges, langes Gebäude mit außenliegenden Fluren und schlichten Zimmern. Sechzig Dollar verlangt die müde Dame an der Rezeption. Ich gehe zurück zu Barry, der im Auto wartet, um sicherzugehen, dass es ein freies Zimmer für mich gibt, und frage ihn, ob er sich am nächsten Tag mit mir treffen würde. Ich habe noch so viel Fragen.

Überrascht zieht er die Mundwinkel nach unten und die Augenbrauen nach oben. Ich schreibe ihm meine Nummer auf und sage, er könne es sich ja überlegen und mich dann anrufen.

Er ist einverstanden und versichert mir, sich im Laufe des Nachmittags zu melden. Dann fährt er los.

Ich bin in jeder Hinsicht froh, die Fahrt überlebt zu haben.

Ich lasse die Zimmertür hinter mir ins Schloss fallen, und es kommt mir vor, als hätte ich die ganze Welt hinter dieser Tür zurückgelassen. Die Hitze, den Lärm, die Insekten, die Menschen und deren Geschichten. Alle Anspannung fällt von mir ab. Das Motel-Zimmer bildet eine schützende Hülle um mich, eine Hülle aus Sauberkeit, wohltuender Einsamkeit und Stille. Ich schließe für einen Moment die Augen und will weinen. Will lachen. Will in dieser Stille versinken. Tiefer und immer tiefer, noch weiter fort von dieser Welt. Von mir selbst. Will mein Gehirn ausschalten und meinen Körper verlassen. Nichts mehr spüren.

Ich sehe das große Bett mit seinen sauberen Laken und Kissen inmitten des Zimmers stehen und widerstehe dem Drang, mich sofort darauffallen zu lassen. Ich ziehe mich aus, gehe ins Badezimmer und starre die Dusche an.

Wie oft habe ich mich in den letzten Tagen nach einer Dusche gesehnt. So. Sehr. Gesehnt. Mein Körper ist übersät von Insektenbissen, von Kratzern und Dreck. Ich drehe das Wasser auf und übergebe meinen Körper, meinen Kopf dem undurchdringlichen Rauschen, das alles von mir spült. Erst heiß, dann kalt, dann wieder heiß und wieder kalt. Ich verbrauche das ganze Motel-Shampoo und Motel-Duschbad mit nur dieser einen Dusche.

Dann lege ich mich nackt in das Bett und genieße das Gefühl meines sauberen Körpers auf dem sauberen Laken.

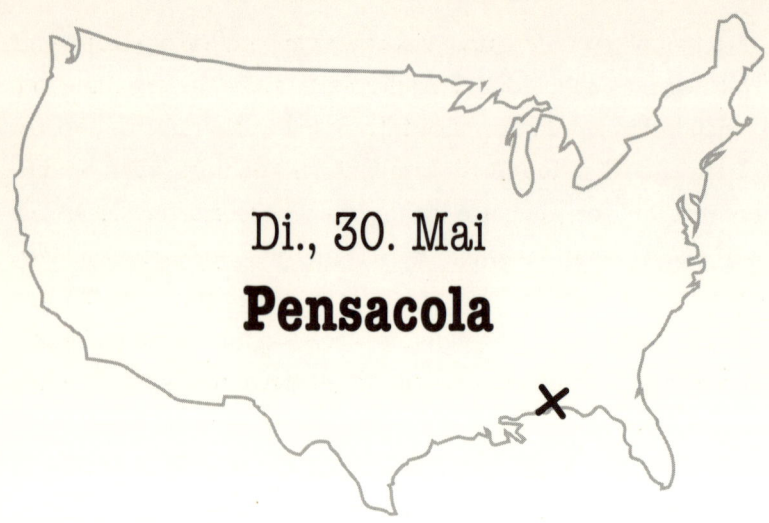

Di., 30. Mai
Pensacola

Ich träume von der Straße. Von Straßenlaternen, die Schatten dunkler Gestalten auf mich werfen, Insekten, die meinen Körper wie neues Land erobern, Sonnenstrahlen, die durch das Blätterdach scheinen und mich durch den Tag brennen bis sie mich am Abend widerstrebend der Dunkelheit übergeben.

Als ich auf die Uhr sehe, ist es acht Uhr morgens. Es ist noch dunkel. Ich brauche einen Moment, um zu verstehen, wo ich bin und dass ich allein bin. Die schweren Vorhänge des Motelzimmers sind zugezogen, und nur ein schmaler Spalt lässt den Tag hineinlugen.

Mir ein Zimmer zu nehmen, ich weiß, das war nicht nur gut. Einmal zum Luxus zurückgekehrt, wird es schwerfallen, ihn wieder zu verlassen. Mein Körper ist in der Nacht zur Ruhe gekommen und zahlt mir nun die Strapazen heim, denen ich ihn ausgesetzt habe. Er lässt mich jeden Muskel spüren, und ich bekomme Durchfall.

Ich schleppe mich zum Badezimmer und zurück zum Bett und falle in einen tiefen traumlosen Schlaf. Ich verschlafe den Vormittag und die Check-out-Zeit und zahle für eine weitere Nacht. Das Motel stellt Waschmaschinen und einen Snackautomaten zur Verfügung. Ich frühstücke Chips und eine Dose Cola und breite den Inhalt meines Rucksacks auf dem Boden aus. Ich habe nicht viel Kleidung: eine Jeans, eine Leggings, einen Pulli, ein paar T-Shirts, Socken und Unterhosen. Bis auf zwei Unterhosen ist alles bereits getragen. So getragen, dass man es sehen und riechen kann. Am schlimmsten ist der Schlafsack.

Ich wickle mir das Betttuch um und stopfe alles erst in die Waschmaschine, dann in den Trockner und warte währenddessen ungeduldig auf Barrys Anruf. Barry, der mehr als sein halbes Leben in einer menschengeschaffenen Institution verbracht hat, um ein besserer Mensch zu werden, fernab der Realität. Barry kennt alle Gefängnisse Floridas. Er kennt die Strukturen, die Hierarchien, die sich entwickelten. Weiß, wie sich die Menschen unter Freiheitsentzug verändern, wann sie darunter brechen und wie sie damit umzugehen lernen. Er weiß alles über das Leben im Gefängnis und fast nichts über das Leben außerhalb.

Er fasziniert mich, und ich will ihn unbedingt wiedersehen. Ich will sehen, wie er lebt und wie er zurechtkommt. Und will ihm und mir zeigen, dass ich keine Angst vor ihm habe. Hätte er mir etwas antun wollen, hätte er das genauso gut am vergangenen Abend tun können. Für seine Tat, hat er sechsundzwanzig Jahr gebüßt. Barry will nicht zurück in den Knast, sage ich mir.

Am späten Nachmittag klingelt mein Telefon, und Barry nennt mir eine Adresse. Ich habe ihn nur schlecht verstanden und laufe anschließend die Hilbert Street auf und ab, ohne das von ihm beschriebene Haus zu entdecken. Ich wähle seine Nummer, und wir versuchen herauszufinden, wo ich gelandet bin, als ein Mann auftaucht und seine Hilfe anbietet. Ich reiche ihm mein Telefon, und es stellt sich heraus, dass ich zwar auf der Hilbert Street bin, Barry jedoch auf der *North* Hilbert Street.

Die North Hilbert Street ist fünf Meilen entfernt. Der Mann, der Bob heißt, besteht darauf, mich zu fahren. Während wir durch die leeren Straßen rollen, fragt er mich nach meiner Reise und dem Typen, den ich gleich treffen werde, und ich erzähle ihm, wer Barry ist und wie ich ihn kennengelernt habe. Ich versuche, überzeugt und selbstsicher zu klingen, aber er sieht mich besorgt an und bittet mich, ihn zu benachrichtigen, sobald ich da raus bin. Ich muss es ihm versprechen.

Barry lässt mich ein und verriegelt die Tür hinter mir. Meine Augen müssen sich erst an die Dunkelheit des Raumes gewöhnen, während Barry das Zimmer durchquert und durch eine weitere Tür verschwindet. Es riecht nach billigem Raum-Duft und eingesperrter Luft. Die Geräusche und das Flackern eines Fernsehers kommen aus dem Zimmer, in dem Barry verschwunden ist. Ich folge ihm vorbei an einem schweren Ledersofa und einer Küchenzeile. Auf dem großen Doppelbett hinter der Türe sitzt eine junge, müde Frau, den großen Fernseher nur einen halben Meter vor ihrem Gesicht.

»Ey, Sharleen, das ist Tamina. Ich hab dir ja vor ihr erzählt.«

Ich strecke ihr meinen Arm entgegen, und sie legt kurz ihre schlaffe Hand in meine. Dann dreht sie sich zurück zum Fernseher. Kleidung, Handtasche, Essensboxen und allerlei Krams liegen auf dem Bett verstreut. Barry steht daneben mit einer Tüte Chips, ebenfalls dem Fernseher zugewandt. Eine Reality

Show läuft, und Barry kommentiert. Sharleen sagt nichts. Barry bietet mir einen Mini-Burger aus einer der Boxen an. Ich esse den kalten Burger, dann reicht er mir einen Joint, an dem ich kurz ziehe und ihn dann an Sharleen weiterreiche. Sie sieht den Joint an, sieht mich an, dann Barry und wieder mich, nimmt den Joint und wendet sich wieder dem Fernseher zu.

»Du solltest ihr einen Stuhl holen«, sagt sie.

Im Fernsehen geht es um drei junge Frauen und drei junge Männer, wobei sich die Frauen von den Männern zu teuren Dates einladen lassen und sich dann über deren Qualitäten im Bett lautstark ihre überschminkten und überspritzten Mäuler zerreißen. Barry kommentiert weiter über unsere Köpfe hinweg, Sharleen sitzt auf dem Bett und stöhnt auf bei dem Anblick von schön angerichtetem Essen, das auf Yachten serviert wird. Sie lacht träge über die Obszönitäten der Frauen. Ich sitze auf dem harten Stuhl und komme mir vor wie der Zuschauer einer Reality-Show, bei der die Protagonisten eine Reality-Show im Fernsehen sehen.

Während der ersten Werbepause frage ich Barry, ob ich eine Zigarette rauchen kann. Er sagt Ja, aber nicht im Haus, und kommt mit vor die Tür.

Die North Hilbert Street ist eine Aneinanderreihung immer gleicher einstöckiger Doppelhaushälften mit Wänden, von denen die Farbe abplatzt, und Fenstern, die mit Rollos verschlossen sind. Eine Frau schleppt irgendwelche Kisten von ihrem Auto zum Nachbarhaus. Bei einer besonders schweren gerät sie ins Wanken.

»Brauchen Sie Hilfe?«, fragt Barry.

Die Frau sieht zu ihm auf, mustert ihn unsicher, lächelt verlegen und sagt: »Nein, danke.«

Barry zuckt mit den Schultern und lächelt cool. Als würde er es genießen, dass er die Leute verunsichert. Er hat das gleiche an wie am Tag zuvor. Sein weißes Unterhemd blendet mich in der Sonne. Er ist einen ganzen Kopf größer als ich, auf seiner Brust schimmert eine Goldkette, und er trägt den Bart kurz rasierten. Während er sein Gewicht ständig von dem einen Bein auf das andere und wieder zurück verlagert, lässt er seine Muskeln an Armen und Brust spielen und schaut abwechselnd an sich hinunter und in die Ferne.

»Also, was ist der Deal?«

Ich weiß nicht, was er meint. Die Frage verunsichert mich. Ich sage, ich sei müde von der Reise und hätte beschlossen, erst morgen weiterzufahren. Ich hätte keine Lust, mir die Stadt anzusehen, und um ganz ehrlich zu sein, fände ich ihn spannend und würde gern noch mehr Geschichten aus dem Knast hören.

»*Scheiße*. Du bist die verrückteste Deutsche, die ich jemals getroffen hab.«

»Wie viele Deutsche hast du denn schon getroffen?«

Er zuckt mit den Muskeln seiner Schultern.

»Keine.«

Wir gehen zurück ins Haus, Barry geht voran, und ich verriegle die Tür hinter uns. Er setzt sich lässig auf das schwere Ledersofa. Er sagt, er hätte niemanden umgebracht. Drei Leute hätte er angeschossen. Er hätte sie umbringen können, aber er hat sie nur schwer verwundet. Er wollte sie umbringen. Heute ist er froh, dass er es nicht getan hat.

Macht das für mich einen Unterschied? Ich habe nicht weniger Angst vor ihm, weil er die Leute nicht umgebracht hat. Ist das überhaupt Angst, was ich empfinde? Er hat einen Sohn in meinem Alter, der mit gewalttätigen und drogenabhängigen

Jugendlichen arbeitet und auf den er sehr stolz ist. Es ist jedoch verdammt schwer gewesen, während der Haft ein richtiges Verhältnis zu ihm aufzubauen. Die Entlassung macht es allerdings auch nicht leichter.

Der Riegel der Tür schiebt sich auf und Barrys Bruder kommt nach Hause. Ich nehme an, sein *richtiger* Bruder. Der, mit derselben Mutter. Ein gut aussehender, freundlicher junger Mann, der es schräg findet, dass ich Barry so viel Aufmerksamkeit schenke. Barry fragt, ob er sich sein Auto leihen könnte.

»Na gut. Aber beeil dich. Ich hab noch zu tun.«

Er fährt mich zurück zum Motel und singt dabei. Er möchte Model werden, sagt er, und fragt mich, ob er gute Chancen hätte. Ich antwortete, ich sei mir nicht sicher, ob der Bad-Boy-Look der Neunziger noch in Mode sei, und er lacht. Vor dem Motel steigen wir beide aus, und ich mache ein Foto von ihm. Er ist unsicher und kann es kaum überspielen. Dann schließt er seine Arme um mich, und ich meine um ihn. Er ist sanft und warm.

Ich warte noch, bis sein Auto um die Ecke biegt, und laufe dann über die große verlassene Kreuzung. Ich möchte noch nicht zurück in das Motelzimmer, möchte mich bewegen. Ich bin glücklich. Glücklich, dass ich Barry wiedergesehen habe, dass ich mich überwunden habe, dass ich mich nicht getäuscht habe und dass er mich nicht enttäuscht hat.

Ich laufe über breite Straßen und riesige Parkplätze, die vor große Hallen asphaltiert wurden, in denen Supermärkte, Autowerkstätten und Restaurants ihre Umsätze machen. Keine Menschenseele ist unterwegs, teilweise gibt es gar keine Gehwege. Das Einzige, was ich von den Menschen mitbekomme, sind die verwunderten Blicke, die sie mir durch die verschlossenen Scheiben ihrer Autos zuwerfen. Sie wirken mitleidig, diese Blicke. Aus der Ferne sehe ich verschiedene Restaurants und entscheide mich für das *Texas*, weil es am wenigsten nach Fastfood aussieht.

Als ich durch die Tür trete, bin ich in einer anderen Welt. Das Lokal ist brechend voll und der Lärmpegel enorm. An den großen Tischen, die mit Essen und Getränken überladen sind, sitzen dicke Menschen mit roten, glänzenden Gesichtern in T-Shirts und Shorts und unterhalten sich mit lauten Stimmen. Wenn sie lachen, werfen sie ihre Köpfe in den Nacken und klopfen auf die Tische. Dazwischen schlängeln sich Kellnerinnen mit vollen Tabletts. Sie tragen enge Hosen und tiefe Ausschnitte mit leerem Lächeln. In der Mitte des Lokals ist eine Bar mit breitem Tresen, an dem die Traurigen sitzen, die zum Essen alleine gekommen sind. Eine dünne Alte mit wirrem Haar und ein dicker Jüngerer mit Basecap. Sie starren auf den übergroßen Fernseher an der Wand, der ein Football-Spiel zeigt, und wenden ihre Blicke nur ab, um eine Pommes in Mayonnaise zu versenken oder ein Bier zu bestellen. Zwischen den beiden sind drei Hocker frei und ich setze mich auf den mittleren.

Vor mir erscheinen zwei Brüste und zweiunddreißig unnatürlich weiße Zähne, die mich nach meiner Bestellung fragen. Ich hätte gern eine große Cola und einen Salat mit Hähnchenbruststreifen.

»Zum Salat gibt's Pommes.«

Dann eben mit Pommes.

Während ich warte, fällt mir Bob wieder ein und das Versprechen, das ich ihm gegeben habe. Ich schreibe ihm eine

Nachricht, dass alles in Ordnung sei und ich jetzt im *Texas* zu Abend essen würde. Ob er nicht Lust hätte dazuzukommen.

Als ich gerade den letzten Bissen hinunterschlucke, taucht Bob neben mir auf und fragt, ob ich mit ihm an den Strand fahren will. Er besteht darauf mein Essen zu bezahlen, und wir brechen auf.

Während der Fahrt fängt er an, von sich zu erzählen. Zuerst wirkt er unsicher und hat Schwierigkeiten, die Worte zu finden. Er wartet meine Nachfragen ab und will zunächst sichergehen, dass ich mich wirklich für ihn interessiere, bevor er tatsächlich etwas von sich preisgibt.

Das Haus, vor dem ich ihm am Nachmittag begegnet bin, ist ein Heim für Drogensüchtige. Er ist der Leiter dieses Heims und lebt dort zusammen mit fünfzehn Süchtigen unterschiedlichen Alters. Es ist ein Vierundzwanzig-Stunden-Job, sieben Tage die Woche. Er verdient achthundert Dollar im Monat, was gerade zum Leben reicht. Vom Staat bekommt er keine Unterstützung. Es ist das Geld, das die Bewohner ihm zahlen. Das Haus ist sehr begehrt: Bob hat fast jeden Tag bis zu fünf Bewerbungsgespräche. Er sucht die Bewohner nach Bauchgefühl aus und hofft, dass die neuen Kandidaten zur Gruppe passen. Ein Platz wird frei, sobald jemand glaubt, auf eigenen Beinen stehen zu können oder an einer Überdosis stirbt. Bob hat schon viele Bewohner sterben sehen. Er versucht, Distanz zu bewahren, doch die Tode gehen ihm nah. Als Jugendlicher war er selbst jahrelang drogenabhängig und wohnte vorrübergehend in eben jenem Heim. Als der damalige Leiter zu alt wurde, rief er Bob an und fragte, ob er das Heim übernehmen würde. Bob hatte sich in der Zwischenzeit ein Leben in Savannah aufgebaut. Er hatte ein Haus, ein Auto und einen gut bezahlten Job, der ihn jedoch kalt ließ. Bob kündigte und zog drei Monate später zurück nach Pensacola, um sich einlernen zu lassen und schließlich das Heim zu übernehmen. Das war vor sechs Jahren.

Als wir am Strand ankommen, ist es bereits dunkel. Bob fragt, ob ich wirklich ans Wasser gehen will.

»Deswegen sind wir doch hier!«, antworte ich voller Vorfreude und ziehe meine Schuhe aus. Wir gehen über eine Düne und laufen durch den Sand in die rauschende Dunkelheit hinein. Ein leichter Wind treibt salzige und schwere Luft vom Meer an den Strand, die ich tief in meiner Lunge spüren kann. Am Strand sind noch andere Menschen, die wir nur hören, aber nicht sehen können. Ich stelle mich auf den festen, nassen Sand und lasse mich mit jeder Welle, die meine Füße umspült, tiefer eingraben. Bob sieht mir dabei zu. Wir sagen nicht viel, sondern denken über unser Gespräch auf der Fahrt nach. In der Dunkelheit kann ich sein Gesicht kaum erkennen, nur seine große, breite Silhouette. Ich gehe an ihm vorbei, den Strand entlang, und er folgt mir ohne ein weiteres Wort. Ich merke, dass er nervös wird und spüre seinen Drang, mir nahe zu sein.

»Bob?«

»Hm?«

»Das wird kein romantischer Spaziergang.«

Er fällt ein paar Schritte zurück.

Ich laufe weiter und merke, dass ich ihn mit meiner Direktheit verletzt habe. Ich mag ihn, aber attraktiv finde ich ihn nicht. Ich hoffe, dass er damit umgehen kann, denn ich genieße den Abend sehr. Er holt mich ein, läuft ein paar Schritte neben mir. Sein Gang hat sich verändert, von einem ruhigen Schlendern zu einem entschlossenen Schreiten.

»Erzähl mir von deiner Reise!«

Ich bedanke mich mit einem Lächeln und fange an zu erzählen. Von New York und Zach, von John Kelly und Barry. Die Veranda-Frau lasse ich aus. Sein Telefon klingelt zweimal, und ich halte inne, aber er ignoriert die Anrufe. Er sagt, er hätte Lust alles stehen und liegen zu lassen und mit mir aufzubrechen. Ich sage, ich sei gern allein unterwegs. Während wir reden, sammelt er Muscheln, steckt sie in seine Tasche und schenkt mir die besonders schönen. Sein Telefon klingelt noch einmal, und er stöhnt auf und sagt, er müsse langsam zurück zum Heim. Er zeigt mir noch die *Graffiti-Bridge* und ein paar andere Sehenswürdigkeiten, und wir brauchen für die Rückfahrt doppelt so lang wie für die Hinfahrt.

Als wir uns dem Motel nähern, fragt er, ob ich Donuts möge. Die Donut-Fabrik um die Ecke hätte einen Drive-Through. Er bestellt eine ganze Packung, zehn Stück. Fünf mit Schokolade, drei mit Zuckerglasur und zwei mit Streuseln. Während wir warten, stellt er den Motor ab.

»Ich wollte dir noch sagen, dass ich einen wirklich schönen Abend hatte. Das kommt nicht oft vor, dass ich jemanden treffe und einfach einen Abend am Strand verbringe. Alle wollen immer irgendetwas von mir. Und du willst nichts. Wir hatten einfach einen schönen Abend, und das habe ich wirklich gebraucht.«

Die Donuts sind frisch und noch warm und schmelzen in unseren Händen und Mündern.

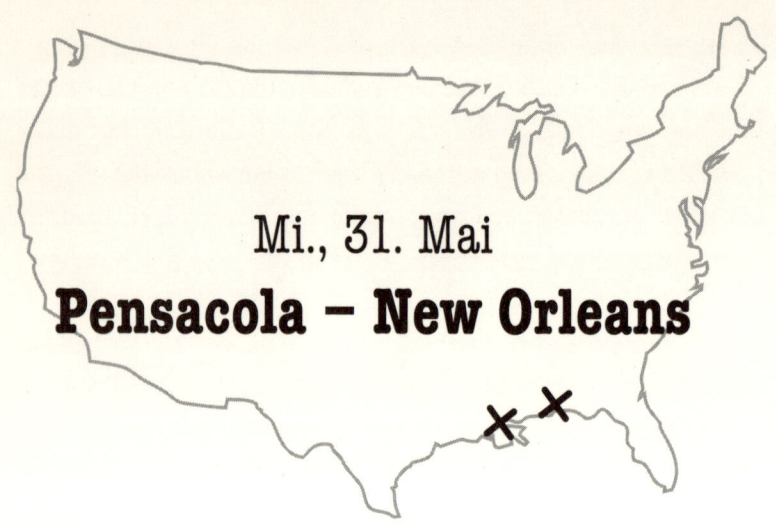

Mi., 31. Mai
Pensacola – New Orleans

Ich stehe mit meinem Pappschild an der Autobahnauffahrt in Richtung Westen und bin nach anderthalb Stunden immer noch optimistisch. Spätestens heute Abend werde ich in New Orleans sein. Irgendjemand wird schon anhalten, irgendwann. Wenn ich das Hobo-Treffen nicht verpassen will, muss ich in acht Tagen an der Westküste sein. Es sind noch fast dreitausend Meilen bis dorthin. Endlich hält ein Auto am Seitenstreifen, und die Beifahrertür springt auf. Ich schwinge mir glücklich den Rucksack über die Schulter und gehe zur Tür.

»Hey, wohin fährst d– ... oh.«

Es ist Bob, der da am Steuer sitzt.

»Bob, was machst du denn hier?«

»Steig ein.«

»Nein ... Nein, das wäre geschummelt.«

»Steig ein. Ich bring dich bis zum nächsten Rasthof.«

»Irgendjemand wird schon anhalten. Früher oder später wird jemand anhalten.«

»Ich weiß, du brauchst mich nicht. Irgendjemand hält bestimmt. Aber ich fahre sowieso in die Richtung. Ich hab was zu erledigen.«

Er sieht mich nicht an, und ich starre so lange wortlos vor mich hin, bis er sich endlich zu mir umdreht.

»Steig ein!«

Ich steige ein.

Wir fahren auf den Highway, und weder er noch ich sagen ein Wort. Dann fragt er, ob ich Musik mag, und ich sage Ja, laute Musik. Er hat alle Alben von Queens oft the Stone Age, und ich darf mir eins aussuchen. Ich entscheide mich für »Songs for the Deaf». Es sind sogar die Bonustracks drauf. Bob dreht die Lautstärke auf, bis die Boxen schnarren. So mag er es am liebsten. Wir hören das Album zweimal durch und halten dann an einem Truck-Stop. Er stellt den Motor ab, und die Musik verstummt. Es ist plötzlich sehr still im Auto. Eine Stille, die immer lauter wird.

»Du hast hier gar nichts zu erledigen, oder?«

»Nein. Habe ich nicht.«

»Mach hin und wieder mal was für dich selbst. Okay?«

Er sagt nichts und starrt aus der Frontscheibe ins Leere.

»Bob?«

Er dreht sich zu mir um. Er hat Tränen in den Augen. Ich lächle ihn an und steige aus dem Auto. Ich gehe bis zur nächsten Ausfahrt, und als ich mich umdrehe, ist er weg.

Zwei Stunden später klammere ich mich an den Beifahrersitz von Meredith, die wie eine Irre über den Highway brettert. Jedesmal, wenn sie eine neue Chips-Packung aufmacht oder etwas trinken will, bittet sie mich, das Steuer zu halten, und ich komme ins Schwitzen.

Sie redet genauso schnell, wie sie fährt. Meredith ist sechs-undvierzig Jahre alt und bekommt jeden Morgen einen Schreck, wenn sie in den Spiegel sieht und feststellen muss, dass sie keine siebenundzwanzig mehr ist. Sie hat einen Ge-hirnschaden, verursacht durch Schrapnelle, die sich vor neun-zehn Jahren bei einem Einsatz im Irak in ihren Schädel gebort haben. Seitdem verblasst ihre Erinnerung, jeden Abend, wenn sie einschläft, und jeden Morgen, wenn sie aufwacht, denkt sie, sie wäre die junge Soldatin im Auslandseinsatz.

Im Radio ertönt die Stimme des Nachrichtensprechers, der Präsident Trumps neue Beschlüsse zu Afghanistan verkündet.

Ich frage sie, was sie von Trump hält.

»Ich wünschte, die Leute würden mich nicht ständig daran erinnern, dass er jetzt Präsident ist. Das ist das Gute an mei-nem Gedächtnis: Ich vergesse auch die schlechten Dinge!«

Meredith verbringt die meiste Zeit in verschiedenen Casi-nos verschiedener Städte und freut sich vor dem Schlafenge-hen auf die Überraschung beim Aufwachen, wenn sie sieht, wie viel Geld sie noch in der Tasche hat.

Am frühen Abend komme ich in New Orleans an. Es riecht nach Süden und Armut. Der Geruch von verbranntem Plastik und feuchtem Holz vermischt sich mit der schwülen Abend-luft. Die Dirty Kids auf meiner Reise haben stets leuchtende Augen bekommen, wenn sie von New Orleans erzählten. Es sei die Stadt der Musik und der Drogen. Die Stadt, in der die Kids mehr zu einem Teil der Gesellschaft werden, weil sich das Le-ben dort ohnehin auf der Straße abspielt.

»New Orleans ist die Stadt, wo die Leute hingehen, um zu sterben«, sagten sie. Hier gäbe es Drogen und Alkohol im Über-maß, und entsprechend Tod, Selbstmord und Mord. Einige rieten mir trotz ihrer eigenen Begeisterung davon ab, nach New Orleans zu reisen, andere warnten mich vor den skrupellosen Menschen dort auf der Straße, die stahlen und kämpften.

Ich buche mir online ein Zimmer in einem Hostel, um in Ruhe anzukommen und mir am nächsten Tag ein paar Leute zu suchen, die mit mir weiterziehen wollen.

Ich gehe zu Fuß, um einen Eindruck von der Stadt zu bekommen, und laufe durch verschiedene Viertel mit schönen Holzhäusern und kaputten Gehwegen. Es hat gerade aufgehört zu regnen, die Straßen sind feucht und die Luft ist drückend schwer. Ich muss mich konzentrieren, um nicht zu stolpern, und als ich an einer Straßenkreuzung den Kopf hebe, trete ich auf die glatte Oberfläche eines Gullydeckels und mein Fuß rutscht seitlich weg. Durch das Gewicht meines Rucksacks komme ich aus dem Gleichgewicht, schwanke nach hinten, lehne mich panisch dagegen, kippe vornüber und schlage hart auf meine Knie auf. Der Rucksack rutscht mir den Rücken hinauf und drückt zuerst meine Hände, schließlich meinen Kopf frontal auf den Asphalt. Mein ganzes Gesicht klebt auf der Straße, und ich habe nicht genügend Kraft, mich wieder hochzudrücken.

Ich höre schnelle Schritte und jemanden etwas rufen. Eine Frau fasst mich sanft an die Schulter und rollt mich auf die Seite. Ich sehe, wie ihre langen Haare um ihr Gesicht fallen, während sie sich über mich beugt. Mein eigenes Gesicht fühlt sich taub an, und ich greife mir an die Nase. Noch mehr Leute kommen herbei und bilden einen Kreis um mich.

»Geht es dir gut, Liebes?«

»Ja, ja mir geht's gut.«

Ich muss lachen über die Situation und ihre besorgten Gesichter. Ich habe so viele brenzlige Situationen überstanden,

und nun werde ich Schrammen davontragen von einem Miss-
geschick, über das man später nur lachen kann. Die Umstehen-
den stimmen unsicher in mein Lachen ein.

»Wow. Das muss ja herrlich ausgesehen haben! Ich wünschte, das hätte jemand gefilmt.«

Ich richte mich auf und versichere ihnen mehrmals, dass es
mir gut geht. Dann laufe ich weiter und lasse sie mit offenen
Mündern zurück. Als ich im Hostel ankomme, bin ich klitsch-
nass von Regen und Schweiß, meine Knie tun mir weh und
meine Nase und Stirn sind blau, geschwollen und aufgeschürft.

»Mädchen, du siehst echt fertig aus«, sagt der Junge an Rezeption und zeigt mir mein Bett und die Duschen.

Es ist bereits zehn Uhr am Abend. Das Bett ist eines der oberen
von fünf Stockbetten in einem fensterlosen Raum. Alle Betten
sind belegt, aber nur ein junges Pärchen ist da und schmust
hinter vorgehangenem Handtuch. Ich gehe duschen und reinige meine Wunden, bevor ich mir frische Kleider anziehe und
das Hostel auf der Suche nach Essen verlasse.

Es nieselt leicht, und ich laufe mit übergezogener Kapuze
durch die Straßen. Ich habe kaum Hunger, obwohl ich den ganzen Tag nichts gegessen habe. Mein Körper und mein Gesicht
schmerzen, aber ich genieße das Gefühl der Frische nach einer
langen Dusche und die saubere Kleidung. Ich fühle mich wohl
in dieser Stadt. Die Lichter der Geschäfte und Straßenlaternen
zerstreuen sich im Nieselregen zu Kreisen, und die Rücklichter
der Autos ziehen rote Streifen über den Asphalt. Ein Obdachloser schiebt seinen überladenen Einkaufswagen über die Straße und kämpft erst mit dem Bordstein und dann mit den Unebenheiten des Gehweges. Eine Gruppe Jungs steht an einer

Straßenecke und lacht und tanzt zu lautem Hip-Hop, der aus einem ihrer Mobiltelefone schallt. Sie mustern jeden aus dem Augenwinkel, der an ihnen vorbeigeht. Jedes zehnte Auto ist ein Taxi, jedes elfte ein Polizeiwagen.

Ich komme an einem Schaufenster vorbei und sehe mein gebücktes Spiegelbild neben mir herlaufen. Eine große Silhouette in schwarzer Jeans und schwarzem Pullover, nur ein paar blonde Strähnen verraten meine Weiblichkeit. Mein Spiegelbild verschwindet, und an seiner Stelle tritt verschwommen eine Masse aus pink und weiß.

Im Eingang des geschlossenen Geschäftes sitzt eine Frau in einem Rollstuhl. Sie ist so breit, dass man den Rollstuhl fast suchen muss unter den Bergen aus Fleisch und Fett. Sie hat ein pinkfarbenes Bettlaken über sich ausgebreitet, unter dem sie ein zugeknöpftes Patientennachthemd trägt. Neben ihr kauert ein magerer Mann mit dünnem Haar und schmutzigen dicken Brillengläsern. Er zeichnet mit seinem Finger etwas auf die beschlagene Scheibe, und ich sehe ihm dabei zu. Er nimmt sich für jeden einzelnen Strich die Zeit, die er braucht.

Als ich mich zu ihnen setze, ist es meist die Frau, die erzählt, nur wenn ihr ein Name oder eine Jahreszahl nicht einfällt, hilft er aus. Sam und Sandy sind seit zweiundvierzig Jahren verheiratet. Sie haben sich beide ein Herz mit ihren Namen darin auf den linken Unterarm tätowieren lassen. *Sam & Sandy* steht da in schnörkeliger Schrift.

»Ohne ihn wäre ich längst tot.«

Als sie sich kennenlernten, waren sie Jugendliche, fast noch Kinder. Sandys Familie lebt irgendwo in Florida. Sie wurde dort geboren und wuchs zusammen mit ihrer Schwester bei den Eltern auf. Ihr Vater hatte sie sexuell missbraucht, und als sie der Mutter davon erzählte, bekam sie eine Ohrfeige und wurde ermahnt, sie solle nicht lügen.

Eines Tages kam sie von der Schule nicht mehr nach Hause. Sie ging in die zweite Klasse und rannte in der Mittagspause davon. Eine Christin nahm sie auf und zog mit ihr nach New Orleans. Als sie in die siebte Klasse kam, lernte sie den damals achtzehnjährigen Sam kennen. Noch im gleichen Jahr, nur wenige Wochen bevor Sam seinen Dienst bei den Marines antrat, wurde Sandy schwanger. Sie erzählte niemandem davon, nicht einmal ihm. Er hätte ins Gefängnis gehen müssen, da Sandy noch minderjährig war. Sandy brach den Kontakt ab, zu seinem eigenen Schutz. Sie nahmen ihr das Kind weg, ein Mädchen, und gaben es zu ihren leiblichen Eltern nach Florida. Sie durfte das Kind nicht einmal besuchen. Als Sandy zum ersten Geburtstag vor der Haustür ihrer Eltern stand, um endlich ihre Tochter zu sehen, schoss ihr die Mutter in den Kopf. Sandy überlebte nur knapp. Sie konnten ihr die Kugel nicht entfernen, sie steckt zu tief in ihrem Kopf und lässt sie an manchen Tagen vergessen, wer sie ist. Ein paar Jahre später kehrte Sam nach New Orleans zurück und die beiden begegnen sich wieder.

Sie verlieben sich ein zweites Mal, ohne dass Sandy begreift, wer Sam wirklich ist. Sie stehen zwischen den Regalen einer Bibliothek, als Sandy ihn darum bittet, sie zu heiraten. Jahre vergehen, bevor Sandy ihrem Mann anvertraut, dass sie eine Tochter hat. Sam fragt, wie alt ihre Tochter sei, rechnet zurück und stellt fest, dass er der Vater des Kindes sein muss. Erst jetzt wird ihm bewusst, dass Sandy ihn nie wiedererkannt hat.

Sie lebten in einem kleinen Haus in New Orleans. Sam hatte eine Stelle bei der Stadtreinigung, und Sandy war arbeitslos. An einem Montagmorgen im Sommer 2005 saßen beide in ihrer

Küche, als sie das Radio vor einem Hurricane warnte. Erst dachten sie, es wäre ein schlechter Scherz, dann hörten sie Lärm auf der Straße, gefolgt von einem lauten Krachen und einem lang anhaltenden Rauschen.

Als sie die Türe öffneten, strömte braunes Wasser über ihre Beine, und sie erstarrten bei dem Anblick, der sich ihnen bot. Überall Wasser und schreiende Menschen. Tote Körper trieben zwischen Ästen und Autos. Die beiden flohen nach Mobile, Alabama und landeten auf der Straße. Seitdem versuchen sie verzweifelt, Hilfe zu bekommen, eine Wohnung zumindest. Bei Sandy wurde vor einigen Monaten Lungenkrebs diagnostiziert. Sie hat geschwollene Beine, die fest sind wie Stein und übersät mit offenen, eitrigen Wunden. Von ihnen geht ein übler beißender Geruch aus. Während sie mir die Wunden zeigt, klettert ihr eine daumengroße Kakerlake über Brust und Schulter, was sie kaum bemerkt.

Die Ärzte ihn Mobile rieten Sam und Sandy nach New Orleans zurückzukehren und Hilfe zu fordern, allerdings hatten sie kein Auto und kein Geld für ein Busticket. Also schob Sam seine Frau im Rollstuhl den ganzen Weg nach New Orleans, durch drei Staaten. Für die einhundertfünfzig Meilen brauchten sie fünf Tage.

Während sie erzählt, kommen Sandy immer wieder die Tränen. Dann legt Sam seine knochige Hand auf ihren breiten Arm, sie stöhnt, »Gott im Himmel«, und fächelt sich Luft zu. Hinter Sams Kopf verläuft langsam die Zeichnung, die er so sorgfältig an die Scheibe gemalt hat. Ein Strichmännchen mit Hut und breitem Lächeln. *My sun*, steht in kindlicher Schrift daneben. Meine Sonne.

»Ich mag deine Zeichnung« sage ich und zeige auf die Scheibe.

Sandy lacht: »So ist er, mein Mann. Immer will er mich zum Lachen bringen.«

Es ist weit nach Mitternacht, als ich mich von ihnen verabschiede. Wir tauschen unsere Telefonnummern aus, sie speichern mich unter »Miss T« und nennen mich *Darling*. Der Regen ist wieder stärker geworden, und Sam schiebt Sandy so weit es geht in den Eingang hinein, damit ihre Beine nicht nass werden. Mein Hostel ist nur ein paar Blocks entfernt. Dort wartet ein Bett auf mich und eine Dusche. Sam und Sandy werden den Rest der Nacht im Eingang des Geschäftes verbringen, bis sie der Besitzer am nächsten Morgen davonscheucht, als wären sie schmutziges Ungeziefer.

Während ich durch die Straßen gehe, kann ich meine Tränen nicht mehr zurückhalten. Ich lasse sie kommen, und sie laufen in Rinnsalen meine Wangen hinunter und vermischen sich mit den Regentropfen. Ich laufe wie in Trance, ohne meine Umgebung wahrzunehmen oder mich für sie zu interessieren. Ich fühle mich wie ein Gefäß, das überzulaufen droht. Es sind so viele Geschichten, so viele Schicksale. Sie drücken mich nach unten, sie lassen mich nicht ruhen. Ich fühle mich schlecht, obwohl es mir so gut geht.

»Wo willst du hin?«

Ein Security-Mann steht plötzlich vor mir.

»Zu meinem Hostel«, sage ich und zeige zum anderen Ende der Straße, wo man bereits die Leuchtschrift erkennen kann.

»Du kannst um diese Uhrzeit nicht allein herumlaufen. Es ist gefährlich hier draußen!«

Ich zucke mit den Schultern, und er bringt mich ein Stück die Straße hinunter und wartet, bis er mich im Eingang verschwinden sieht. Ich warte einen Moment, bevor ich die Tür wieder öffne, mich in den Eingangsbereich setze und eine Zigarette anzünde.

Sandy hat erzählt, wie sehr sich New Orleans nach Katrina verändert hat. Es sei auch vorher nicht die sicherste Stadt gewesen, aber seit der Katastrophe hätten die Leute keine Skrupel mehr. Jeden Tag hört man von Überfällen, Messerstechereien und Morden. Noch nicht einmal die Obdachlosen hielten zusammen. Jeder gegen jeden. Sandy ist im Schlaf sogar die Brille vom Kopf geklaut worden. Sie bekommt Angst, sobald Sam sie nur für wenige Minuten allein lässt, um einzukaufen oder auf die Toilette zu gehen.

»Ohne ihn bin ich verloren. Ich würde sterben. Sie würden mich umbringen, um an meinen Rollstuhl zu kommen.«

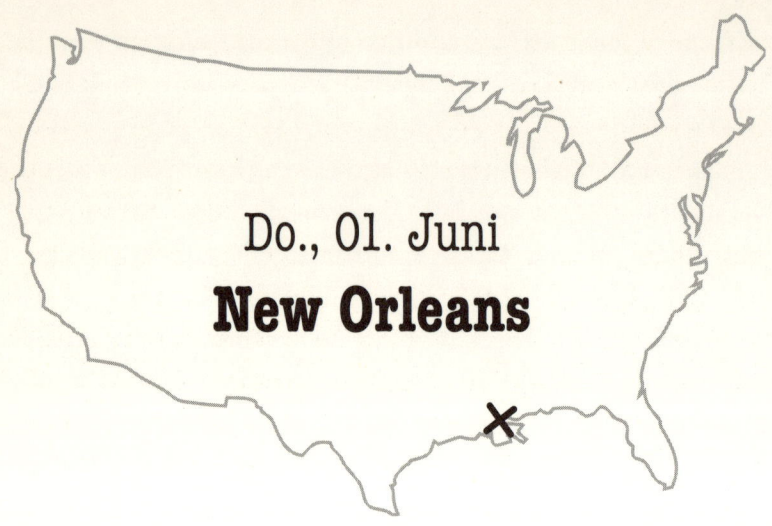

Do., 01. Juni
New Orleans

Ich fühle mich wie in einer Blase, abgeschirmt von den anderen Gästen im Hostel. Ich beneide sie um ihre Naivität und Sorglosigkeit, und gleichzeitig widern sie mich an. Diese Hostels sind wie Treffpunkte einsamer Charaktäre, die auf der Suche sind nach Anerkennung und kurzweiliger Zweisamkeit. Ihre Urkunden sind die Stempel in ihren Pässen und ihre Geschichten, die sich kaum voneinander unterscheiden.

Es gibt keine Fenster in diesem Hostel. Im ganzen Gebäude nicht. Man tritt ein und könnte genauso gut in einer anderen Stadt, einem anderen Land, auf einem anderen Kontinent sein. Die Menschen und Konversationen wären die gleichen. Sie lassen die Realität auf der Straße zurück, genau wie ich, nur dass in meinem Fall die Gedanken dort bleiben.

Am späten Nachmittag sitze ich im Gemeinschaftsraum des Hostels und beobachte die Gäste. Sie blicken mich mitleidig an oder ignorieren mich. Ich lausche ihren Unterhaltungen und fühle mich ihnen so fern und fremd. Ich mache sie persönlich dafür verantwortlich, und meine Gedanken werden immer düsterer und vorwurfsvoller. Ich bin wütend. Auf ihre sauberen, farbenfrohen Kleider und ihre unbeschwerten Seelen. Auf ihre belanglosen Gespräche und langweiligen Reisepläne. Ihre aufgesetzte Coolness und das hysterische Gelächter, das ihre peinlichen Paarungstänze begleitet. *Was wisst ihr schon?*

Ich ziehe mir die schwarze Kapuze noch tiefer ins Gesicht. Zwei junge Franzosen setzen sich zu mir. Der eine sagt, er sei Musiker, der andere stellt sich als *Traveler* vor. Der Traveler startet einen Flirtversuch, ich werfe ihm einen düsteren Blick zu, und er wagt keinen zweiten. Der Musiker fragt, warum ich hier sei, ich starre ins Leere und sage, ich wisse es nicht. Dann stehe ich auf und gehe.

Ich setze mich auf den leeren Parkplatz eines verfallenen Gebäudes und fange an zu heulen. Den ganzen Tag habe ich damit verbracht, im Regen durch die Stadt zu laufen und neue Begleiter zu suchen. Aber niemand außer mir schien New Orleans verlassen zu wollen. Ich bin müde, und mein ganzer Körper schmerzt. Mein Gesicht ist geschwollen und mein Kopf so voll, dass meine Gedanken nicht aufhören zu kreisen und zu einem undurchdringlichen Rauschen werden. Ich weiß nicht mehr, warum ich eigentlich hier bin. Mir fallen einfach keine guten Gründe mehr ein, um diese Reise zu rechtfertigen. Sie hat mich zu einer Person werden lassen, die ich nicht sein will. Eine Person, die den Menschen mit Verachtung begegnet und ihnen ihr Glück vorwirft. Ich weiß nicht, wie es weitergehen soll. Wie ich die kommenden drei Wochen überstehen soll.

Ich wähle die Nummer von Fiza, bei dem ich in New York übernachtet habe und der gerade in San Francisco ist.

»Fiza, habe ich versagt?«

»Du hast nicht versagt. Du brauchst nur etwas Ruhe. Mach eine Pause! Zwing dich nicht weiterzumachen. Komm an die Westküste! Es ist traumhaft schön hier. Steig ins Flugzeug und komm zu mir.«

Für einen Moment klingt das verlockend, aber ich verwerfe den Gedanken schnell wieder.

»Ich kann nicht. Ich kann jetzt nicht aufgeben.«

Er nimmt mir das Versprechen ab, dass ich an diesem Tag nicht mehr auf die Straße gehe und mir stattdesses etwas Vernünftiges zu Essen besorge.

Niemand hat mich zu dieser Reise gezwungen. Niemand würde mir einen Vorwurf machen, wenn ich das Projekt abbreche. Ich bin niemandem etwas schuldig. *Ich* wollte diese Reise. Ich wollte sie genau so. Ich wusste, worauf ich mich einlasse und dass ich an meine Grenzen stoßen würde. Jetzt habe ich eine dieser Grenzen erreicht, aber sie noch nicht überschritten. Es geht mir nicht *so* schlecht, dass ich aufgeben *muss*. Ich weiß, dass ich mich irgendwann wieder besser fühlen werde und dass die Anstregung dann gerechtfertigt war. Ich werde mich nicht selbst enttäuschen.

Zurück im Hostel backe ich mir eine Gemüsepizza auf und setze mich mit ein paar anderen vor den großen Fernseher, um mir einen Blockbuster anzusehen. Es ist ein Gruselfilm, und bei der kleinsten Spannung zucke ich zusammen.

Ich hasse Gruselfilme.

Fr., 02. Juni
New Orleans

Ich stehe am Schalter des Bahnhofs und frage nach Zügen in Richtung Westküste. »Keine Züge bis Mittwoch, Süße. Ganz Texas steht unter Wasser. Keine Chance!«

Die schweren Regenfälle der letzten Tage haben im ganzen Süden Überschwemmungen ausgelöst und den Zugverkehr lahmgelegt. Nur die Angestellten des Greyhound-Busunternehmens können mir weiterhelfen und suchen mir eine Busverbindung von New Orleans nach Los Angeles heraus. Drei Mal umsteigen und sechsundvierzig Stunden reine Fahrtzeit für einhundertachtzig Dollar. Ich buche für den kommenden Nachmittag. Von Samstag bis Montag werde ich unterwegs sein, und ich fühle mich gut mit meiner Entscheidung. Alles, was ich tun muss, ist, mich pünktlich in den Bus zu setzen, und dann wird man mich sicher bis zur Westküste bringen, den ganzen Weg, ohne dass ich jemandem dafür dankbar sein muss. An dem einen Tag, der mir nun bleibt, werde ich mich ausruhen und New Orleans genießen.

Während ich durch die Straßen schlendere, dringt hin und wieder die Sonne durch die schwere Wolkendecke und lässt den Regen pausieren. Ich versuche, mich auf die schönen Häuser und die glücklichen Menschen zu konzentrieren und über die dunklen Gestalten in ihren zerschlissenen Kleidern hinwegzusehen. Und doch bleibe ich an einer Ecke stehen. Jemand hat etwas auf die Hauswand geschrieben: *I lost the only women I ever loved because I lied to her.* (Die einzige Frau, die ich je geliebt habe, habe ich verloren, weil ich sie angelogen habe.) Darunter liegen zwei Männer, der eine schläft, der andere grinst mich an.

»Jap, das ist meine Geschichte!«, lallt er und lacht.

Ich will mich dazusetzen, zwinge mich jedoch vorbeizugehen. Heute nicht.

Ich komme in ein belebtes Viertel voller Straßenmusiker und Imbissstände. Etwas abseits stehen zwei kleine Tische auf der gepflasterten Straße mit jeweils einer Schreibmaschine und einem Schild: *Poet for hire!*

An den Schreibmaschinen sitzen ein Mann und eine Frau, beide etwa in meinem Alter. Ihre Schreibmaschinen glitzern in der Mittagssonne. Ich spreche sie an, erzähle ihnen von meiner Reise. Dann bitte ich sie, ein paar Zeilen dazu zu schreiben, und der Mann fängt an zu tippen, noch während ich erzähle. Ich setze mich auf den Bordstein und sehe ihm zu. Er ist so blass, dass er in der Sonne fast durchsichtig wirkt. Sein fettiges Haar hat er zu einem Zopf gebunden, aus dem sich hin und wieder Strähnen lösen und ihm vor die zusammengekniffenen Augen fallen, woraufhin er sie jedesmal mit seinen zarten Händen hinters Ohr schiebt.

Nach weniger als zwanzig Minuten überreicht er mir den Zettel, ich gebe ihm vierzig Dollar und sage ihm, dass ich mir den Text später in Ruhe durchlesen werde. Ich laufe weiter zum Wasser und beobachte Touristen, die sich gegenseitig fotografieren, und eine Alte, die Möwen füttert, während die Boote hinter ihr im Hafen hin- und herschwanken. Im Park setze ich mich auf eine Bank nicht weit von einer Gruppe Obdachloser entfernt. Einer von ihnen setzt sich zu mir, und wir kommen ins Gespräch. Ich starte einen halbherzigen Versuch, doch noch Begleiter zu finden, und frage nach seinen Plänen. Er will heute Nacht nach Houston, Texas aufbrechen, mit dem Güterzug, und er fragt, ob ich mitkomme. Ich sage, ich werde es mir überlegen, und wir verbringen den Nachmittag miteinander.

Scratch führt mich durch die Stadt und stellt mich ein paar Leuten vor, die er auf der Straße kennengelernt hat. Die meisten sind betrunken oder auf Drogen oder beides. Als es wieder anfängt zu regnen, gibt er mir seine Telefonnummer und eilt los. Seine Sachen liegen irgendwo im Freien herum und würden sonst nass werden.

Scratch ist vor vier Jahren aus dem Gefängnis gekommen. Er hat als Jugendlicher einen Mann erschossen und dafür dreiundzwanzig Jahre sitzen müssen. Aber das ist es nicht, was mich davon abhält, mit ihm zu gehen. Ich brauche noch eine weitere ruhige Nacht.

Die Sonne geht langsam unter, und ich laufe zurück zum Hostel. Die Straßen sind dunkel, fast alle Geschäfte geschlossen. Infolge des Regens ist im ganzen Viertel der Strom ausgefallen. Das passiert hier wohl öfter, trotzdem haben nur wenige Geschäfte ihren eigenen Generator.

Der Gemeinschaftsraum des Hostels ist voll. Alle Betten sind übers Wochenende ausgebucht. Ich sehe den Musiker und den Traveler in einer Ecke stehen und gehe zu ihnen. Ich entschuldige mich für mein Verhalten am Vortag und frage sie nach ihren Plänen für den Abend. Sie sind überrascht, laden mich aber freundlich dazu ein, mit ihnen durch die Bars zu ziehen.

Als wir aufbrechen, hat sich die Gruppe vergrößert. Ein Franzose, ein Puertorikaner, ein Australier, ein Neuseeländer und ich. Die Jungs sind ganz offensichtlich auf der Jagd nach einer Urlaubsliebelei für die Nacht. Ebenso schnell wird klar, dass ich keinem der vier Abhilfe schaffen werde, allerdings amüsiert mich die Show, und ich unterstütze sie bei ihrem Vorhaben.

Die zarten Touristinnen sind überrumpelt von unserer Direktheit und der wilden Tanzerei. Wir bleiben erfolglos, haben aber einen Heidenspaß dabei. Wir laufen von Bar zu Bar und bestellen Austern an einem Grillstand. Aus jedem Lokal dröhnt Livemusik, und die Gäste schwitzen mit den Musikern um die Wette. Wir tanzen zu Trompeten und Schlagzeug durch die Nacht und haben noch nicht genug, als wir um fünf Uhr morgens zum Hostel zurückkehren. Wir holen Töpfe und Tassen und Löffel und treiben mit unseren Schlägen den Franzosen mit seiner Posaune an. Die anderen Gäste im Hostel bekommen bis zum Morgengrauen keine Ruhe.

Sa., 03. Juni
New Orleans

Es ist früh am Nachmittag, und ich stehe mit Sandy im Rollstuhl an einer Straßenkreuzung. Sam ist vorgelaufen, um nachzusehen, ob die Kirche geöffnet ist und ich mit einem der Sozialarbeiter dort über ihre Situation reden kann. Am Vormittag haben wir uns an derselben Stelle verabredet, an der wir uns drei Nächte zuvor getroffen hatten, und einige Sozialhilfe-Nummern angerufen. Allerdings sind wir ständig in den Warteschleifen hängengeblieben oder auf andere Nummern verwiesen worden.

Es ist nicht leicht, Sandy über die holprigen Straßen und aufgebrochenen Gehwege zu schieben. Ihr Rollstuhl hat einen Platten, und sie ist unheimlich schwer. Sie wird unruhig, als Sam nach zwanzig Minuten immer noch nicht zurückkommt.

»*Gott im Himmel*, wo bleibt er nur? Was soll ich nur tun, wenn er nicht zurückkommt?«

»Er wird zurückkommen.«

Ich frage nach ihrer Familie, ihrem Kind, ob niemand ihnen hilft? Sie schüttelt ihren großen runden Kopf und sagt, Sam und sie hätten keinen Kontakt, zu niemandem. Alle hätten sich von ihnen abgewandt. Sie seien noch einmal in Florida gewesen, ein paar Jahre nach Katrina. Dort wurden sie von der Polizei aufgegriffen, und als sie ihren Ausweis zeigte, dachten sie, Sandy sei eine Betrügerin und der Ausweis gestohlen. Ihre Familie hatte sie für tot erklärt, hätte angegeben, sie sei während des Hurricanes verstorben. Sie hatten ihr sogar einen Grabstein auf den Friedhof gesetzt.

Aber Sandy lebt noch, sofern man das, was sie durchsteht, überhaupt ein Leben nennen kann. Als Sam zurückkommt, stöhnt sie erleichtert auf. Ihr kommen sogar die Tränen. Die Kirche ist geschlossen, sagt Sam, auch dort sei niemand, der ihnen helfen kann.

Wir gehen zurück zu unserem Platz. Sam schiebt und zieht an Sandys Rollstuhl, schleift sie fast durch die Straßen, und seine hochgeschobenen Ärmel legen Muskeln offen, die man ihm auf den ersten Blick nicht zugetraut hätte. Ab und zu halten wir, damit Sam durchatmen kann, meine Hilfe will er jedoch nicht annehmen. Ich besorge etwas zu Essen, Wasser und Orangensaft, und wir beobachten trübselig das Treiben auf der Straße vor uns. Das Hotel, in dem sie die vergangene Nacht verbracht haben, hat die beiden rausgeschmissen, obwohl sie bereits für die kommenden zwei Nächte bezahlt haben. Ich rufe an, die Rezeptionistin ist nett und sagt, die beiden sollen wiederkommen, das Zimmer sei noch für sie reserviert. Aber Sandy will nicht zurück. Sie sagt, sie habe der Rezeptionistin heute morgen fast eine Ohrfeige gegeben. Als ich sie frage, warum, kann sie sich nicht mehr genau erinnern.

Zum Abschied schenkt mir Sandy eine Kette, die sie auf der Straße gefunden hat, die ihr selbst aber nicht um den Hals passt. Mein Bus wird in wenigen Stunden die Stadt verlassen. Ich umarme zuerst Sam, dann Sandy, und gehe, ohne mich noch einmal umzudrehen.

Ich würde den Anblick nicht ertragen, wie sie dort sitzen inmitten der Welt, in der sie niemand haben will.

TEIL II

Wenn meine Mutter einen Raum betrat, sahen sich alle nach ihr um und lächelten. Es erstaunt mich, wie unterschiedlich sich unterschiedliche Menschen an die gleiche Vergangenheit erinnern. Ich merke, wie die Erinnerungen meiner Kindheit langsam verblassen. Ich hätte meine Mutter gern kennengelernt, als sie in meinem Alter war.

Die Angst vor Spinnen, Einbrechern oder der Dunkelheit habe ich mir abgewöhnt. Ich sitze meist in Fahrtrichtung, obwohl ich die Landschaft lieber von mir wegziehen sehe. Ich stehe auf Männer und auf Frauen.

In meinem 17. Lebensjahr habe ich mir jeden Abend gewünscht, meine Brüste sollten bis zum Abschlussball noch ein wenig größer werden.

Es fällt mir schwer, Freundschaften länger als ein paar Jahre zu halten.

Die Tiere haben meinen Vater sehr glücklich gemacht, doch um sie kümmern konnte er sich nicht. Geht es meiner Mutter schlecht, entzündet sich mein Bauchnabel. Lilli, unsere Kuh, mochte mein Vater am liebsten. Ich habe eine Ansammlung von Sommersprossen über der rechten Hüfte.

Je älter ich werde, umso leichter fällt es mir, Dinge nur für mich zu tun.

Mein Vater war immer voller Hass, und wenn einmal die Liebe durchbrach, fühlte man sich überrumpelt.

Als Kind sah ich dabei zu, wie ein Einfamilienhaus abbrannte. Mich faszinierte der Anblick der Familie, deren entsetzte Gesichter von den Flammen beleuchtet wurden. Einmal weckte uns mein Vater mitten in der Nacht für eine Schneeballschlacht.

Es ist generell viel schöner, etwas Gutes herauszufinden als etwas Schlechtes. Im Journalismus ist das oft umgekehrt.

So., 04. Juni – Mo., 05. Juni
New Orleans – Los Angeles

Mein Bus hat Verspätung, und ich verpasse meinen Anschluss in Houston. Ich werde die Nacht also in der Stadt verbringen müssen, da der nächste Bus nach El Paso erst früh am Morgen geht.

Im Gebäude des Busbahnhofs rolle ich meine Matte und den Schlafsack aus und habe das Gefühl, dass ich hier gut werde schlafen können. Ich schreibe Scratch eine Nachricht und frage, ob er bereits in Houston sei. Anscheinend hat er ewig im Regen neben den Gleisen auf einen Zug gewartet und ist dann aus reiner Frustration auf einen Junk-Train gestiegen – einen Zug, der aus Anhängern besteht, die mit Schrott gefüllt sind und üblicherweise nur zwischen zwei Städten hin und her pendeln. Schon nach zwanzig Minuten ist Scratch erwischt worden. Er hat die Nacht im Gefängnis verbracht und hängt nun irgendwo im Nirgendwo fest, ohne zu wissen, wie er dort wegkommen soll. Ich texte ihm alle Informationen, die ich zu den Zügen in der Gegend dort habe, und wünsche ihm viel Glück.

Während der tagelangen Busfahrt kann ich kaum ein Auge zumachen. Zuerst sitze ich neben einem Studenten aus Florida, dann neben Steven, der seine Schwester besucht, die er seit sechzehn Jahren nicht gesehen hat. Er lebt allein im Wald und geht nur selten unter Menschen.

Im Bus ist es laut und stickig. Wir halten oft, und jedes Mal ändert sich die Zusammensetzung der Mitreisenden und damit die Amtonsphäre im Bus. Mal ist es laut mit Unterhaltungen und Kindergeschrei, dann wieder herrscht müdes Schweigen. Die Toiletten sind in Dauerbenutzung, der beißende Uringestank verteilt sich im gesamten Bus und vermischt sich mit dem Schweißgeruch der Passagiere. Ich darf in den Pausen nicht an meinen Rucksack, der im Gepäckfach liegt. Aus Sicherheitsgründen, wie es heißt. Ich hätte mir so gern die Zähne geputzt.

Die Landschaft verändert sich mit jeder Stunde, die wie in Zeitlupe vergeht. Wüsten ziehen vorüber, auf die das Licht der Sonne gnadenlos aus einem wolkenlosen Himmer herunterstrahlt. Wir lassen Berge hinter uns und jagen Regenwolken hinterher, die über uns auseinanderbrechen und sich am Horizont zu Wirbelstürmen formatieren. Zwischen El Paso und Phoenix fällt mir der Dichter aus New Orleans ein, und ich hole den gelblichen Zettel hervor.

What should be refused
There is something beautiful in the gutter, how dirt turns in water becoming scum: the stuff civilization has thought to call only sewage waiting to be flushed. There is a fermenting gut of America scrapped from the rails and stewing in summer street water, anticipating a drain. Here is how to write responsably about the way va-

Will wrestle mother in law for 1$

Brian, New York

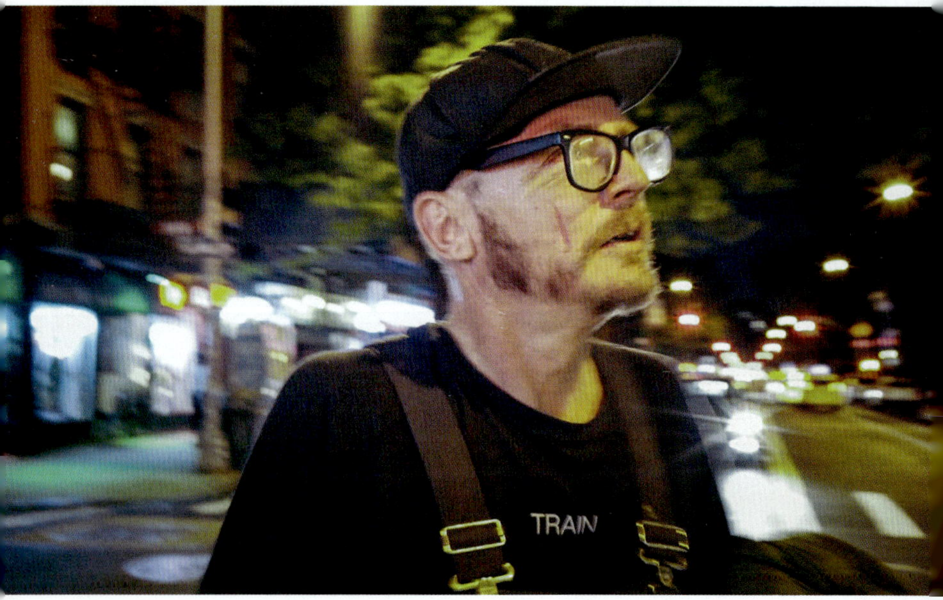

Brian, New York

Squirrel, New York

Manhattan, New York

Nancy, Philadelphia

Hop Out, Philadelphia

Ich am Morgen im Hop Out von Philadelphia

Nancy und Zach auf dem Piggy Back, Virginia

Zach, Philadelphia

Noah und Zach beim Betteln in Richmond

Noah, Sarawh und Zach, Richmond

Sarawh und Noah auf der Ladefläche eines Pickups, Richmond

Noah und Zach, Richmond

Noah und Sarawh an unserem Schlafplatz direkt neben den Gleisen, Richmond

Noah im Richmond Railroad Museum, Richmond

Zach, Richmond

Zach, Richmond

Zach in einem Deep Well, Richmond

Zach nachdem unser Zug im Nirgendwo endete, North Carolina

Samantha, Scott und Atlas in ihrem alten Schulbus, Outer Banks

Scott, Zach, Samantha und Atlas am Strand der Inselkette Outer Banks

Samantha und Scott liegen im hinteren Teil des Busses während Zach mit Atlas spielt, Outer Banks

Ich verstecke mich im alten Schulbus nach der übergriffigen Frau auf der Veranda, Outer Banks

Barry, der so viele Jahre im Gefängnis verbracht hat, wie ich auf der Welt bin, Pensacola

John Kelly, der pensionierte Polizist der mich 500 Meilen Richtung Süden mitnahm, South Carolina

Ich, während der Autofahrt mit John Kelly, South Carolina

Das Zelt von Chris im Hop Out von Baldwin, Florida

Sarah, Baldwin

Kurz bevor ich Sam und Sandy treffe, New Orleans

Sam und Sandy, New Orleans

Jack Norcross überreicht mir das Gedicht, New Orleans

Meredith nimmt mich ein Stück mit, Mississippi

Mitchel, Malibu Beach

Jacob auf seinem Boot, San Francisco

Jacob bei den Railroad Days, Californien

Railroad Days, Californien

Die Hobos haben die Wand eines ausrangierten Eisenbahnwagens zu Ehren aller, die ihr Leben auf den Gleisen verloren haben, geschmückt, Californien

Railroad Days, Californien

Red und ich in seinem Caboose

Im Yard von Dunsmuir, Californien

Red und ich beim Prüfen einer der Anhänger, Dunsmuir   *(Foto: Simon)*

Scotty und Red in dem Boxcar, das uns in den Norden bringt, Oregon

Ben und Scotty in dem Boxcar, das uns in den Norden bringt, Oregon

Ben und Scotty schleichen durch die enge Gasse zwischen zwei Güterzügen, Klimath Falls

Ich und Scotty beim Aufwachen, Klimath Falls   *(Foto: Ben)*

Ich, Ben und Scotty nach unserer frostigen ersten Nacht, Klimath Falls

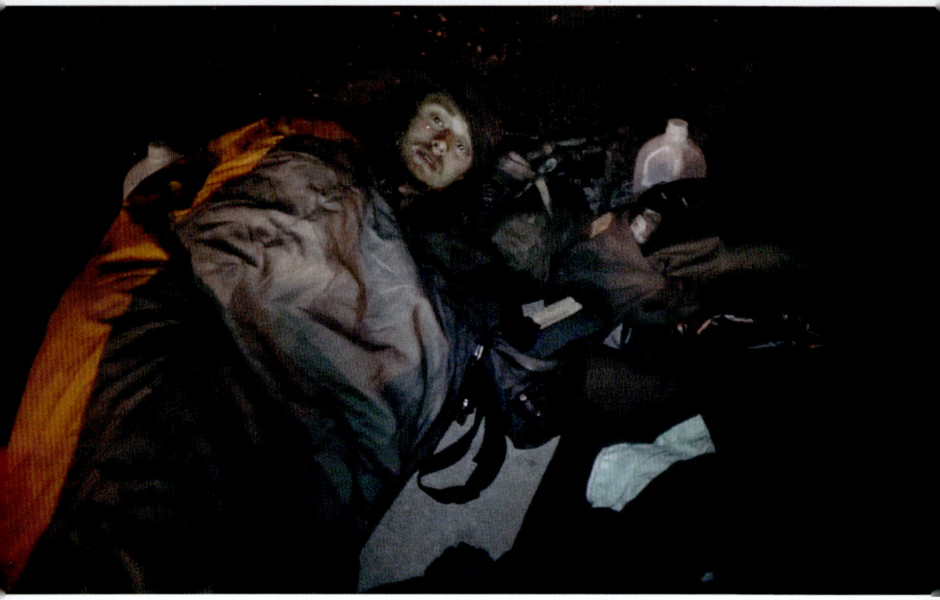

Scotty während wir in der Nacht auf unseren Zug warten, Klimath Falls

Scotty auf dem Grainer, der uns zurück in den Süden bringen wird,
Klimath Falls

Kurz bevor uns der Zug durch einen Waldbrand führt, Oregon

Ich versuche auf das Dach des Zuges zu klettern, Oregon

Ich auf dem Grainer, Oregon   *(Foto: Ben)*

Der Waldbrand hinterlässt die Bäume in dicken Rauchschwaden, Oregon

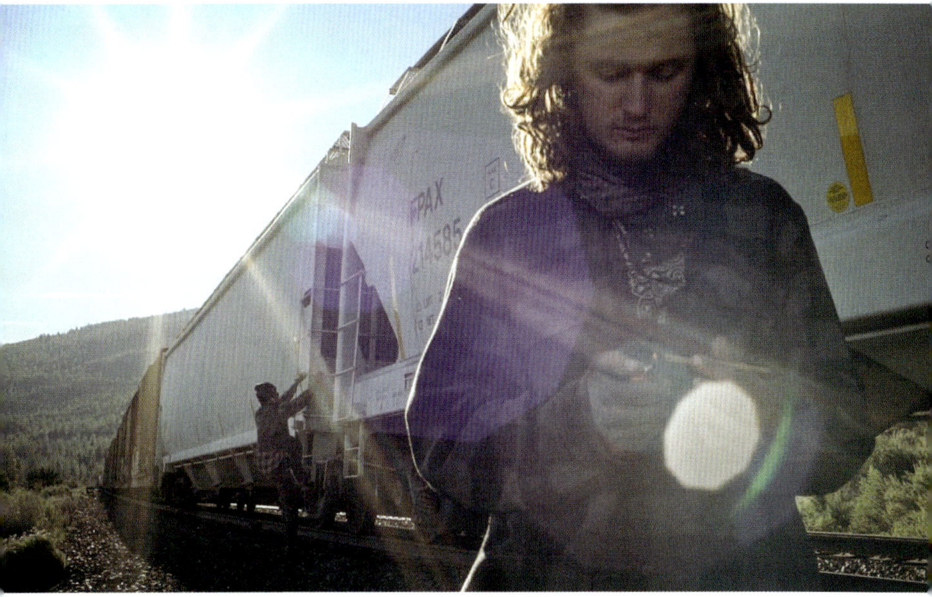

Ben und Scotty während einer kurzen Pause, Oregon

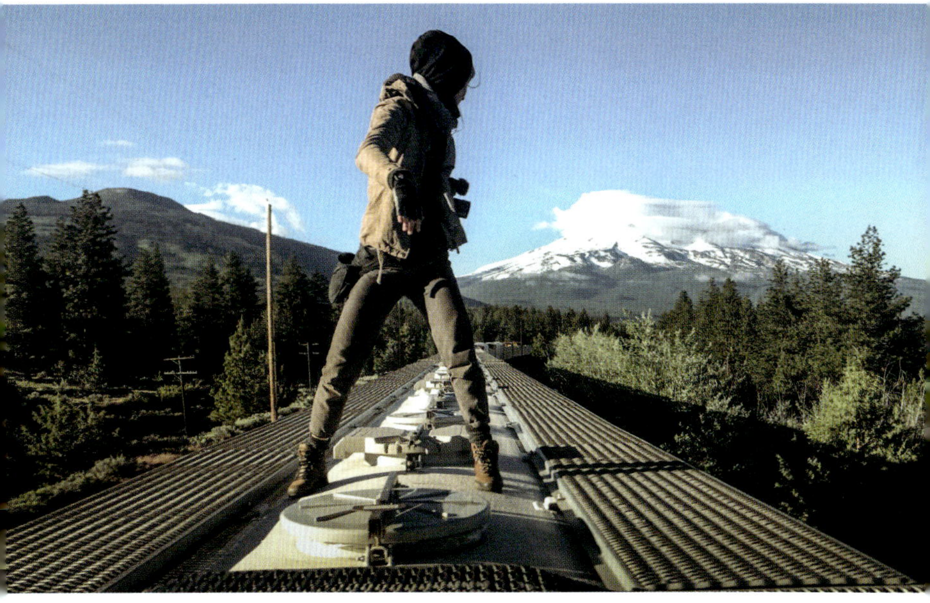

Ich auf dem Dach eines Grainers, Oregon *(Foto: Ben)*

Scotty, Roseville

Scotty und Ben, Roseville

Die Zuschauer einer Beatles Cover Band, Roseville

Dirty Face beim Geschichten erzählen, San Francisco

Dirty Face, San Francisco

gabonds discover the ground: first, think of the life that forms those wandering bubbles in muck settled; next, smell some scents the world has thought to call foul; finally, wonder what might drive the dirtiest to look longingly upon a needle, to stare with blank desire at a bottle.

There is something beautiful in the gutter too often unobserved. This is why poor culture has known only to pour them from the streets. Strange stench has been understood in poorer metaphors sittig atop a stormdrain.

Jack Norcross, New Orleans, Juni 2017

Ich werde die Reise ab sofort entspannter angehen. Ich habe große Hoffnung, bei dem Hobo-Treffen vernünftigen Leuten zu begegnen, die mit mir ein paar richtig schöne Strecken mit dem Güterzug fahren werden. Bis zu dem Treffen bleiben mir noch zehn Tage, in denen ich irgendwie von Los Angeles hoch in den Norden Kaliforniens kommen muss. Das ist genügend Zeit. In Los Angeles will ich mich mit einem Bekannten treffen, dem ich meine vollen Speicherkarten übergeben werde. Auf das vertraute Gesicht freue ich mich am meisten.

Nach sechsundfünfzig Stunden komme ich in Los Angeles an. Die abendliche Luft, die mich umgibt, als ich endlich aus dem Bus steige, ist angenehm, viel weniger schwül als in New Orleans. Auch die Straßen sind sauberer, die Menschen kommen mir freundlicher vor.

Ich treffe Fabian am Strand, wir kaufen uns Burritos und essen, während wir im feinen Sand sitzen und in der Dunkelheit auf die Wellen starren. Ich kenne Fabian nicht besonders gut, aber ich freue mich sehr, ihn zu sehen.

Er ist ruhig und zugewandt, ein guter Zuhörer. Ich bemerke meinen unstillbaren Redebedarf und entschuldige mich dafür. Ich bin froh, endlich an der Westküste zu sein, und lächle ihn an. Er sieht besorgt aus. Dann schlägt er vor, ich könnte bei dem Musikproduzenten übernachten, bei dem auch er untergekommen ist.

Ich zögere, lasse mich aber schließlich überreden. Der Produzent lebt mit seiner Freundin in einem schönen Holzhaus in den Beverly Hills. Wir unterhalten uns noch eine Weile mit den Gastgebern und gehen früh zu Bett. Ich merke, wie schwer mir die Konversation fällt, wie fremd ich mich in der geordneten Welt dieser Menschen fühle und wie froh ich bin, als ich allein auf dem Sofa des dunklen Wohnzimmers liege.

Eine Wanduhr tickt. Sie stört mich mehr als der Lärm der Straße.

Di., 06. Juni
Los Angeles

Fabian macht uns Frühstück, und sein Uber lässt mich auf dem Weg zum Flughafen am Strand raus. Er ist nur für eine Woche zum Arbeiten hier gewesen und fliegt nun zurück nach Deutschland.

Ich werde versuchen, bis nach San Francisco zu trampen. Ich habe keine Eile, fülle in einem Supermarkt meine Vorräte auf und kaufe mir einen neuen Wasserkanister. Dann gehe ich weiter durch den Sand, den endlosen Strand entlang.

Es ist windig und kühl, der Himmel von grauen Wolken bedeckt. Ein Mann auf einem Mountainbike holt mich ein und fährt eine Weile neben mir her. Larry hat ein freundliches Gesicht. Mit seinen starken Armen und seiner wettergegerbten Haut sieht er aus wie ein Seemann. Er ist gerade aus Hawaii zurückgekehrt, wo er zwei Jahre auf der Straße schlief. Diese Art zu leben scheint dort besser zu funktionieren als in den restlichen Staaten – das Wetter und die Mentalität machen alles weniger dramatisch.

In Los Angeles will man die Obdachlosen von der Straße haben. Nach nur zwei Monaten bot man Larry deshalb eine Wohnung an, die allerdings auf der anderen Seite der Berge lag, wo die Luft schwer ist von den Abgasen der Stadt. Larry kommt oft hierher, an den Strand, und fährt mit seinem Mountainbike die Promenade entlang. In einem Gebüsch am Straßenrand hat er Zelt und Schlafsack versteckt, oftmals kehrt er tagelang nicht in seine Wohnung zurück.

Wir machen eine Pause und sehen den Surfern bei ihrem Kampf mit den Wellen zu, dazwischen eine tote Seekuh, die an der Oberfläche treibt und vom Meer umspült wird. Es ist schon später Nachmittag, als ich Larry erkläre, dass ich mich langsam um meine Weiterfahrt bemühen muss. Er will mir eine gute Stelle zum Trampen zeigen, wird aber nach einer halben Stunde ungeduldig. Nachdem ich seinen Vorschlag ablehne, mit ihm am Strand zu übernachten oder mit in seine Wohnung zu kommen, schlägt er vor, mit dem Linienbus aus der Stadt herauszufahren und es dort zu versuchen.

Im Bus kommen wir mit einem anderen Obdachlosen ins Gespräch, der uns von Verschwörungstheorien überzeugen will.

»Sie schicken Boten zu uns, aber nur wenige werden eingeweiht. Kennt ihr Karlheinz Stockhausen? Er ist einer von ihnen. Ein Alien. Wenn ihr seine Musik hört, versteht ihr, was ich meine. Nicht von dieser Welt ...«

Larry bleibt höflich und interessiert. Neben mir sitzt ein älterer Herr, der unserer Unterhaltung lauscht, bis er es nicht mehr aushält und sich einmischt. Er fragt mich, was ich hier mache, wie ich zu diesen Leuten gekommen bin. Dann rät er mir unbedingt davon ab, am Strand zu übernachten. Das sei viel zu gefährlich. Es gebe genügend Campingplätze in der Gegend. Ich bedanke mich höflich für seinen Rat, doch damit gibt er sich nicht zufrieden.

»Versprich mir, nicht am Strand zu übernachten. Such dir ein paar Leute, aber halte dich fern *von denen*!«

Sein Kopf nickt in Richtung von Larry und dem Verschwörungstheoretiker.

Wir steigen aus, und Larry läuft noch ein Stück mit mir die Straße entlang.

»Dieser Typ hatte recht. Du solltest nicht allein an den Strand gehen. Und ich bin vermutlich wirklich keine gute Begleitung.«

Ich schaue ihm nach, wie er mit seinem Fahrrad davonfährt, zurück in die Stadt. Er hat mich bis zur Auffahrt eines Campingplatzes gebracht, und nun laufe ich in der Dämmerung den Berg hinauf. Als ich ankomme, gehen bereits die Lichter an, und die Frau an der Rezeption sagt mir, ich könne nicht bleiben, weil ich kein Zelt habe. Sie werde keine Ausnahme machen. Sie rät mir, mit dem Bus bis zur Endstation zu fahren, dort gebe es einen Campingplatz, der auch Besucher ohne Zelte zulasse.

Als mich der Busfahrer in Malibu Beach zum Aussteigen auffordert, da er nicht mehr weiterfährt, verrät mir mein Navigationssystem, dass der tolerante Campingplatz noch zwanzig Kilometer entfernt in nördlicher Richtung liegt. Es ist bereits stockfinster, und der letzte Bus zurück in die Stadt ist vor einer halben Stunde gefahren. Das einzige Licht kommt von einem Starbucks an einer Straßenecke.

Ich setze mich an einen Tisch im Außenbereich und überlege, was ich tun soll. Es ist kalt geworden, die Luft ist klamm und riecht salzig vom Meer. Die Stimme des Alten im Bus hallt noch in meinen Ohren.

Schlaf nicht am Strand! Das ist zu gefährlich!

Ich wäre sofort bereit gewesen, die fünfunddreißig Dollar für die Übernachtung zu zahlen, aber der eine Campingplatz will mich nicht und der andere ist zu weit entfernt, um jetzt noch hinzulaufen.

»Suchst du einen Schlafplatz?«

Eine Frau mit langen grauen Haaren und Basecap hat sich an mich herangeschlichen und hält mir einen Becher mit heißem Tee unter die Nase. Mir kommen fast die Tränen, als ich nicke: »Ja, das tu ich!«

Sie setzt sich zu mir und sagt, sie sei gerade in der gleichen Situation wie ich. Ich erzähle ihr von der Warnung des alten Mannes, die sie bestätigt. Sie sagt, sie kenne einen sicheren Ort, zu dem sie mich mitnehmen könne, und wenig später brechen wir auf.

Janet läuft überraschend langsam, und als ich an ihr herunterblicke, erkenne ich, dass ihre kleinen Füße in High Heels stecken. Trotzdem reicht sie mir gerade einmal zur Brust. Ihre schwarze Basecap ist mit einem gelben schnörkeligen *California*-Schriftzug bestickt. Ihr dichtes graues Haar reicht ihr bis zur Brust. Sie trägt eine vergilbte Plastiktüte und eine große schwarze Lederhandtasche mit goldenen Schnallen.

»Manchmal spielt das Leben einem übel mit. Wer hätte das gedacht, dass ich einmal auf der Straße leben würde. Und dann plötzlich – alles vorbei. Da bleibt einem nichts anderes übrig, als einfach weiterzumachen. Von vorn anzufangen.«

Vor vier Jahren hat sie irgendwo in der Nähe von San Francisco ein Start-up gegründet. Die Idee war, den ganzen Fake-

News-Vorwürfen entgegenzuwirken und ehrlichem Journalismus eine Plattform zu bieten. *Fernsehen von den Menschen, für die Menschen*, so lautete ihr Motto. Sie arbeitete mit verschiedenen Universitäten zusammen und beschäftigte insgesamt dreißig Mitarbeiter. Zwei Sponsoren hatte sie gefunden und die Verträge aufgesetzt, die Webseite sollte eigentlich schon online gehen. Doch kurz vor Vertragsabschluss überlegte es sich der Hauptinvestor anders und forderte neunzig Prozent der Anteile, anstelle der vereinbarten vierzig. Janet hatte vier Jahre Arbeit und ihr Herzblut in dieses Projekt gesteckt und wollte es nicht an einen Großkonzern abgeben. Sie cancelte den Deal.

Die ersten Wochen schlief sie auf dem Sofa einer Freundin, was jedoch nicht lange gut ging. Sie schämte sich zu sehr und wollte allein mit der Situation zurechtkommen, ohne Zeugen.

Sie war nie verheiratet, hat keine Kinder. Nach jedem zweiten Satz stellt sie klar, dass ihre Situation nur vorübergehend ist.

»Ich bin eine *Karrierefrau*, genau wie du.«

Sie liebt ihre Arbeit und hasst jegliche Abhängigkeit. Auf der Suche nach einem neuen Sponsor landete sie schließlich in Malibu Beach.

Den Ort, zu dem sie mich nun führt, hat sie vor wenigen Tagen entdeckt: *die Malibu Methodist Church*. Die Kirche wird von drei Frauen geleitet, die Janet erlaubten, nachts auf dem Kirchengrundstück zu übernachten. Als Gegenleistung muss sie bei der wöchentlichen Tafel mithelfen.

Der Hof der Kirche ist mit niedrigen Bäumen bepflanzt und mit Lichterketten erhellt, und zwischen der Kirche und dem Gemeindehaus gibt es eine große Pergola, unter der Steintische und Stühle stehen.

»Hey, Mitchell!«

Neben dem Kircheneingang sitzt ein großer schwerer Mann in einer dicken Daunenjacke. In der Hand hält er sein Mobiltelefon, aus dem der lokale Radiosender klingt. Ich halte Mitchell für den Security-Guard und reiche ihm die Hand. Wir setzen uns unter die Pergola, wickeln uns tiefer in unsere Jacken. Es ist kalt und feucht.

»Ich glaube, unser Gast ist hungrig. Meinst du, wir könnten ihr etwas anbieten?«

Mitchell vermutete, dass sich im Gemeindehaus etwas finden ließe, schließlich sei morgen die große Tafel.

»Du solltest noch einen Tag länger bleiben! Es gibt reichlich Essen gratis, und die Leute sind wirklich nett!«

Ich bedanke mich für die Einladung und sage, dass ich darüber nachdenken werde. Dann schleichen wir uns in das Gemeindehaus. Mitchell macht uns Burger in der Mikrowelle warm und stibitzt eine Schale Obst aus dem Kühlschrank, und wir gehen zurück unter die Pergola, ohne Spuren zu hinterlassen.

Mitchell ist tatsächlich der Security-Guard, und für seine Dienste darf auch er auf dem Grundstück der Kirche übernachten. Als es anfängt zu regnen, sieht er nach, ob der Pastor vielleicht die Kirchentür offen gelassen hat. Wir haben Glück, die schwere Holztür schwingt mit einem leisen Knarzen auf. Mitchell baut sein Zelt im Hof auf, und Janet und ich schleichen uns am Kreuz vorbei zu den hölzernen Sitzbänken im Kirchenschiff. Als die Tür knarzend zufällt, schließt sie das Laternenlicht mit einem dumpfen Ton aus der Kirche aus. Ich kann nur noch die Umrisse von Janet und dem Altar ausmachen. Wir sagen nur das Nötigste, und unser Flüstern zischt aus den

Ecken des Raumes wieder. Es riecht nach Weihrauch und Ehrfurcht.

Ich bin katholisch getauft, evangelisch konfirmiert und mit achtzehn aus der Kirche ausgetreten. Trotzdem empfinde ich in den Gotteshäusern, egal ob Kirche, Moschee oder Tempel, immer ein angenehmes Gefühl von Sicherheit.

Ich greife nach der Kopflampe, die um meinen Hals hängt, und sehe Janet in den hinteren Reihen verschwinden. Ich gehe bis zur fünften und stelle meinen Rucksack auf den Teppichboden. Die Bänke sind schmal und hart, und ich rolle meine Matte auf dem Boden parallel zum Gang aus. Auf dem Rücken liegend, kann ich Jesus im Augenwinkel sehen. Er blickt auf mich herab, und sein nackter, malträtierter Körper glänzt in dem schwachen Laternenlicht, das durch die milchigen Fenster hereinfällt.

»Danke für alles«, flüstere ich.

Weder von Jesus noch von Janet bekomme ich eine Antwort.

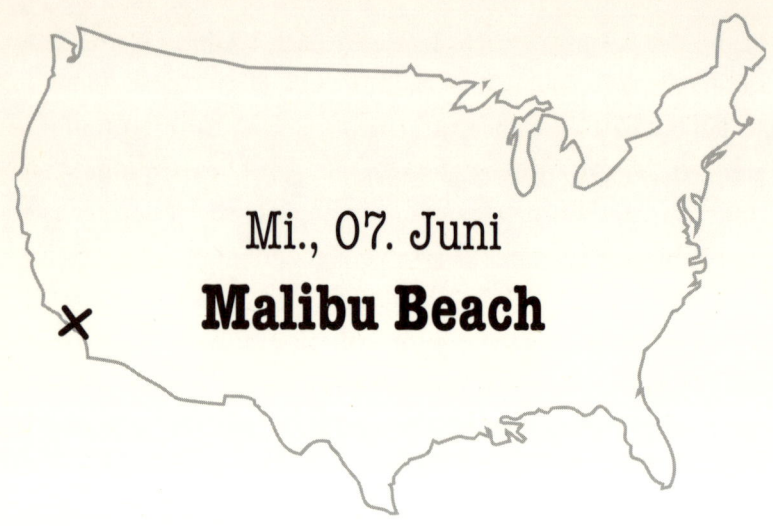

Mi., 07. Juni
Malibu Beach

Ein Geräusch weckt mich in der Nacht.

Erst als ich den Weihrauchgeruch wahrnehme, erinnere ich mich, wo ich bin. Das Geräusch ertönt erneut. Es ist ein Schluchzen, das aus Janets Richtung dringt. Sie wimmert im Schlaf. Ich bekomme Gänsehaut und überlege, zu ihr zu gehen. Als ich mir jedoch vorzustellen versuche, wie ich mich an ihrer Stelle fühlen würde, verwerfe ich den Gedanken und bleibe still liegen. Im Schlaf kommen die Ängste und Sorgen an die Oberfläche, die wir im Wachzustand verdrängen. Es ist ein furchtbar intimer Moment, den man nicht gern teilt, vor allem nicht mit Fremden.

Nach einiger Zeit lässt das Wimmern nach und verebbt in einen unruhigen Schlaf.

Mein Wecker klingelt um fünf Uhr morgens, und ich gehe mit meinen Sachen nach draußen und lasse Janet in Ruhe aufwachen. Wir müssen aus der Kirche sein, bevor jemand etwas bemerkt. Ich pinkle in den Rosengarten und putze mir hinter einem Denkmal die Zähne. Dann gehe ich zu Mitchells Zelt, dessen blaue Plane mit kleinen und großen Wassertropfen übersehen ist.

»Mitchell, aufwachen!«

Aus seinem Mobiltelefon rauscht immer noch der lokale Radiosender. Ein Schnarchen ist zu hören.

»Mitchell! Es ist fast sechs, der Pastor wird bald hier sein!«

Endlich bewegt sich etwas, und Mitchells verschlafenes Gesicht erscheint in der Zeltöffnung. Janet kommt dazu und schlägt vor, zu Starbucks zu gehen.

Wir laufen zu dritt den Hang hinunter und können das Meer sehen, es hören und spüren. Der Linienbusfahrer nimmt uns eine Station mit, ohne dass wir bezahlen müssen, und wir setzen uns an einen Tisch in der Ecke des Cafés. Janet holt uns drei Becher heißes Wasser, das es gratis gibt, und kramt in ihrer großen Ledertasche nach Teebeuteln. Wir wechseln uns ab, um auf die Toilette zu gehen und uns frisch zu machen. Janet geht als Letzte und braucht am längsten. Als sie zurückkommt, hat sie ihr Gesicht eingekremt und Lippenstift aufgetragen.

Wir lesen Zeitung, während Mitchell vor sich hinstarrt.

Irgendwann begleitet mich Janet vor die Tür, um eine zu rauchen. Sie fragt mich nach meinem Leben, meinen Eltern, meiner Ausbildung und Zukunft.

Ich bin verunsichert. In den letzten Wochen habe ich mehr zugehört als selbst erzählt. Ich habe so viele Menschen getroffen, die mir ihre Geschichten anvertraut haben, wofür ich sehr dankbar bin. Janet vertauscht nun die gewohnten Rollen und fordert mich auf, von mir zu erzählen.

Ich merke, wie schwer es mir fällt. Allerdings ist sie auch die Erste, die sich ihrerseits schämt für die Situation, in der sie sich befindet. Sie hat Angst, mir am vergangenen Abend zu viel von sich preisgegeben zu haben, und möchte sichergehen, dass sie mir vertrauen kann.

Wir stehen eine Stunde vor der Tür. Ich rauche drei Zigaretten, bis Mitchell herauskommt und sich zu uns stellt. Ich frage, ob die beiden Lust hätten, mit mir ans Meer zu gehen. Es ist bewölkt und regnerisch, aber das Meer ist schön, egal, bei welchem Wetter. Janet sagt, wir sollen vorgehen, sie habe noch etwas zu erledigen.

Es ist wenig los am Strand. Ein Mann mit nacktem Oberkörper stapelt Steine auf Treibholz. Das mache er seit sieben Jahren. Der Balanceakt der Gravitation sei seine Art der Meditation, erklärt er. Mitchell ist wenig beeindruckt, und wir gehen weiter.

Es fällt mir schwer, mich mit Mitchell zu unterhalten. Er redet wirr und stottert und scheint nervös zu sein.

Ein Obdachloser, der sich unter einer Plane versteckt, winkt uns zu sich. Zuerst denke ich, es wäre Larry, aber ich habe mich geirrt.

»Ich bin Lady Gagas heimlicher Freund. Ihr Vater will sie von mir fernhalten. Aber sie *liebt* mich.«

Er erzählt von anderen Prominenten, die er kennt, auch von denen, die er noch kennenlernen möchte, und schließlich lassen wir ihn in seinem Monolog zurück.

Ich frage Mitchell, was er sonst so macht und warum er allein ist, aber ich bekomme nur schwammige Antworten. Erst als meine Fragen politischer werden, präzisieren sich seine Aussagen und offenbaren seinen ungetrübten Patriotismus.

»Amerika ist das *beste* Land der Welt. Wir haben das *stärkste* Militär. Ich habe mein Land noch nie verlassen und werde es auch niemals tun. *Niemals.*«

Er kann sich nicht vorstellen, jemals woanders zu leben, schon gar nicht in Afrika.

»Dort gibt es *Kannibalen.* Die essen sich gegenseitig auf!«

»Die essen sich gegenseitig auf?«

Ja, das sei so, weil die Afrikaner nicht ausreichend organisiert seien. Sie bräuchten mehr Militär dort. Alles Schlechte müsse weggesperrt und das Wort Gottes verbreitet werden. Dann werde es ihnen besser gehen und sie müssten sich nicht mehr gegenseitig aufessen.

»Stell dir vor, du lebst in irgendeiner Strohhütte, kommst abends nach Hause und erwischt einen der Nachbarn, wie er deine Verwandten auffrisst! *Uncool.*«

Mir fehlen die Worte, und ich schaue aufs Meer. Ich weiß nicht, ob ich das, was er sagt, lustig oder traurig finden soll.

»Ich geh schwimmen.«

Während ich im Wasser bin, taucht Janet auf und winkt mir freudig zu. Das Wasser ist eiskalt, die Strömung ist stark. Meine Beine werden zum Meer hinausgezogen, während die Wellen meinen Oberkörper zum Strand drücken. Anschließend spüle ich mir unter einer der öffentlichen Duschen das salzige Wasser ab und denke, dass Malibu nicht der schlechteste Ort ist, um auf der Straße zu leben. Hier gibt es zumindest alle fünfhundert Meter Zugang zu Trinkwasser, Toiletten und Duschen.

Janet verabschiedet sich. Sie möchte in die Stadt fahren, um jemanden zu treffen, dem sie ihre Idee präsentieren kann. Sie fragt mich, ob ich später mit zur Tafel komme und noch eine Nacht bleibe. Auch Mitchell sieht mich freudig gespannt an.

Ich sage, ich müsse weiter. Janet finde ich spannend, aber ich will den Nachmittag nicht mit Mitchell verbringen, während ich auf sie warte.

Sie wünschen mir viel Glück und eine sichere Reise.

Ich stelle mich gut gelaunt mit meinem San-Francisco-Pappschild an die Hauptstraße, höre Musik, tanze, singe und balanciere den Bordstein entlang. Einige Fahrer lachen, winken oder lächeln. Manche schütteln den Kopf, dann lache ich. Ein Pickup wird langsamer, der Fahrer gestikuliert mit seiner Rechten, dann biegt er in die Ausfahrt und hält an. Ich schnappe mir meinen Rucksack und laufe los, werde aber mit jedem Schritt langsamer, als ich einen jungen sonnengebräunten Surfer-Typen am Steuer erkenne. Ich habe keine Lust auf komische Sprüche oder billige Anmachen. Um ihn zu ignorieren, ist es allerdings zu spät.

Ich öffne die Beifahrertür, und der Mann lächelt mich schüchtern an.

»Wir fahren nach Santa Barbara! Wenn dir das eine Hilfe ist ...«

Ich sehe mich im Wagen um und erkenne zwei wunderschöne Jungs, die mir aus ihren Kindersitzen mit weißen Zähnen und zerzausten Haaren entgegenstrahlen. Ich weiß nicht, wo Santa Barbara liegt und ob es sich für mich lohnt, aber es ist mir egal. Ich hieve meinen Rucksack auf die Ladefläche und lasse mich in den Beifahrersitz fallen.

Der Vater lässt uns kurz allein, um vier Flaschen Wasser zu kaufen, für jeden eine, und die Jungs bombardieren mich mit Fragen. Wie ich heiße und woher ich komme und warum ich ganz allein bin. Sie sind drei und fünf Jahre alt und wechseln sich ab. Der Ältere hat ein Notizbuch auf seinem Schoß, das er akribisch führt. Er lässt sich meinen vollen Namen buchstabieren und notiert sich außerdem mein Alter und Herkunftsland und fertigt dann eine Zeichnung an, in der ich meine blauen Augen und gelben Haare erkenne.

Wie sich herausstellt, sind die drei gerade mitten in einem Spiel, das sie trotz meiner plötzlichen Anwesenheit nicht unterbrechen wollen. Jeder darf eine Geschichte erzählen. Ich setze die erste Runde aus, um mir erst die der anderen anzuhören. Es sind schöne Geschichten über Tiere und das Meer.

»Erzähl die Hai-Geschichte noch mal, Papu!«, sagt der Kleine, als der Vater an der Reihe ist.

Und er erzählt von einem frühen Morgen, an dem er mit seinem Surfbrett weit hinaus aufs Meer paddelte und einem Hai begegnete. Auch der Ältere kennt die Geschichte und hüpft bei den spannenden Stellen, die er bereits auswendig kennt, freudig auf und ab. Der Vater baut neue Details in seine Erzählung ein, und die Jungs quietschen vor Freude und stellen Fragen zum genauen Aussehen und Verhalten des Hais.

Wir fahren auf einer Landstraße die Küste entlang, und während der Vater erzählt, blicken die Jungs und ich aus den Fenstern und bestaunen die Landschaft und das Meer.

Nach der Hai-Geschichte, folgt eine Delfin-Geschichte. Ich sage, ich hätte noch nie einen Delfin in freier Wildbahn gesehen. Der Jüngere anscheinend auch nicht. Der Ältere und der Vater dafür umso öfter. Wenige Minuten später zeigt der Vater auf das Meer und sagt mit ruhiger Stimme: »Schaut mal!«

Und tatsächlich sehen wir in der Ferne alle paar Sekunden drei oder vier Flossen mit glatten Körpern an der Wasseroberfläche erscheinen, im Sonnenlicht glitzern und wieder abtau-

175

chen. Der Jüngere lehnt sich so weit es geht zu dem Älteren hinüber, um aus dessen Fenster zu sehen.

»Wo? Wo, Papu, wo sind sie?«

Der Vater hält den Wagen auf dem breiten Seitenstreifen, setzt die beiden Jungs auf das Autodach und gemeinsam suchen sie den Horizont nach den Delfinen ab. Ich krame mein Fernglas aus dem Rucksack und gebe es dem Vater. Die Delfine tauchen wieder auf, und wir jubeln und hüpfen vor Freude. Wir können sie auch mit dem bloßen Auge sehen, doch den Jungs macht es einen Heidenspaß, durch das Fernglas zu gucken und die Delfine mit dem Okular einzufangen.

Der Anblick der kleinen Familie ist zu schön. Ich überlege, meine Kamera zu holen, verwerfe aber den Gedanken. Ich will den Moment für mich auskosten, nur für mich.

Als wir weiterfahren, wollen die Jungs ein anderes Spiel spielen. Tiere erraten. Jeder ist einmal dran, der Jüngste fängt an. Er beschreibt einen Hai, der Ältere eine Möwe und der Vater einen Oktopus. Mein Uhu ist leicht zu erraten, vor allem weil meine *Schuhuu*-Imitation nicht zu verwechseln ist.

Nach fünf Runden Tiere-Raten sagt der Vater: »Okay, Jungs, jetzt ist Ruhe-Zeit. Genießt die Aussicht oder schlaft ein bisschen.«

Von der hinteren Sitzreihe ertönt kein Mucks mehr.

»Erzähl mir von deiner Reise«, sagt er, und ich bin überrascht, dass er mit der gleichen weichen Stimme zu mir spricht wie zu seinen Kindern. Ich erzähle von den Menschen und dem Reisen. Als ich den Güterzug beschreibe, der mich und Zach ins Nirgendwo führte, lächelt der Vater und nickt sachte.

»Ich war schon mal auf so einem Zug. Genau so einer hat mich in dieses Land gebracht. Der Zug und das Schwimmen.«

Er ist Mexikaner.

»Trump macht es euch nicht gerade leicht.«

»Es ist, wie es ist«, sagt er, und ich frage nicht weiter nach.

»Ich bin Tischler.«

»Erzähl ihr von dem Tisch, Papu!«, tönt es von hinten, und der Vater erzählt von dem Tisch, den er gerade fertiggestellt hat. Erzählt von dem Holz und der Baumart, woher er das Holz bekam und wie er es bearbeitet hat. Wie stabil der Tisch ist und wie glatt sich die Oberfläche anfühlt.

»Ich wünschte, wir könnten den behalten«, sagt der Ältere und schaut traurig aus dem Fenster.

Dann wünscht er sich Musik.

»Was willst du hören, Kumpel? Die *Bee Gees*? *Rolling Stones*?«

Jeder darf sich ein Lied aussuchen, und sie singen jedes dritte Wort laut mit. Nach zwei Stunden erreichen wir Santa Barbara. Sie halten am Strand, um mich aussteigen zu lassen, und ich kann das Meer riechen.

»Warum kommt Tamina nicht mit uns nach Hause?«

»Weil sie noch weiterfahren möchte. Nach San Francisco. So kann man durch das ganze Land reisen, Schatz. Man fragt, ob man bei jemanden mitfahren kann, verbringt ein bisschen Zeit miteinander, und dann verabschiedet man sich wieder.«

Der Ältere schnallt sich ab und beugt sich mit offenen Armen durch die Vordersitze zu mir. Ich drücke ihn fest, und er gibt mir einen Kuss. Während der Vater meinen Rucksack holt, versuche ich, die Tür zu dem Jüngeren zu öffnen, um mich auch von ihm zu verabschieden, aber es gelingt mir nicht. Die Kindersicherung löst sich nicht. Ich winke ihm und gebe ihm einen Luft-Kuss. Der Vater steht neben meinem Rucksack und schließt mich fest in die Arme.

»In dieser Familie umarmt man sich«, höre ich ihn an meinem Hals flüstern.

Ich erwidere seinen festen Druck.

»Danke dafür«, sage ich und suche seinen Blick.

Er versteht.

Dann schwinge ich meinen Rucksack auf die Schulter und gehe in Richtung Meer. Kurz bevor ich meinen Fuß auf den Sand setze, ertönt ein Hupen hinter mir. Die Familie ist mir gefolgt, der Vater kurbelt das Fenster herunter. Er sagt, der Jüngere sei ganz aufgebracht, weil er keine Umarmung bekommen habe. Er entriegelt die Tür, damit ich sie öffnen kann, und da erscheint das tränenverschmierte Gesicht des Jüngeren, der mich anlächelt und mir die Arme entgegenstreckt.

Ich verbringe den Nachmittag am Strand. Es ist kühl und windig, und ich teile meinen Bagel mit den gierigen Möwen. Es sind nur wenige Leute unterwegs. Ab und zu läuft ein Spaziergänger vorbei, ein Fischer legt mit seinem Bötchen an. Durch die Fahrt mit der Familie fühle ich mich ganz warm und weich.

Ich wundere mich über diese Reise und die Begegnungen, die sie mir bisher beschert hat. Die Familie kam genau zur richtigen Zeit. Diese Menschen habe ich gebraucht, um den Glauben an das Gute nicht zu verlieren. Nun bin ich in Santa Barbara, einem Ort, von dem ich zwar schon gehört habe, dessen Besuch ich aber nicht geplant hatte. Niemand weiß, dass ich hier bin. Meine Reise wird von Zufällen bestimmt, egal, wie es weitergeht, irgendwie geht es immer weiter.

Wenn ich es rechtzeitig zu dem Hobo-Treffen schaffen will, bleiben mir noch drei Tage, um in den Norden zu kommen. Ich raffe mich auf und laufe zur nächsten Autobahnauffahrt. Gut sichtbar stelle ich mich mit Pappschild und Rucksack an eine Kreuzung und halte den Vorbeifahrenden meinen Daumen hin. Ich höre deutschen Rap und singe laut mit. Die meisten freuen sich und kurbeln ihre Fenster herunter, während sie an der roten Ampel stehen. Ein paar wollen sich unterhalten, andere winken oder lachen, und wieder andere ignorieren mich.

Irgendwann hält Jeff an. Er fährt nur knapp fünfzig Meilen in nördliche Richtung, aber während ich am Strand saß, habe ich beschlossen, jede Mitfahrgelegenheit zu nutzen, egal, wie weit sie mich bringen würde. Jeff räumt den Beifahrersitz frei, und als ich mich setze, versinken meine Füße knöcheltief in Müll. Es sind hauptsächlich Papp-Boxen und Getränkebecher, die im ganzen Wagen verteilt sind. Jeff beschleunigt, und der Wagen beginnt an allen Ecken und Enden zu klappern und zu schnaufen.

»Das ist nur das Auto, mit dem ich zur Arbeit fahre. Mein anderes ist ein *Cadillac*.«

Jeff ist lustig. Wir haben den gleichen Humor, und nach nur wenigen Minuten brechen wir in schallendes Gelächter aus. Er sagt, er würde mich den ganzen Weg nach San Francisco bringen, wenn er am nächsten Tag nicht arbeiten müsste. Jeff hat einen Sohn, der bei ihm wohnt und nur ein paar Jahre jünger ist als ich. Von der Mutter hat er sich vor einiger Zeit getrennt. Sie lebt in einer anderen Stadt, aber sie verstehen sich gut. Der Sohn heißt Garrett und macht gerade seinen Abschluss. Jeff ist mächtig stolz auf ihn.

Als sein Telefon klingelt, lenkt Jeff den Wagen auf die rechte Spur und geht vom Gas. Es ist sein Sohn, der ihm erzählt, er wolle später nach Santa Maria, um dort bei einem Freund zu übernachten. Jeff sieht mich an, mit dem Hörer am Ohr, und sagt seinem Sohn, das treffe sich gut, denn er habe jemanden »an Bord«, der weiter in Richtung Norden müsse. Er sei in fünfzehn Minuten zu Hause und werde uns dann beide fahren.

Wenig später bemerkt Jeff meine Kamera und hat einen Geistesblitz. Er fährt an der nächsten Ausfahrt ab und will mir einen See zeigen, oben in den Bergen, der dieses Jahr einen außergewöhnlich hohen Wasserstand hat. Ich habe nicht allzu viel Interesse an dem See, will Jeff aber nicht die Freude verderben.

Als wir ankommen, streckt er stolz die Arme aus. »Schau mal! Herrlich, nicht wahr? Da kannst du deine Bilder machen!«
Ich tue ihm den Gefallen.

Eine halbe Stunde später kommen wir in dem verschlafenen Vorort an, in dem Jeff und sein Sohn Garrett in einem von den vielen einstöckigen Holzhäusern leben. Im Haus ist es düster, es riecht nach billigem Männer-Deo, und an den Wänden hängen Bilder, die das Leben von Garrett seit seiner Geburt bis heute dokumentieren. Garrett als Baby, dann mit Schultüte oder im Urlaub, manchmal mit der Mutter, oft mit dem Vater, nur eines mit beiden zusammen vor einem geschmückten Weihnachtsbaum, mit Latzhose und Zahnlücke.

Ich frage nach der Toilette, und Garrett führt mich schüchtern zum Badezimmer. Er ist seinem Vater wie aus dem Gesicht geschnitten, nur ohne Bart, dafür aber einen ganzen Kopf größer. Ich schließe die Tür hinter mir, und nach nur wenigen Sekunden klopft es. Eine Hand schiebt sich durch den Türspalt mit einem frischen Handtuch und einer eingedrückten halb vollen Tube Duschgel, das ich als Seife nutzen soll.

Wir wechseln das Auto, quetschen uns zu dritt auf die Sitzbank eines Trucks, der zwar weniger klappert, aber genauso zugemüllt ist wie das Arbeits-Auto. Jeff fragt Garrett nach seinem Schultag und den anstehenden Prüfungen, und Garrett erzählt von der Lehrerin, die ihn heute gelobt hat, und von einem Buch, das er ausgelesen hat und ihr zurückgeben muss. Er interessiert sich für Geschichte, verbringt seit einem Jahr jedoch die meiste Zeit mit Computerspielen. Die Lehrerin hat ihm das Buch gegeben, um ihn wieder zum Lesen zu motivieren, und er ist ihrem Wunsch nachgekommen. Es ging um Hitler und Nazi-Deutschland.

Ich frage ihn, was er von der aktuellen politischen Situation in seinem Land hält. Er schaut sich hilfesuchend nach seinem Vater um, der ihn mit einem Lächeln aufmuntert, mir zu antworten.

»Denk in Ruhe darüber nach, bilde dir eine Meinung und erzähl sie uns dann.«

Garrett schweigt und überlegt. Dann fängt er an, erst holprig und stotternd, bis er nach und nach Selbstvertrauen findet und Sätze aneinanderreiht, die er irgendwo aufgeschnappt hat, vermischt mit seinen eigenen Worten. Jeff und ich hören ihm aufmerksam zu, lassen ihn ausreden und helfen nach, wenn ihm ein Wort nicht einfällt oder er wieder unsicher wird. Als Garrett zum Ende kommt, schaut er sich nach seinem Vater um. Jeff stimmt ihm nicht in jeder Aussage zu, aber ist offensichtlich sehr stolz darauf, wie gut sich sein Sohn geschlagen hat.

Wir lassen Garrett vor dem Haus seines Freundes in Santa Maria aussteigen, Jeff gibt ihm einen Kuss auf die Wange, und wir fahren weiter. Er bietet mir an, bei ihm zu übernachten, aber ich lehne ab. Mir läuft die Zeit davon. Es wird schon fast dunkel.

Jeff erzählt von einem Freund, der nur zwanzig Meilen nördlich von Santa Maria lebt und den er seit Ewigkeiten nicht gesehen hat. Er will mich zu ihm fahren und fragen, ob ich dort übernachten könnte. Das Haus sei nicht weit vom Highway entfernt, ich könne am nächsten Morgen frühzeitig aufbrechen.

Ich bin nicht ganz überzeugt, lasse mich aber überreden. Wir halten auf einem kleinen Hügel in einer breiten Straße mit flachen Häusern. In der Ferne kann man das Meer sehen. Ein Hund begrüßt uns bellend.

»Joe?«

Jeff ruft seinen Freund und schiebt auf dem Weg zur Veranda den Hund zur Seite. Er ruft ein weiteres Mal und klopft an die Tür. Wenige Sekunden später öffnet sie sich, und Joe kommt heraus mit grantigem Gesicht. Er legt seine Stirn in Falten, als er Jeff erkennt, der ihn anstrahlt. Er nickt ihm kurz grunzend zu. Dann entdeckt er mich, und seine Falten vertiefen sich.

»Wer ist *das*?«

Er lässt sich schnaufend auf die Hollywoodschaukel nieder, die sich unter seinem Gewicht verbiegt und quietscht. Jeff ist offensichtlich amüsiert über die genervte Reaktion seines Freundes.

»Das ist Tamina. Ich hab sie in Santa Barbara aufgegabelt. Sie ist unterwegs nach San Francisco. Kann sie bei dir übernachten?«

»Nein.«

Alle sind peinlich berührt. Mein Blick fällt auf Jeffs Truck, und ich wünschte, ich wäre nie ausgestiegen. Das Autoradio läuft noch. Die Liveübertragung eines Rugby-Spiels.

Die Straßenlaternen gehen an.

»Hast du während der Highschool auch Rugby gespielt?«, frage ich Joe.

Er schaut mich von der Seite an.

»Wie kannst *du* das wissen?«

Er war der beste Rugby-Spieler seines Teams. Joe verliert sich sehnsüchtig in Erinnerungen, und Jeff lacht.

»Sie nannten ihn *den Güterzug*!«

Das war so, weil er sich durch jede menschliche Barriere rammen konnte. Der Spitzname kommt mir absurd vor. Wir haben offensichtlich einen sehr unterschiedlichen Bezug zu Güterzügen.

»Spielst du noch?«

»Nein. Mein Rücken ist total im Arsch. Außerdem bin ich zu fett. Sie nannten mich den Güterzug, heute nennen sie mich *das Frachtschiff*!«

Er lacht, und die Schaukel zittert und quietscht.

Ich sage, ich muss los und mir einen Schlafplatz suchen, bevor es ganz dunkel wird.

»Du kannst auf der Couch übernachten, wenn du willst.«

Seine Stimme ist jetzt weicher. Er sieht mich nicht an, sein Blick ruht auf dem Hund zu seinen Füßen.

»Nein, danke.«

Ich frage Jeff, ob er mich zurück nach Santa Maria mitnimmt. Kurz nachdem wir seinen Sohn dort abgesetzt haben, ist eine Fahrradkolonne an uns vorbeigefahren. Der *AidsLifeCycle* findet gerade statt. Eine siebentägige Fahrradtour von San Francisco nach Los Angeles, an der 2800 Leute teilnehmen, um Spenden für Forschung zu sammeln und Aufmerksamkeit zum Thema HIV zu erregen. Die Radfahrer werden heute Nacht in einem Park in Santa Maria übernachten, und das will ich mir ansehen.

Wir verabschieden uns von Joe, und Jeff bringt mich wiederwillig zu dem Park. Er möchte, dass ich bei ihm übernachte, aber ich lehne erneut ab. Der Park ist abgesperrt, und wir müssen erst nach einem Eingang suchen. Ich sage, er soll mich einfach rausspringen lassen, aber er will mich »sicher abliefern«, wie er es formuliert.

Einer der Organisatoren kommt direkt auf uns zu. Ich erzähle ihm von meiner Reise, wie ich auf die Radfahrer aufmerksam geworden bin und dass ich gern einen von ihnen kennenlernen würde. Er sagt, dass er das erst mit dem Pressesprecher abklären müsse und stolziert davon. Das Absperrband lässt er oben. Ich ziehe meinen Pullover über und suche meine Sachen zusammen, während ich Jeffs Blick auf mir spüre.

»Du siehst besorgt aus.«

»Ich will nur sichergehen, dass es dir gut geht.«

»Ich werde schon zurechtkommen. Irgendwie komme ich immer zurecht.«

»Ich weiß.«

Er wartet noch, bis der Organisator zurückkommt, der mich bittet, ihm zu folgen. Dann wirft er mir einen dramatischen Blick zu, den ich abwinke, und wir umarmen uns zum Abschied.

Der Organisator heißt Eric und ist sichtlich genervt davon, mich herumführen zu müssen. Er meckert über mein unangemeldetes Auftauchen und erwähnt in jedem zweiten Satz, dass bereits Schlafenszeit herrscht.

»Die Radfahrer brauchen ihre Ruhe!«

Ich bedanke mich überschwänglich für seine Hilfe, und er wirkt etwas zufriedener. Er stellt mich Ellen vor. Sie ist eine

schöne Frau mit kurzem, lockigem Haar, und trägt enge neon-
farbige Sportkleidung und ein Stirnband.

»Du hast fünfzehn Minuten«, verkündet Eric, und es klingt
wie ein Startschuss.

Ellen und ihre Frau fahren bereits zum siebten Mal bei der
Radtour mit. Sie haben sich während einer dieser Touren kennengelernt. Damals haben sie noch in Zelten übernachtet, so
wie viele der jungen Teilnehmer, aber seit drei Jahren nehmen
sie sich lieber ein Hotelzimmer.

Eric sieht alle zehn Sekunden auf seine Armbanduhr. Ich bedanke mich bei Ellen und werde von Eric zum Ausgang begleitet.

»Habt ihr vielleicht ein Zelt übrig, dass ich heute Nacht benutzen kann?«

»Nein, haben wir nicht.«

»Okay. Ich dachte nur, ich frag einfach mal …«

»Es ist gegen die Regeln. Zelte gibt es nur für die Radfahrer.«

Es ist windig und kalt. Ich laufe ein paar Hundert Meter den
Zaun entlang, bis ich eine Stelle erreiche, die nicht von Stra-
ßenlaternen erhellt wird, und lege mich dort unter einen Baum.
Ich rolle meine Matte aus, putze meine Zähne und mache es
mir gemütlich. Auf der anderen Seite des Zaunes kann ich eine
Bühne erkennen, auf der ein halbherziges Abendprogramm ge-
boten wird für eine Handvoll Radfahrer, die sich nicht an die
Schlafenszeit halten.

Ich spüre, wie mein Körper auskühlt, und ziehe mir alles an,
was ich an Kleidung dabeihabe. Mein Schlafsack war billig und
ist zu dünn. Ich spüre den kalten Wind durch die Nähte blasen.
Ich krieche tief hinein und ziehe das Ende über meinen Kopf,
lasse nur einen kleinen Spalt für Luft und Sicht. Hin und wie-

der wandern die Scheinwerfer eines Autos aus der Ferne über meinen Körper, trotzdem wird man mich nicht sehen können, wenn man nicht nach mir sucht. Ich bin zu müde, um mir einen besseren Platz zu suchen, und döse ein.

Als ich wenig später aufwache, ist mir eiskalt. Mein Körper ist eingefroren, ich kann mich kaum bewegen. Ich stecke meinen Kopf hinaus und sehe mich um. Mein Schlafsack ist durchnässt, was ich mir nicht erklären kann. Ebenso mein Rucksack. Es ist eine sternenklare Nacht mit trockener Luft.

Was zur Hölle?

Wassertropfen rieseln großzügig auf mich herab und landen kalt auf meinem Gesicht. Sekunden später hört es wieder auf. Ich schalte meine Kopflampe ein und erkenne in einigen Metern Entfernung eine Sprenkel-Anlage. Ein paar Meter weiter ist noch eine, und noch eine. Der ganze dämliche Park wird bewässert, und nur der Zeltplatz der Radfahrer bleibt verschont. In meinen Schuhen steht das Wasser, und ich schnappe meine Sachen, bevor der nächste Schauer kommt. Fluchend laufe ich die Straße entlang. Die Schultergurte meines Rucksacks wringen sich unter seinem Gewicht an meinen Pullover aus. Matte und Schlafsack schleife ich hinter mir her.

Scheiß Bewässerungsanlage! Ich zittere vor Kälte und entdecke in der Ferne das Licht eines Motels: *24h Rezeption!*

Die Frau sieht mich mitleidig an.

»Ich brauche ein Zimmer.«

»Es tut mir so leid, Herzchen, aber wir sind ausgebucht. Diese ganzen Radfahrer ...«

»Kann ich im Waschraum übernachten? Oder neben dem Pool? Irgendwo, wo es trocken ist?«

»Ich schau mal, was ich für dich tun kann.«

Sie sieht in ihrem Computer nach, tätigt einen Anruf und schickt den Security-Typen los, um ein bestimmtes Zimmer zu kontrollieren. Als er zurückkommt, sagt sie, es gebe noch ein Zimmer für einhundertzwanzig Dollar.

»Oh. Das ist aber viel.«

»Wie viel kannst du denn bezahlen?«

»Fünfzig vielleicht? Entschuldigung.«

»Ach was, keine Sorge. Lass mich kurz nachsehen …«

Mir ist immer noch eiskalt, meine nassen Sachen kleben an meinem Körper. Auf dem Boden unter mir hat sich eine Pfütze gebildet.

»71 Doller mit Steuern. Das ist alles, was ich für dich rausholen kann, ohne selbst Ärger zu bekommen.«

Ich dusche heiß und hänge meine Sachen über die Heizung. Dann falle ich erschöpft ins Bett.

Do., 08. Juni
Santa Maria – San Francisco

Ich sehe mir noch den Start der Radfahrer an. Manche tragen Kleider, andere Perücken, alle sind gut drauf. Viele reiben sich noch den Schlaf aus den Augen, während sie ihre Sattel besteigen. Es ist sieben Uhr morgens, die Luft ist kühl und die Straßen mit Nebel verschleiert. In Gruppen von zwanzig und dreißig Teilnehmern dürfen sie starten, während die Straße abgesperrt wird. Sie jubeln und singen, winken und lachen. Manche haben sich mit der Dekoration ihres Fahrrades besonders viel Mühe gegeben und die farblich passende Federboa um den Rahmen gewickelt. Es sind Menschen jeder Altersgruppe, jeden Geschlechts und jeder Hautfarbe. Die Fahrer der angehaltenen Autos grüßen zurück und machen Fotos. Es ist eine große Freude, die vielen bunten Charaktere zu beobachten, allerdings beginnen die Aufmachungen, sich nach einer Stunde zu wiederholen, und ich laufe über eine Autobahnbrücke zum Highway, der in Richtung Norden führt. Dort breite ich meine noch feuchte Wäsche auf den hohen Grashalmen und Büschen in der Sonne aus und halte den wenigen Vorbeifahrenden meinen Daumen entgegen.

Die ersten zwanzig Meilen nimmt mich ein junger Mexikaner mit, der Fancisco heißt und sich von meinem San-Francisco-Pappschild angesprochen fühlte. Dann hält Jeff Pienack, der Gitarrist einer Country-Band, die sich The Mother Corn Shuckers nennt. Zum Abschied schenkt er mir einen Band-Sticker und eine Packung Trockenfleisch.

Dann öffnet Ray die Tür seines Lieferwagens für mich, und ich setze mich neben seinen goldbraunen Hundewelpen. Bevor er wieder den Motor anlässt, muss er in ein Röhrchen blasen, das seinen Promille-Wert misst. »Ich hatte ein paar Probleme mit der Polizei, falls du verstehst. Der Motor springt erst an, wenn das Ding grünes Licht gibt.«

Dann sagt er, es gebe viele Verrückte da draußen, ich hätte echt Eier, mich alleine herumzutreiben. Als er mich nach einer halben Stunde aussteigen lässt, will er mir zuerst seine Knarre mitgeben, und als ich dankend ablehne, kramt er in einem Pappkarton und überreicht mir ein neues T-Shirt mit dem Schriftzug der Klempnerei, für die er arbeitet. *Extra Large* ist die kleinste verfügbare Größe. Ich ziehe es über und laufe zur nächsten Auffahrt. Dort wiederum steht ein schicker, sauberer Wagen mit einem großen Mann, der sich die Beine vertritt und die Sitzfalten seiner Hose glättet. Die Türen sind geöffnet und die roten Warnlichter blinken mit *klickklack*-Geräuschen.

Er sieht mich auf sich zulaufen, ich nicke ihm zu und gehe ein paar Meter weiter, um meinen Rucksack abzusetzen und mein Schild hochzuhalten. Er streckt sich weiter und schaut in die Prärie, dann geht er zur Fahrertür, hält kurz inne und dreht sich in meine Richtung.

»Ich könnte dich bis Salinas bringen. Das liegt zwei Stunden nördlich von hier.«

Er spricht, als wäre er sich nicht ganz sicher, ob er mich tatsächlich zwei Stunden neben sich sitzen haben will. Mit der einen Hand hält er den silbernen Griff der Fahrertür, mit der anderen nimmt er seine schmale Sonnenbrille ab. Sein Blick wandert kritisch von meinen schmutzigen Stiefeln über die zerschlissene Jeans und das Klempner-T-Shirt zu meinem Gesicht. Ich blinzle ihm entgegen. Die Sonne lässt sein Auto glänzen, und ich kann ihn mir gut im Anzug vorstellen.

»Du entscheidest«, sage ich.

Er lächelt und bedeutet mir mit einem Kopfnicken, dass ich einsteigen soll.

Grant ist Pilot einer nationalen Airline, und wir verbringen herrliche zwei Stunden miteinander. Er erzählt vom Fliegen, ich von den Zügen. Er will mir nicht glauben, dass ich wirklich auf so einem Wagen mitgefahren bin, bis ich ihm ein Video zeige.

»Ich wusste gar nicht, dass man das überhaupt noch machen kann!«

Er kennt zwar Geschichten über die Hobos, die während der großen Depression zu Hunderten an den Güterzügen hingen, aber er wusste nichts über die Dirty Kids von heute. Er fragt, ob die Sache nicht zu gefährlich sei, aber als ich von dem Glücksrausch erzähle, kann er nachvollziehen, warum ich mich darauf einlasse. Er selbst hat nach dreißig Jahren immer noch ein ähnliches Gefühl, wenn er die Sonne vom Cockpit aus über seinem Land aufgehen sieht.

Er zeigt mir ein paar Aufnahmen vom Mond und der Venus, die er dort oben mit seinem Mobiltelefon gemacht hat. Zwei helle Punkte in dunkelstem Schwarz über einem orangefarbenen Band, das die Erde vom Himmel trennt. Lake Michigan schimmert in den ersten Sonnenstrahlen eines neuen Tages. Er erzählt von seinen pensionierten Kollegen, die er regelmäßig zum Kaffeetrinken trifft.

»Die werden mir nicht glauben, wenn ich ihnen erzähle, dass ich jemanden wie dich getroffen habe!«

Als wir anhalten, überhäuft er mich mit Müsliriegeln und Fruchtdrinks, und wir tauschen Telefonnummern aus. Dann läuft er zu einer Tankstelle und spricht einen Mann in Anzug und Krawatte an. Freudestrahlend kommt er zurück und erklärt, er habe mir eine Fahrt nach San Francisco organisiert.

»Ich glaube, der ist einer von den Guten.«

Dann nimmt er mich in den Arm.

»Wir haben nur zwei Stunden miteinander verbracht, und ich hab mich schon in dich verliebt!«

Der Anzug-Mann heißt Kipp und verkauft Restaurantartikel. Ich schlafe fast den ganzen Weg bis nach San Francisco. Dort nehme ich mir ein Bett in einem billigen Hostel und laufe durch die nächtliche Stadt bis zum Golden Gate Park. Die Obdachlosen sind laut und zugedröhnt oder haben sich bereits in ihre Schlafsäcke verkrochen. Ein Nieselregen bedeckt die leeren dunklen Straßen. Auf der Haight Street finde ich eine kleine Pizzeria, die noch geöffnet hat, und bestelle mir ein Stück mit Artischocken und eine Cola. Ich setze mich an den Tresen, die fünf kleinen Tische sind besetzt. Junge Leute in hipper Kleidung, die sich laut artikulieren. Neben mir sitzt ein Mann mit schönem Gesicht, Bart und Hut. Er lächelt mich an, während er auf seine Pizza wartet.

»Wie geht's?«

Jacob hat eine ruhige, sanfte Stimme. Er spricht schnell, aber mit wohl gewählten Worten. Sein junger Freund bringt ihm die Pizza und verabschiedet sich. Wir essen gemeinsam und setzen uns dann vor die Tür, um eine zu Rauchen.

Jacob zeigt mir die Bücher, die er in einer zerschlissenen Tasche mit sich trägt. Er breitet sie auf dem Gehweg aus, es sind historische Bücher über das Judentum. Ein zweitausendseitiges Exemplar, groß und schwer wie der Backstein, auf dem es liegt, ist auch dabei. *The Observant Life – The Wisdom of Conservative Judaism for Contemporary Jews* von Cohen Katz. Er liest mir kurz daraus vor, dann sagt er: »Ich bin Jude, musst du wissen.«

»Da wäre ich nie drauf gekommen«, sage ich und lache.

Er lebt auf einem Segelboot auf der anderen Seite der Golden Gate Bridge. Er fragt, ob ich mit zu ihm kommen möchte, er habe oft Touristen über Airbnb auf seinem Boot. Ich lehne ab, frage aber, ob ich ihn am kommenden Tag besuchen könnte.

»Wie lange bist du in der Stadt?«

»Nur bis morgen. Ich bin unterwegs zu diesem Hobo-Treffen im Norden.«

»Oh, davon habe ich gehört. Ich hatte auch überlegt, ob ich hinfahre!«

Ich bin überrascht, als er das sagt. Niemand, mit dem ich mich bisher unterhalten habe, hatte von der Veranstaltung auch nur gehört.

Wir verabreden uns für den kommenden Mittag, und ich nehme einen Bus zurück zum Hostel.

Fr., 09. Juni
San Francisco – Sacramento

»Ich habe keine Lust mehr, unterwegs zu sein. Ich will nur noch nach Hause!«

Die Britin, die im Bett unter mir schläft, telefoniert die ganze Nacht laut flüsternd mit der Heimat. Erst im Morgengrauen akzeptiert sie, wo sie ist, und schläft ein.

Ich verbringe den Morgen im Waschsalon und warte auf Nachricht von Jacob. Als er sich meldet, verabreden wir uns für zwölf Uhr an der Bibliothek in Sausalito, einem Vorort von San Francisco auf der nördlichen Seite der Golden Gate Bridge. Jacob hat kein Mobiltelefon und kommuniziert nur über E-Mails, die er von den öffentlichen Computern der Bibliothek sendet. Das erschwert unser Treffen, wir verpassen uns immer wieder. Kurz bevor mein Geduldsfaden reißt, finden wir uns zufällig auf einer Straße, die zum Strand führt. Es ist bereits früher Nachmittag, und eigentlich wollte ich schon längst unterwegs in Richtung Norden sein. Jacob ist belustig über meine Ungeduld und sagt er, wolle mir jetzt sein Boot zeigen.

»Ich hab nicht so viel Zeit. Wie weit ist es denn bis zu deinem Boot?«

»Gar nicht weit! Komm!«

Ich folge ihm. Er trägt die gleiche Kleidung wie am Vortag. Nur der Hut hat sich verändert. Heute ist er samtig beige mit schwarzem Band über der Krempe. Sein Bücherbeutel schlackert an seiner Seite. Auf der Brust trägt er einen übergroßen runden Anstecker, auf dem in pinkfarbener Schrift auf weißem Hintergrund *My People Were Refugees Too* geschrieben steht. Wir laufen und laufen, und als ich ihn zum dritten Mal frage, wie weit es noch ist, fällt ihm ein, dass wir ein Kajak mieten müssen, weil seins nur für eine Person taugt.

»Dein *Kajak*?«

»Ja! Wir müssen schließlich irgendwie zu meinem Boot kommen!«

Sein Boot liegt nicht direkt im Hafen, sondern mitten auf dem Meer, wo man den Anlegeplatz nicht bezahlen muss.

»Jacob, ernsthaft, wie weit ist es? Ich muss rechtzeitig zurück sein!«

Er sagt, wir wären in zwei Stunden zurück, ich rechne mit dreien und suche mit meinem Mobiltelefon nach Busverbindungen von San Francisco nach Weed in Nordkalifornien. Es gibt einige für den Abend. Wenn ich jetzt mit Jacob mitgehe, wird mir zum Trampen nicht genügend Zeit bleiben. Der Bus braucht zehn Stunden, ich werde in Sacramento umsteigen müssen und wäre dann am nächsten Morgen in Weed.

Ich sehe Jacob an, der mich mit blitzenden Augen anstrahlt.

»Okay«, sage ich, »lass uns gehen.«

Er tänzelt vor Vergnügen, und wir mieten ein Zweisitzer-

Kajak für zwei Stunden. Der Wind ist stark, und der Bootsverleiher rät uns, in Ufernähe zu bleiben.

Die Böen schieben uns in nur zwanzig Minuten zu Jacobs Segelboot. »What shall we do with the drunken sailor«, singen wir und paddeln dem kleinen weißen Punkt entgegen, der auf dem tiefblauen Meer hin- und herschaukelt. Je näher wir kommen, um so deutlicher kann man den Restaurierungsbedarf des Bootes erkennen.

»Die haben mich bei Airbnb rausgeschmissen, weil ich so eine schlechte Bewertung für die *Location* bekommen habe.«

Wir binden das Kajak fest, und Jacob schwingt sich auf sein Zuhause. Er präsentiert es mir mit einer seltsamen Mischung aus Stolz und Scham. Zu zweit passen wir kaum auf das Deck, geschweige denn in die Kajüte. Dort herrscht ein wildes Durcheinander aus Zetteln, Kleidern, Büchern und einem Teddybären, der auf einer schmalen Bank sitzt und das Chaos überblickt. Jacob zeigt mir aufgeregt Bücher und Zeichnungen und schwirrt in der Enge umher. Ich sitze still auf dem einzig freien Stuhl in der Ecke und beobachte ihn. Er will mir die Kopie einer Zeichnung schenken und sucht nach einem passenden Buch zur Aufbewahrung, damit das Blatt auf meiner Reise nicht noch mehr zerknickt. Er zieht ein schweres Buch über indianische Stämme heraus, entscheidet sich wegen des Gewichts dagegen und steckt die Zeichnung zwischen die Seiten eines Heftes mit dem Titel *Third World Views on the Holocaust*, von dem er mehrere Ausgaben besitzt.

»Wolltest du wirklich auch zu diesem Hobo-Treffen?«

»Zu dem Hobo-Treffen, ja, da komme ich mit! Ich habe Freunde in der Gegend, die ich schon ewig nicht mehr gesehen habe. Ich frage mich, wie es ihnen wohl geht …«

Ich freue mich über seine Spontanität und erkläre ihm, dass ich am Abend den Bus nehmen muss, um rechtzeitig da zu sein. Trampen würde zu lange dauern und sei zu zweit auch schwieriger.

»Bus klingt super!«

Mein Telefon klingelt. Der Bootsverleiher erinnert uns daran, dass unsere Miete in zwanzig Minuten endet und er dann Feierabend machen will. Jacob braucht eine halbe Ewigkeit, um seinen Rucksack zu packen. Decke, Pullover und eine sorgfältige Auswahl an Büchern, dann klettern wir zurück ins Kajak und stoßen uns ab. Wir haben noch nicht einmal die Paddel in das schäumende Wasser getaucht, als wir bereits zwei Meter zurückfallen. Wir kommen kaum voran. Nach zehn Minuten, kann ich das Segelboot immer noch hinter mir schwappen hören. Die Muskeln meiner Oberarme brennen, als ich mich umdrehe. Dort sitzt Jacob und grinst mich an, mit dem Paddel auf seinem Schoß.

»Willst du mich verarschen?? *Warum paddelst du nicht*?«

»Oh! Brauchst du Hilfe?«, fragt er scheinheilig, und endlich setzt er sich in Bewegung.

Eine Stunde später kommen wir an. Ich habe ununterbrochen gepaddelt und mein gesamter Oberkörper schmerzt. Jacob ist immer noch guter Laune, ganz im Gegenteil zum Bootsverleiher, der uns achtzig Dollar berechnet, die ich bezahle. Wir laufen zur nächsten Haltestelle, um in die Stadt zu fahren. Im Bus geht Jacob am Fahrer vorbei und sucht uns Sitzplätze, während ich zwei Fahrkarten löse. Ich muss meinen Rucksack aus dem Hostel holen, von dort ist es nicht mehr weit bis zur großen Fernbusstation.

»*It's been so long since I left town.*
I feel like a cloud, it's been a while.
And now I get to leave in style.
A female variety, taking me on a trip far away ...«

Jacob beginnt zu singen, als der Busbahnhof in Sichtweite kommt. Ich weiß nicht, ob er sich den Text selbst ausgedacht hat, aber seine gute Laune steckt mich an. Endlich geht es weiter! Draußen im Wind und auf den Wellen hatte ich Zweifel, ob wir überhaupt zurück an Land kommen würden. Nun wird mich nichts mehr davon abhalten, rechtzeitig zu dem Hobo-Treffen zu kommen.

»Das macht hundertzwanzig Dollar bis nach Weed, Kalifornien. Der Bus fährt in fünfunddreißig Minuten«, sagt die gelangweilte Frau am Ticketschalter.

Einhundertzwanzig Dollar – so viel Geld!

Jacob sagt: »Okay, super!«, und sieht mich erwartungsvoll an.

Ich sage zu der Gelangweilten, sie solle die Tickets kurz zurücklegen, und bitte Jacob, mit vor die Tür zu kommen.

Ich zünde mir eine Zigarette an.

»Jacob. Das ist zu viel Geld. Ich kann nicht für uns beide bezahlen.«

»Schon okay.«

»Ich will da unbedingt rechtzeitig hin.«

»Ich weiß, du musst gehen.«

Die ganze Zeit grinst er und wippt mit seinen Füßen auf und ab.

»Du hast nicht genug Geld, um dir selbst ein Ticket zu kaufen, richtig?«

»Nein. So viel Geld habe ich nicht.«

»Tut mir leid.«

Er versichert mir, es sei okay, und setzt sich in die Warte-
halle, während ich zum Bankautomaten neben dem Ticketschalter gehe. Ich fordere zweihundert Dollar an und bin erleichtert, als der Automat sie ausspuckt. Das sollte für die
restlichen zehn Tage reichen. Ich gehe zurück zum Ticketschalter.

»Ein Ticket nach Weed, bitte.«

»Ein Ticket nach Weed, Kalifornien?«

»Machen Sie zwei draus. Zwei Tickets nach Weed, Kalifornien.«

Die Frau fragt nach den vollen Namen der Passagiere, und
ich winke Jacob heran. Der teilt der Dame ohne Umschweife
seinen Namen und sein Geburtsdatum mit, und wenig später
sitzen wir im Bus in Richtung Sacramento.

Schon während der ersten Meilen, frage ich mich, ob ich das
Richtige getan habe. Zweihundertvierzig Dollar. Das ist eine
Menge Geld für mich. Während ich darüber nachdenke, ärgere
ich mich über mich selbst. Ich will mich für Jacob freuen und
die Fahrt genießen, ohne über Geld nachzudenken. Doch irgendetwas trübt meine Freude unabhängig von meinem leeren
Bankkonto. Vielleicht weil Jacob sich nicht bedankt und mir
auch nicht das Gefühl gibt, er müsste überhaupt dankbar sein.
Da beharrt er nun ständig auf der Wichtigkeit seiner Religion
und tut gleichzeitig alles dafür, die schlimmsten antisemiti-
schen Vorurteile zu bestätigen.

Ihm fällt meine plötzliche Wortkargheit kaum auf. Er sitzt
im Bus neben mir und redet wie ein Wasserfall. Ich sage, ich
will schlafen, aber er lässt mich nicht.

»Du musst die Reise genießen, komm schon!«

Als wir in Sacramento ankommen, sage ich ihm, ich würde mir etwas zu Essen holen und mich dann schlafen legen. Unser Anschlussbus fährt erst in dreieinhalb Stunden.

»Klingt nach einem super Plan!«

Wir verlassen den Busbahnhof, und Jacob fragt die Leute nach einem veganen Restaurant in der Nähe. Er bekommt nur unverständliches Kopfschütteln als Antwort.

»Jacob, ich werde losgehen und mir etwas besorgen. Mir ist egal, was es ist, Hauptsache, ich kann es essen.«

»Okay, super, lass uns gehen.«

Wir landen in einem düsteren Restaurant mit gepolsterten Holzmöbeln und teuren Preisen. Ein Kellner kommt, und Jacob bestellt neben Vor-, Haupt- und Nachspeise auch noch einen Kaffee und Zitronensaft. Ich frage den Kellner, ob er uns kurz entschuldigt, und als der uns den Rücken zukehrt, frage ich Jacob, wie viel Geld er dabeihat. Er leert seine Hosentaschen auf den Tisch aus und zwischen einem Zahnstocher, Kaugummipapier und Krümeln kommen drei Dollar zusammen.

»Wie verdienst du Geld?«

»Wie verdiene ich Geld?«

»Wie kommst du an Essen?«

»Wie komme ich an Essen?«

»Wenn du Hunger hast, wie kommst du an Essen?«

»Am Nachmittag hast du mir ein paar Chips gegeben, richtig?«

»Ja.«

Auf dem Weg zur Haltestelle haben wir uns eine Tüte Chips geteilt, die ich noch in meinem Rucksack hatte.

»So komme ich an Essen.«

Ich sehe ihn verständnislos an. Wenigstens ist er ehrlich. Er macht mich wütend.

»Das war's. Ich habe dein Busticket bezahlt, und jetzt kannst du dir *eine* Sache von der Karte aussuchen. Das wird das Letzte sein, was ich für dich bezahle.«

»Okay, super!«

Er bestellt sich das teuerste Gericht auf der Karte und einen Saft. Ich sehe ihm beim Essen zu, während ich meines herunterwürge. Mir ist der Appetit vergangen.

Jacob behält seine drei Dollar, und wir gehen zurück zur Station.

Sa., 10. Juni
Sacramento – Weed

Die Sonne ist gerade aufgegangen, als wir in Weed ankommen. Im Bus saßen nur wenige Passagiere, weshalb ich mich über zwei Plätze ausbreiten und ein paar Stunden schlafen konnte.

Die Busstation in Weed ist ein kleiner staubiger Parkplatz mit einem kleinen Kiosk, an dem auch Bustickets verkauft werden. Die Luft ist kalt und beladen mit dem Duft von Nadelbäumen. Ich kann meinen Atem sehen. Wir sind in den Bergen, es ist angenehm still. In der Ferne rauscht ein Bach, hin und wieder zwitschert ein Vogel.

Dann steigt Jacob aus dem Bus und hüpft aufgeregt herum.

»Aaaaaah, *NATUUUR!*«, ruft er, und seine Stimmt hallt von den umliegenden Bergen zurück.

»Ich war gerade dabei, die Ruhe zu genießen«, flüstere ich und hole Pullover und Jacke aus meinem Rucksack. Ich sage ihm, ich würde noch nach einer Toilette fragen, dann könnten wir gehen. Uns erwartet ein zweistündiger Fußmarsch bis zu dem Ort, an dem das Hobo-Treffen stattfindet.

Jacob stolziert vor und betritt das Kiosk-und-Ticket-Häuschen. Als ich wenig später die Tür öffne und eine Klingel ertönt, höre ich gerade noch Jacobs Singsang-Stimme sagen: »Okay, dann pinkeln wir einfach raus in die Natur! So macht man das hier anscheinend, richtig?«

»Raus hier!«

Ein dicker rotgesichtiger Mann sitzt hinter dem Tresen und steht mit einem Fuß auf der gespannten Leine seines bellenden Hundes. Jacob dreht sich zu mir um: »Dieser junge Gentleman sagt, er hätte keine Toilette. Da habe ich mich doch sehr gewundert, wo er wohl selbst sein Geschäft verrichtet.«

Der Dicke hat jedes Wort gehört. Als ich mich ängstlich zu ihm umdrehe, ist er bereits aufgestanden und zeigt zur Tür.

»Warum schnappst du dir nicht deinen kleinen Freund hier und *verpisst dich*?!«

Ich packe Jacob am Ärmel, der unbeeindruckt weiterredet, und zerre ihn aus dem Häuschen. Draußen lasse ich ihn los und gehe mit großen Schritten voran. Dieser Idiot. Wie kann man sich nur so aufführen? Er rennt mir hinterher.

»Dieser Mann hat definitiv gesundheitliche Probleme. Wie kann man nur so unhöflich sein?«

»Jacob?«

Ich bin stehen geblieben, und er dreht sich zu mir um.

»Dieses Treffen ist sehr wichtig für mich. Ich möchte nicht, dass du mir das versaust!«

»Okay. Super!«

Er lächelt, und ich nehme an, dass er nichts verstanden hat. Vielleicht hat er mich auch verstanden und spielt mit Absicht den Unwissenden. Mir ist es wichtig, dass zumindest ich mich klar ausdrücke.

»Was da gerade abgelaufen ist, wäre mir nie passiert, wenn ich allein unterwegs gewesen wäre.«

Er sieht mich fragend an.

»Sobald wir ankommen, endet unsere gemeinsame Reise. Dort trennen sich unsere Wege.«

»Okay. Super.«

Er ist eingeschnappt, aber das ist mir egal.

Ich laufe vor und halte an einem Supermarkt, wo ich einen neuen Wasserkanister und Lebensmittel für die nächsten Tage kaufen will. Während ich meinen Rucksack auf die Getränke-ablagefläche eines Einkaufwagens quetsche, spricht mich der Ladenbesitzer an.

»Läufst du den Pacific Crest Trail?«

»Nicht wirklich.«

Da taucht schon Jacob auf und mischt sich ein. Ich verab-schiede mich und schiebe meinen Wagen an den gefüllten Re-galen entlang. Ich kaufe mir Saft, Milch und Cornflakes, dann Wasser, Bananen und Müsliriegel für uns beide. Jacob wartet draußen. Ich übergebe ihm wortlos seine Tüte, die er genauso wortlos entgegennimmt. Ich setze mich, und Jacob starrt gie-rig auf meine Cornflakes. Die Riegel und Bananen hat er sofort verstaut. Ich gebe ihm Cornflakes und Milch, und er isst und isst, bis ich mich frage, ob er überhaupt noch hungrig ist oder auf Vorrat frisst. Als ich ihn bitte, etwas übrig zu lassen, da dies mein Frühstück für die kommenden Tage sein wird, greift er noch einmal tief in die Packung und gibt sie mir dann zurück.

Wir laufen noch eine weitere Stunde auf staubigen Straßen und Schotterwegen durch einen Tannenwald, und sobald wir durch das hölzerne Tor treten, das die Hobos von der Außen-welt trennt, wende ich mich von Jacob ab.

Ich bin schon einmal hier gewesen. Vor drei Jahren hatte der Güterzug, auf dem ich damals fuhr, einen Defekt an den Bremsen und hielt ein paar Meilen südlich von hier. Es war ungewiss, wann er weiterfahren würde, also beschlossen meine Begleiter und ich, uns ein wenig umzusehen. Niemand hatte damit gerechnet, dass wir an einem Ort gestrandet waren, der so viel mit der Geschichte und Kultur der Hobos zu tun hatte.

Vor über zwanzig Jahren haben einige Hobos sich hier niedergelassen und eine Gemeinschaft gegründet. Die Umgebung ist geprägt von der alten Eisenbahnkultur, die Tags und Verziehrungen an dem alten Wasserturm reichen bis in die 1920er-Jahre zurück. Sie bauten sich ehemalige Zugwaggons zum Wohnen aus und sammelten alles, was sich zum Thema Güterzug und Hobo-Kultur finden ließ. In den Zwanzigerjahren, während der großen Depression, schwangen sich Männer jeden Alters auf die Güterzüge, um der wenigen Arbeit im Land hinterherzujagen. Man nannte sie Hobos, heute kann keiner mehr genau sagen, wieso. Zu Hunderten hingen sie an den Waggons und durchquerten das Land. Es entwickelte sich eine eigene Kultur mit der entsprechenden Musik, Literatur und Sprache, mit eigenen Umgangsformen und eigenen Regeln. Vor allem sollte man niemandem schaden, weder den Bahnarbeitern noch anderen Hobos noch den Bewohnern der Städte, durch die man kam. Man verhielt sich stets wie ein Gentleman, um kein schlechtes Licht auf die Gemeinschaft der Hobos zu werfen. Man versuchte, Arbeit zu finden und zog weiter, bevor aus dem Hobo ein *Homebum* wurde, ein Obdachloser.

Bis heute wird diese Kultur von einigen Wenigen bewahrt. Kleine Hinweise auf ihre noch bestehende Existenz findet man überall im Land. Man muss nur wissen, wo nach ihnen zu suchen ist. Als ich vor drei Jahren zufällig auf diesen Ort stieß, war es, als hätte ich eine Schatztruhe geöffnet, die vollgestopft war mit Beweisen für die Existenz dieser Welt. Damals blieben wir nur eine Nacht, und unsere Anwesenheit wurde bestenfalls geduldet. Diesmal soll es anders werden, das habe ich mir vorgenommen.

Ich gehe zu einem alten Mann, der allein an einem Feuer im Morgenlicht steht. Er stellt sich als *Northbank Fred* vor, ich reiche ihm die Hand, und wir wenden uns der Wärme zu. Nach und nach erscheinen auch andere, deren verschlafene Gesichter vom orangen Flackern der Flammen erhellt werden. Es sind hauptsächlich junge Männer zwischen zwanzig und dreißig, denen man ansieht, dass sie die Nacht in denselben Kleidern verbringen, die sie auch tagsüber tragen.

Fred wird es zu voll, er fragt, ob ich die Bibliothek sehen möchte. Wir wenden uns von der Wärme des Feuers ab und gehen über federnden Boden, der von Tannennadeln und Moos bedeckt ist. Das ganze Areal erstreckt sich über mehrere Hektar Waldfläche, und die Bäume darauf erscheinen mir noch höher als die Gebäude in New York. Die Stille wird nur selten von dem lauten Rattern eines vorbeifahrenden Zuges unterbrochen, der sich der Gleise bedient, die direkt vor dem Holztor verlaufen. Hinter den Gleisen liegt noch mehr Wald, und dahinter schließlich erhebt sich erst grau, dann weiß ein massiver Kegel aus dem grünen Horizont. Der Kegel war einst ein Vulkan und sieht noch immer exakt aus, wie die kindliche Zeichnung eines solchen Kraters: wie ein Haifischzahn, das Zelt eines Riesen oder der Hut eines Vietnamesen.

»Ich kann kaum glauben, dass du den ganzen Weg aus Deutschland gekommen bist, um hier zu sein. Aber ich mag den Gedanken. Es gibt keinen Ort, der sich mit dem hier vergleichen ließe. Auf der ganzen Welt nicht.«

Northbank Fred ist seit mehr als fünfunddreißig Jahren als Hobo unterwegs. Er kennt nahezu alle Routen durch die Vereinigten Staaten und Kanada, die man auf einem Güterzug bereisen kann. Irgendwann hat er aufgehört zu zählen, die Kilometer, die Züge, die Nächte im Freien, wie oft er durch die gleiche Landschaft gefahren ist, die mit jedem Mal anders aussah, abhängig von der Jahres- oder Tageszeit.

Er ist, wie die Dirty Kids sagen, ein *O. G.*, ein *Old Guy*. Ein alter Mann, der Bescheid weiß.

Die Bibliothek befindet sich in einem alten Kühlwagen, der nicht weit von der Feuerstelle auf ein paar Metern Schiene steht. Northbank Fred schwingt die schwere, dick isolierte Tür auf und lässt mir den Vortritt. Es riecht muffig, nach alten Büchern und schwerem Teppich. Das Licht fällt durch zwei kleine, nachträglich eingebaute Fenster und lässt den Staub glitzern, der durch die Luft wirbelt. Zwei bequeme Sessel stehen in den Ecken, ein Plattenspieler dazwischen. Drei der vier Wände sind tapeziert mit Regalen voller Literatur und Musik, die vierte zeigt das Gemälde einer Gruppe von Männern, manche mit Hut, die sich um ein Lagerfeuer scharen, dahinter ein paar Gleise, auf denen ein Güterzug fährt.

Northbank Fred erzählt und streicht mit seinen groben Händen zärtlich über die nummerierten Buchrücken. Seine Finger gleiten über Titel wie *Boy and Girl Tramps of America* von Bill Daniel oder *Tales of an American Hobo* von Charles E. Fox.

Er findet, wonach er sucht, und zieht ein zweifingerdickes Buch mit dunkelrotem Einband heraus.

»Da haben wir's: *Sister of the Road*, die Autobiografie von Boxcar Bertha! Das musst du lesen, während du hier bist.«

Als wir zum Lagerfeuer zurückgehen, stellt er mir Dirty Face vor. Der sei der treueste Sammler von allen. Dirty Face ist gerade dabei, etwas an seinem Rucksack zu befestigen. Als er sich aufrichtet, wirkt er durch seine gebeugte Haltung kleiner, als er tatsächlich ist. Er trägt eine schwarze Wollmütze.

»Dirty Face, das ist das erste Mal in dreißig Jahren, dass ich dich mit einer Mütze anstelle eines Bandanas sehe!«

Ein Bandana ist ein dreieckiges Stoffhalstuch, das man lose um den Hals trägt, damit man es sich, sobald man durch einen Tunnel kommt, schnell über Mund und Nase ziehen kann. So ist die Lunge zumindest ein wenig vor Feinstaub und Abgasen geschützt. Zieht sich der Tunnel über mehrere Meilen hin, kippt man etwas Wasser über den Stoff und erhöht dadurch den Filtereffekt. Das Bandana ist ein Markenzeichen der Hobos, das auch von vielen Dirty Kids übernommen wurde. Dirty Face trägt seines seit Jahrzehnten als Band um den Kopf, knapp über der Stirn und den Ohren.

»Zeig ihr deinen Abdruck!«, fordert Northbank Fred ihn belustigt auf.

Dirty Face zeigt mir einen weißen Abdruck auf seinem sonst sonnengebräunten kahlen Schädel, der wie ein Heiligenschein seinen Kopf umkreist. Unterhalb des Kreises wachsen Haare, die grau und gelockt auf seine Schultern fallen, als hätte das Band durch das ständige Tragen die unteren Haare am Ausfallen gehindert.

Es ist mittlerweile viel los am Lagerfeuer. Etwa zwanzig Leute verschiedenen Alters haben sich zum Frühstücken, Rauchen und Trinken versammelt. Man kann sie schwer einander zuordnen. Es scheint, als kennt man sich noch nicht besonders lang. Nur wenige Frauen sind dabei, die zumeist in männlicher Begleitung sind. Ich unterhalte mich mit einigen und lausche den Gesprächen anderer.

Sie kommen aus allen Richtungen des Landes, die Wenigsten sind tatsächlich mit dem Güterzug angereist. Viele sind per Anhalter oder Bus gefahren, andere mit ihren Autos, in denen sie leben. Den Alten begegnet man hier mit Ehrfurcht, und je mehr Züge jemand genommen hat, desto mehr Achtung wird ihm entgegengebracht.

Am späten Vormittag herrscht plötzlich Aufbruchsstimmung. Northbank Fred erklärt er mir, wir würden alle in die nächstgrößere Stadt fahren. Dort findet heute eine Parade im Rahmen der *Railroad Days* statt, an der wir teilnehmen.

Ich quetsche mich mit elf weiteren Leuten auf die Ladefläche eines Pick-ups. Es herrscht ein wildes Durcheinander an Armen und Beinen und einem Hund, und der Fahrer sagt, wir sollen uns ducken, sobald wir auf den Highway kommen.

Kurz bevor es losgeht, höre ich Jacobs Stimme jubeln: »Machen wir einen Ausflug?!«

Er strahlt mich an und versucht, zu mir zu klettern, fällt jedoch längs in die Menge der Sitzenden, als der Truck ruckartig anfährt.

Jacob ist aufgedreht und redet ununterbrochen. Anfangs antworten die anderen noch irritiert, dann ist es nur noch ein Monolog. Wir holpern über den langen Schotterweg und ziehen unsere Bandanas über die Gesichter, während um uns herum der Staub aufwirbelt. Jacob hält seinen Hut fest und atmet in seine Armbeuge.

Wir erreichen den Highway und drücken unsere Körper so gut es geht nach unten, um aus der Sicht der vorbeifahrenden Autos zu kommen. Jacob schreit herum und gestikuliert und versucht, mir etwas zu sagen. Ich zucke mit den Schultern. Er führt Zeigefinger und Daumen an die Lippen, und ich verstehe: Er fragt nach dem Joint, den ich am Lagerfeuer für unterwegs gedreht habe.

Ich gebe ihm Joint und Feuerzeug. Er zieht und zieht, ich bedeute ihm, den Joint weiterzureichen, aber er scheint nicht zu verstehen. Das hübsche Mädchen, das halb unter, halb auf Jacob sitzt, nimmt ihm den Joint aus der Hand, zieht zweimal und reicht ihn weiter. Noch bevor er einmal die Runde gemacht hat, beugt sich Jacob quer über die Ladefläche, holt ihn sich zurück und streckt jubelnd die Hände in die Höhe. Ein junger Rothaariger, der unter ihm liegt, stößt ihn grob zurück auf seinem Platz und schreit, er solle sich ducken, bevor jemand die Polizei ruft.

Ich versuche, Jacob nicht mehr anzusehen, bis wir in der Stadt ankommen. Der Fahrtwind bläst kalt um unsere Körper, und wir genießen die Sonnenstrahlen, die vereinzelt durch die dunklen Wolken brechen. Unter den Hüten und Mützen tanzen Haare in allen Farben und Längen, die Kleider in Erdtönen, ob ursprünglich oder vom Schmutz der Straße getönt. Ab und an sehe ich einen schweren Stiefel, der aus dem Menschenknoten ragt. Es sind schöne Menschen, junge Menschen, die nach Abenteuer aussehen.

Als wir die Stadt erreichen, richten wir uns auf und reihen uns in die Parade ein. Im Schritttempo fahren wir durch verschlafene Straßen, vor den Häusers versammeln sich träge Menschen, die uns halbherzig zuwinken. Insgesamt fahren wir in drei Pick-ups, dazu gibt es ein paar Oldtimer, eine Bauchtanzgruppe, eine Pfadfindergruppe und drei ausrangierte Militärfahrzeuge. Die Eltern zeigen mit ihren Fingern auf uns, und die Kinder fragen nach Süßigkeiten. Wir verteilen aber keine Süßigkeiten.

Manche springen von den Wagen ab und laufen daneben auf der Straße, andere klettern aufs Dach. Dann werden die Instrumente hervorgeholt. Gitarre, Banjo, Waschbrett, Geige und ein Koffer, der zur Basstrommel umfunktioniert wird. Alle anderen stampfen und klopfen gegen die Ladefläche. Wir werden zur Hauptattraktion, und die Zuschauer jubeln uns entgegen. Roger Millers »King of the Road« ist unangefochten das beliebteste Lied, und wir präsentieren es in den unterschiedlichsten Variationen als Dauerschleife.

Third boxcar, midnight train, destination, Bangor, Maine
Old worn out suit and shoes
I don't pay no union dues
I smoke old stogies I have found short, but not too big around
I'm a man of means by no means, king of the road
I know every engineer on every train
All of their children, and all of their names
Every handout in every town
Every lock that ain't locked, when no one's around.

I sing, trailers for sale or rent, rooms to let, fifty cents
No phone, no pool, no pets, I ain't got no cigarettes
Ah, but, two hours of pushin' broom
Buys an eight by twelve four-bit
I'm a man of means by no means, king of the road.

Den Refrain schreien wir hinaus, jeder, wie er will, so laut er will, und egal, in welcher Tonlage. Die Zuschauer stimmen ein, und Jacob tanzt, als versuchte er, aus seinem Körper auszubrechen. Er zuckt und klatscht und stampft und jauchzt, wirft seine Arme wild um sich, wie schlackernde Tentakel in einer starken Strömung. Er ist nicht zu stoppen und fällt nicht nur einmal fast von der Ladefläche. Ich bin hin- und hergerissen zwischen der Freude über seine Euphorie und der Befürchtung, dass ihn diese Euphorie noch umbringen wird.

Nach einer Stunde haben wir das Städtchen zweimal umrundet und parken an der Hauptstraße. Dort sind ein paar Buden aufgebaut, ein Seifenkistenrennen findet statt. Ich mische mich unter die Leute und versuche, Jacob abzuhängen, der schon den Hals ausstreckt und nach mir sucht.

Dirty Face hat seine Mütze gegen das Bandana ausgetauscht, damit ihn jeder erkennt. Er steht bei einer kleinen Gruppe Männer, allesamt mit schneeweißem Haar, und sagt, er habe mich vom Fahrerhaus singen sehen. Dann stellt er mich den anderen vor als das »Mädchen, das den weiten Weg aus Deutschland gekommen ist, um Güterzüge zu fahren«. Die Männer stehen um mich herum und schmunzeln in ihre Bärte. Alle tragen Jeans, in deren Taschen sie ihre Hände vergraben, schwere Stiefel, in denen sie auf und ab wippen, zerschlissene Hemden.

Nur der Älteste von ihnen, dessen Jeans Bügelfalten hat, trägt ein neues, fein säuberliches und zugeknöpftes Hemd unter einer gefütterten Regenjacke. Er heißt *Guitar Whitey* und ist eine Legende unter den Hobos. Er ist siebenundneunzig Jahre alt und war sechzig Jahre auf Güterzügen unterwegs. Den ersten nahm er als zwölfjähriger Junge, den letzten mit zweiundsiebzig. Er steht gebückt und stützt sich auf einen hölzernen Krückstock, den anderen Arm hat er bei Dirty Face untergehakt. Der kümmert sich liebevoll. Er hält stolz den Arm des alten Mannes an sich gedrückt und streichelt ihm zärtlich über den Ärmel. Sie fragen mich, ob ich zum ersten Mal in den Vereinigten Staaten unterwegs sei, und ich erkläre, dass es meine zweite Reise auf den Güterzügen ist, die erste brachte mich von Chicago bis San Francisco.

»Du bist mit dem Güterzug bis San Francisco gefahren?«

Ein Mann zu meiner Rechten tritt einen Schritt näher an mich heran. Er trägt eine Basecap und einen kantigen Bart, dessen weiße Locken sich mit denen seiner Haare verzweigen. Er sieht mich aus seinen strahlend blauen Augen prüfend an.

»Nein, wir sind in Roseville abgesprungen«, antworte ich, und ein warmes, liebevolles Lächeln breitet sich auf seinem Gesicht aus.

Er wirkt fast erleichtert und lacht in die Runde.

»Jetzt wissen wir, dass du uns nicht *verarschst*!«

Er erklärt, dass jeder, der behauptet, er sei mit dem Güterzug bis San Francisco gefahren, ein Märchen erzähle, da man auf direktem Weg nicht in die Stadt hineinkommt. Entweder man springt in Roseville ab oder in Oakland, je nachdem, welchen Zug man erwischt.

Ich habe meine inoffizielle Aufnahmeprüfung also bestanden. Mein Prüfer neigt den Kopf leicht zur Seite, strahlt mich an und streckt mir seine große Hand entgegen.

»Hi, ich bin Red.«

Dann taucht Jacob zu meiner Rechten auf.

Red schaut ihn argwöhnisch an und wendet sich mir zu.

»Seid ihr zusammen unterwegs?«

Jacob und ich antworten gleichzeitig.

»Nein, wir kennen uns erst seit zwei Tagen.«

»JA! Ja, wir sind Reisegefährten!«

Red blickt uns abwechselnd mit gerunzelter Stirn an, dann ruht sein Blick auf mir.

Tausend Gedanken schießen mir durch den Kopf. Es ist meine Schuld, dass Jacob hier ist. Ich habe ihn hierhergebracht, in das heilige Hobo-Nest. Einen Schnorrer, der keine Ahnung hat von Güterzügen. Dieser Ort, dieser Tag ist das große Ziel meiner Reise gewesen. Schon beim letzten Mal ist es mir nicht gelungen, das Vertrauen der Menschen zu gewinnen, und ich fürchte allmählich, dass es mir wieder nicht gelingen wird.

Ich erwidere seinen Blick, ohne etwas zu sagen. Ein paar Sekunden vergehen, Red senkt den Kopf und sein Lächeln kehrt zurück.

»Gehen wir was essen«, sagt er.

Ich nicke ihm dankbar zu, ohne genau zu wissen, wie viel er verstanden hat oder warum er darüber hinwegsieht, dass ich Jacob angeschleppt habe.

Wir verbringen den ganzen Nachmittag in dem Biergarten eines Restaurants, Red bestellt Rootbeer für mich und Bier für sich. Später stößt noch ein Arbeitskollege von ihm dazu und zu meinem Unbehagen auch Jacob. Wir bestellen Essen, ich gebe Jacob die Hälfte von meinem, der fragt, ob da auch kein Fleisch drin sei. Ich ignoriere ihn.

Red und sein Kollege Roger arbeiten beide als Zugführer für den Personenzugverkehr. Sie sind gut befreundet und kennen sich seit über zehn Jahren. Roger lauscht gern den Geschichten von Red, über dessen Zeit als Hobo, bleibt selbst aber lieber in der Lok eines Personenzuges. Diese Monster seien nicht zu unterschätzen, sagt er und lacht, während er seine rechte Hand hebt, an der der kleine Finger fehlt.

Red nickt ernst, sagt aber weiter nichts dazu. Ich frage nicht nach. Es wird kalt und fängt an zu regnen, als Red mir anbietet, ich könnte mit ihm zurück zum Lagerfeuer fahren. Ich nehme dankend an, wir teilen die Rechnung durch drei und verabschieden uns von Roger.

Jacob läuft mit etwas Abstand hinter uns zum Truck. Als wir ankommen, sagt Red, es sei zu eng für drei Leute im Führerhaus, und bittet Jacob, sich auf die Ladefläche zu ducken.

»Jetzt erzähl mir mal, was es mit diesem Typen auf sich hat!«, sagt er und durchbricht damit die Stille, die entsteht, als wir losfahren und Jacobs Jubel von der Ladefläche zu hören ist.

»Ich habe ihn in San Franciso kennengelernt. Er meinte, er wolle auch zu dem Treffen, also entschieden wir, zusammen hier hoch zu kommen.«

Es bleibt einen Moment still, mehr will ich nicht dazu sagen.

Red scheint meine Antwort vorerst zu akzeptieren.

Hinter dem Holztor lässt er mich aus- und Jacob absteigen und parkt seinen Wagen etwas abseits.

Am Lagerfeuer herrscht wildes Treiben. Etwa dreißig Leute sind unter den Baumkronen versammelt, um Pizza zuzubereiten, sich zu unterhalten, Gitarre zu spielen und zu trinken. Ich schnappe mir einen Sack Zwiebeln, Messer und Brett und verziehe mich etwas abseits auf einen Sessel, um mich in Ruhe umzusehen.

Die Stimmung ist fröhlich und ausgelassen. Wie ein Familientreffen kommt es mir vor. Hier trifft man auf Menschen, die Ähnliches durchlebt haben wie man selbst: ähnliche Freuden, ähnliche Gefahren. Menschen, die das große Glück und den tiefen Schmerz verstehen, den man unterwegs erfährt. Hier teilt man die gemeinsame Leidenschaft des Reisens, muss seine Rastlosigkeit nicht erklären, seine Ziellosigkeit nicht rechtfertigen. In der Gesellschaft außerhalb dieses Holztores sind die Menschen geprägt von ihrem Effizienzdenken und fällen ihr Urteil innerhalb von Sekunden. Oft geht es darum, ob eine Begegnung für den persönlichen Zweck profitabel ist oder nicht. Bettler werden vorwiegend ignoriert. Wir möchten an ihrem Leid nicht teilhaben, wir wollen uns nicht zu ihnen setzen, sie nicht fragen, wie ihr Tag war. Wir wollen ihnen nicht zuhören, weil wir keine schönen Geschichten erwarten. Wir erwarten nichts, was unsere Karriere voranbringen, uns zu einem Neuwagen oder der nächsten Immobilie verhelfen könnte. Wir wenden unsere Blicke ab und hoffen, dass der Bettler uns nicht anspricht. Wir wollen ihm nicht unser hart erarbeitetes Geld geben, von dem er sich dann Drogen oder Alkohol kaufen würde. Soll er doch selbst dafür arbeiten!

Und gleichzeitig hinterlässt die Begegnung ein ungutes Gefühl. Die Bettler leben ein Leben, vor dem wir uns insgeheim fürchten. Ein Leben ohne Sicherheit, ohne Stabilität. Ein Leben auf der Straße. Penner, Alki, Assi nennen wir sie und fürchten uns vor ihnen. Sie führen uns ein Leben vor, das jeden von uns treffen könnte, wenn wir ganz großes Pech haben. Also schmeißen wir ihnen am Ende vielleicht doch ein bisschen Kleingeld hin, um unser Gewissen zu beruhigen.

Ein Neuwagen oder eine Immobilie! Was hat das schon für einen Wert hier am Lagerfeuer mitten im Wald. Das sind keine Ziele, nach denen diese Menschen streben. Es geht um Abenteuer, Erlebnisse, darum, nicht zu wissen, wo man am nächsten Tag ist, welchen Menschen man begegnet, in welchen Flüssen man schwimmt. Hier am Lagerfeuer muss man sich nicht dafür rechtfertigen, dass man ständig von Freiheit redet, weil alle auf der Suche nach ihr sind.

Nach und nach backen wir etwa zwei Dutzend Riesen-Pizzen in einem Steinofen, und jeder isst bei jedem mit, bis alle satt sind. Nur Jacob macht sich seine eigene Pizza und behält sie ganz für sich. Wir drängen uns dicht um das große Lagerfeuer gegen die Kälte und Nässe. Als es dunkel wird, ziehen sich mehr und mehr Hobos in einen ausgebauten Kühlwaggon zurück, der direkt hinter der Bibliothek steht. Ein junger Typ mit Zylinder fragt, ob ich mit zu dem Konzert möchte, und nimmt mich an die Hand. Wir laufen durch den Regen und schwingen die schwere Tür auf. Innen dröhnt laute, harte Musik, und eine feuchte stickige Luft umhüllt uns. Es wird gegrölt und wild herumgeschubst. Lange halte ich es nicht aus. Ich bin nicht in Stimmung, und von Punkrock habe ich erstmal genug.

Ich gehe zurück zum Lagerfeuer, wo sich nur noch wenige Gestalten leise unterhalten. Diejenigen, die nicht dem Konzert lauschen, haben sich zumeist in ihre Autos und Zelte zurückgezogen.

Red winkt mich zu sich. Roger ist auch da. Sie lachen über meinen kurzen Aufenthalt im Kühlwagen und die fluchtartige Rückkehr ans Lagerfeuer. Dann fragt Red, ob ich bereits wisse, wo ich in der Nacht unterkommen werde. Ich sage Nein und bete insgeheim, dass er mir anbietet, in der Bibliothek zu übernachten. Es ist bitterkalt, meine Hände und Füße sind halb eingefroren und meine Kleider feucht vom Regen.

»Komm, ich zeig dir was!«, sagt Red und führt mich in die Dunkelheit, vorbei an der Bibliothek und dem Konzertkühlwagen, vorbei an einer großen Halle, vorbei an einem rot gestrichenen Begleitwagen und schließlich zu einem weiteren Wagen, vor dem wir stehenbleiben.

»Warst du schon mal in einem *Caboose*?«

Caboose nennt man den Begleitwagen, der früher an das Ende oder die Mitte eines Zuges gekoppelt wurde, um der Mannschaft Unterschlupf zu gewähren und ihr zu ermöglichen, den Zug während der Fahrt in beide Richtungen im Blick zu behalten. Seit Ende der Achtzigerjahre wurden die Wagen infolge technischer Erneuerungen ausrangiert, Red sieht diese Veränderung jedoch nicht nur negativ – schließlich konnten die Hobos dieses und fünf weitere *Caboose* günstig für ihre Gemeinschaft erwerben und zu Wohnwaggons ausbauen.

Er klettert die Leiter hinauf und stemmt die Tür auf. Es ist kühl drinnen, aber trocken.

»Du kannst dich hier drin aufs Ohr hauen, wenn du willst. Es gibt auch einen Ofen. Na, wie klingt ein bisschen Wärme für dich? «

»Herrlich!«

Red lässt mich an sich vorbei und verschwindet in der nassen Dunkelheit, um Holz zu holen. Ich stelle meinen Rucksack ab und sehe mich um. Es gibt einen Strom- und Wasseranschluss, eine Küchenzeile, ein kleines Badezimmer mit Toilette und Waschbecken. Der Ofen steht einem breiten Bett gegenüber, daneben ein Schreibtisch mit Schubladen und Stuhl. Mittig erhebt sich das Dach zu einer Aussichtsplattform, deren

breite Fenster in alle Richtungen einen Panoramablick ermöglichen. Alles ist aus Metall und in einem blassen Türkisgrün
gestrichen.

Red kommt zurück mit einigen Scheiten, gespaltenen Ästen
und etwas Zeitungspapier und macht sich sofort ans Werk. Er
erzählt von seinem eigenen *Caboose* nebenan, das er sich vor
sieben Jahren gekauft hat. Erst im vergangenen Jahr ist er mit
dem Ausbau fertig geworden. Er hatte keine Eile, er werkelt
gern und verbringt mit Vergnügen seine Wochenenden mit der
Arbeit. Mindestens zwei Mal im Monat kommt er aus der
Stadt, wo er wohnt und arbeitet, hierher. Er lebt allein, hat keine Frau und keine Kinder, aber gelegentlich gern eine Freundin. Wenn er in ein paar Jahren in Rente geht, will er ganz her-
ziehen. Wozu braucht er dann noch die Wohnung in der Stadt?
Sein eigentliches Leben ist hier draußen.

Er lädt mich ein, am kommenden Tag sein *Caboose* anzusehen.

»Ich glaube, das wird dir gefallen.«

So., 11. Juni
Caboose

Ich wache irgendwann in der Kälte auf. Nur wenige Stunden zuvor war es so warm, dass ich mich nur in Unterwäsche in meinen Schlafsack gelegt habe und die Wärme des Ofens auf meinen Körper strahlte. Ich werfe mir meine Jacke über und schlüpfe in meine Stiefel.

Draußen wird es gerade hell, und nicht weit von meinem Caboose entdecke ich einen Holzunterstand. Der Boden ist ganz aufgeweicht, es hat die ganze Nacht geregnet, und auch jetzt ist die Luft voll von feinen Tröpfchen, die sich wie ein dünner Film auf Haut und Atemwege legen.

Ich lade meine Arme voll bis unters Kinn mit Holzscheiten und klettere zurück in meine Höhle. Red hatte mich gewarnt, der Ofen zieht schlecht, und ich nutze mehr Zeitungspapier und Anzündhölzer, als sonst nötig gewesen wäre.

Ich setze mich vor den Ofen und spüre die Wärme auf meiner nackten Haut, während das Holz knistern und krachend verbrennt. Ansonsten vollkommene Stille. Die Welt ist noch nicht wach. Ich lege ein paar Scheite nach, krieche zurück in mein Bett und bin glücklich. Ich bin angekommen, endlich. Ich habe es rechtzeitig hierher geschafft und hätte mir keine schöneren Begegnungen vorstellen können.

Red ist ein Segen, eine gute Seele. Er ist es, den ich treffen wollte, ohne es vorher gewusst zu haben. Red ist ein Hobo, der all die Geschichten kennt und die Faszination versteht. Er ist, was nur den Wenigsten gelingt, aus dem Kreis der Obdachlosigkeit ausgebrochen und hat eine Arbeit gefunden und sich niedergelassen, ohne sein altes Leben loszulassen.

Lächelnd schlafe ich wieder ein.

Es ist bereits früher Nachmittag, als es laut an der Metalltür klopft.

»Aufwachen! Ich hab Tee gemacht!«

Ich öffne die Augen und höre, wie sich Reds Schritte durch den Matsch entfernen.

Als ich in sein Caboose trete, umgibt mich eine wohlige Wärme, die gefüllt ist von einem Duft nach gebratenen Zwiebeln und frischen Tomaten. Gelbe Glühbirnen zaubern ein gemütliches Licht, im Ofen brennt ein Feuer, und die holzvertäfelten Wände nehmen die Wärme auf. Roger sitzt an einem Holztisch, der für drei gedeckt ist. Vor ihm stehen große Tassen, aus denen Dampf aufsteigt, und Red lacht mich aus der kleinen Küche am anderen Ende des Raumes an.

»Hast du gut geschlafen? Ich wette schon! Du hast den halben Tag verschlafen, und das *Frühstück*!«

Dann kommt er den schmalen Gang entlang, zwischen Badezimmer und Schrank vorbei, in seinen Händen ein großer dampfender Topf mit heißer Suppe, den er in die Mitte des

Tisches stellt. Dazu gibt es selbst gemachte Gemüse-Burger und Brot. Ich spüre den ersten Löffel in meinen Magen hinuntergleiten, von wo die Wärme sich wohltuend in alle Richtungen ausbreitet. Nur das Knacken des Ofens, das Klappern der Löffel und unser genüssliches Schlürfen ist zu hören. Unsere Blicke ruhen auf den Bäumen hinter den Fensterscheiben, die von dem stärker und schwächer werdenden Regen ganz verschwommen wirken.

Irgendwann wird Roger unruhig, und Red und ich sehen ihn erwartungsvoll an. Er rutscht nervös auf seinem Stuhl hin und her, während er nach Worten sucht.

»Tamina. Ich brauche deinen Rat.«

Seine Stimme klingt sachlich, als wollte er mir ein Geschäft vorschlagen.

»Ich stecke fest in einer gewissen Situation und weiß einfach nicht, was ich tun soll. Vielleicht hast du eine Idee ... «

Ich frage mich, was mir wohl bevorsteht. Ich kenne Roger viel weniger als Red. Wobei könnte *ich* ihm schon einen Rat geben? Roger redet weiter, ohne das eigentliche Problem zu nennen, und ich sehe Red fragend an, der mit den Schultern zuckt.

»Ich weiß nicht genau, wie ich es erklären soll. Es ist sehr kompliziert. *Sehr* kompliziert. Es ist auch keine Situation, die sich neu entwickelt hat. Es geht schon eine Weile so. *Eine zu lange* Weile, wenn du mich fragst ... «

»Roger. *Was ist das Problem?*«, frage ich ungeduldig.

Er holt tief Luft, dann blickt er zu Boden und atmet langsam aus. Als keine Luft mehr kommt, purzeln die Worte aus ihm heraus.

»Es geht um ein Mädchen. Eine *Frau*.«

Red und ich sehen uns überrascht an, begreifen, dass es für Roger tatsächlich um eine ernste Sache geht und müssen trotzdem ein wenig schmunzeln. Roger lehnt sich zurück und atmet noch einmal tief durch.

»Lasst uns über *Liebe* reden!«

Er erzählt von dem Dilemma, in dem er sich seit knapp zwei Jahren befindet. Um ihm tatsächlich einen Rat geben zu können, bitte ich ihn, uns jede Beziehung zu schildern, die er in den letzten dreißig Jahren durchlebt hat. Red lächelt ihm aufmunternd zu. Roger genießt die Aufmerksamkeit und erzählt mit großer Leidenschaft, ohne die wichtigen und unwichtigen Details auszulassen, und wir kommentieren jede Überlegung, jede Vermutung, jede Entscheidung, jeden Fehltritt. Wir wechseln von wortloser Übereinstimmung zu lebhaften Diskussionen, die oft in einem verzweifelten Aufschrei oder einem festen Schlag auf den Tisch enden, bis sich unser Unverständnis einstimmig gegen die Komplexität der Liebe richtet. Ob wir Roger in irgendeiner Weise helfen können, kann ich nicht sagen, aber das Gespräch scheint ihm gutzutun. Zumindest fühlt er sich weniger allein auf dem Ozean der Missverstandenen und Sich-über-die-Liebe-Wundernden.

Er verabschiedet sich schließlich widerwillig. Er muss zurück in die Stadt, morgen Früh beginnt seine Schicht.

»Ich würde am liebsten die ganze Nacht bleiben! Wann immer du in der Gegend bist, lass es mich wissen. Du wirst bei mir immer ein Platz zum Schlafen haben!«

Wir begleiten ihn zu seinem Wagen und stellen uns winkend an das Holztor. Es ist mittlerweile so kalt, dass sich unter die Regentropfen hin und wieder ein paar Schneeflocken mischen. Auf den Pfützen im schlammigen Boden bilden sich dünne Eisschichten, und die wenigen Menschen, die sich auf dem Gelände aufhalten, tragen mehrere Kleiderschichten übereinander. Ihre Köpfe sind umhüllt vom milchigen Dunst ihres eigenen Atems.

Nachdem Roger aus unserem Sichtfeld verschwunden ist, gehen wir hinüber zum Lagerfeuer und Red erzählt mir von ihrer Freundschaft. Sie haben sich bei Arbeit kennengelernt, sind täglich Hunderte Kilometer gefahren und haben Stunden zu zweit im Führerhaus verbracht. Als Red von seiner Hobo-Vergangenheit erzählte, hing Roger begeistert an seinen Lippen. Red hatte die besten Geschichten auf Lager und konnte wunderbar erzählen: Geschichten über Begegnungen mit anderen Hobos und deren Erlebnisse, Geschichten über die Leute, die er unterwegs getroffen hatte, die ihm geholfen hatten oder ihn davonjagten. Er erzählte von der Gefahr und dem Nervenkitzel, von der Freiheit und dem Gefühl, genau das Richtige zu tun. Wochenlang lauschte Roger diesen Geschichten und wünschte sich zum ersten Mal, die Arbeitstage würden noch etwas länger dauern. Und umgekehrt genoss Red die Zeit mit Roger. Er spürte dessen Begeisterung wachsen und wusste, es wäre nur eine Frage der Zeit, bis Roger seinen ersten Güterzug nehmen würde. Doch er ließ ihn zappeln. Er wollte Roger erst besser kennenlernen, bevor er anbieten würde, ihn mitzunehmen.

Die alten Hobos reisen lieber allein. Sie wollen nur für sich selbst verantwortlich sein und nicht durch die Unaufmerksamkeit oder Unerfahrenheit anderer in brenzlige Situationen geraten. Sie wollen ihre eigenen Wagen aussuchen, aufsteigen, absteigen, weiterziehen. Die wenigsten der Alten nehmen Junge mit, sie geben zwar bereitwillig ihr Wissen weiter, aber nur selten hört man von einem alten Hobo, der sich einer Gruppe von Frischlingen angeschlossen hat.

Bis zum nächsten Frühjahr vergingen noch ein paar Monate, und als der Schnee zu schmelzen begann und die Sonne sich endlich wieder länger blicken ließ, begannen sie Rogers erste Güterzugfahrt zu planen. Doch der Plan wurde nie in die Tat umgesetzt. Es geschah während einer gemeinsamen Frühschicht: Red war im Fahrerhaus und steuerte den Personenzug durch die Landschaft. Roger saß im Abteil direkt hinter ihm mit einer Kollegin und den Passagieren. Der Zug war voll, es war die Stoßzeit im Pendlerverkehr. Red ließ die Hupe bei jedem Bahnübergang ertönen, wie er es immer tat. Er rollte mit neunzig Sachen auf die Kreuzung zu, hupte, obwohl kein Auto zu sehen war, und rauschte in dem Moment an den geschlossenen Bahnschranken vorbei, als er im Augenwinkel einen Lkw auf sich zurasen sah. Ungebremst krachte der Lkw in das Abteil hinter ihm und riss den gesamten Zug aus den Gleisen. Red bekam nur ein paar Kratzer ab. Im Bruchteil der Sekunde, nachdem er den Lkw erblickte, drückte er auf Vollgas, die Kupplungen spannten sich und der Zug flog weniger heftig aus den Gleisen.

Neben ihrer Kollegin starben siebenundzwanzig Passagiere bei diesem Unglück. Roger hatte sich wie ein Held verhalten und einen Verwundeten nach dem anderen aus dem Wrack gezogen, obwohl er dabei selbst fast verblutete. Das ist jetzt sieben Jahre her, und sie haben seitdem kein Wort mehr über ihre Güterzugpläne verloren. Red starrt ins Feuer. Es fällt ihm schwer, über den Unfall zu reden. Während er erzählt, muss er mehrmals schwer schlucken und sich wieder sammeln. Ich sage nichts, und Red erwartet auch nichts. Er hat seine Hände tief

in den Hosentaschen vergraben und tritt ein paar verkohlte
Äste ins Feuer. Dann atmet er einmal tief durch und lächelt
mich an.

»Hast du heute Abend schon was vor?«

Wir verabreden uns zum Abendessen in seinem Caboose,
und er fährt mit seinem Truck davon.

Ich bleibe noch ein wenig am Feuer stehen und hänge meinen
Gedanken nach. Dieser Ort kommt mir fast unwirklich vor.
Eine andere Welt, die mir dennoch vertraut vorkommt. Ich genieße die Zeit hier. Es tut gut, ein paar Tage auszuruhen, lange
zu schlafen, mich aufzuwärmen, die Gespräche mit Red. Das
schlechte Wetter verstärkt mein Gefühl, länger bleiben zu wollen. Im Regen auf einem Güterzug zu sitzen macht keinen
Spaß. Mir bleiben noch zehn Tage, in denen ich ursprünglich
so viel Zeit wie nur möglich auf den Zügen verbringen wollte.
Doch jetzt, wo ich hier bin, habe ich das Gefühl, den Ort noch
besser kennenlernen zu wollen. Es gibt noch so viel zu entdecken, so viel zu lernen. Laut Wetterbericht soll es in den nächsten Tagen weniger regnen und die Temperatur steigen. Ich beschließe abzuwarten und stapfe durch den Matsch hinüber zur
Bibliothek.

Dort scheint es alles zu geben, was jemals über die Kultur
der Hobos dokumentiert wurde, und ich will definitiv nicht ab-
reisen, bevor ich nicht wenigstens ein paar Stunden in dieser
Schatzkammer verbracht habe. Als ich die schwere Tür auf-
schwinge, erblicke ich einen jungen Mann in einem der Sessel
in der Ecke, den ich bereits am Lagerfeuer kennengelernt habe.
Er sieht kurz auf und lächelt, bevor er seinen Blick wieder auf
seine Lektüre senkt. Eine weitere Person sitzt in der Mitte des

Wagens mit dem Rücken zu mir. Ich erkenne Jacobs Hut und seine Haltung. Mit überschlagenen Beinen sitzt er an einem kleinen Holztisch und blättert durch seine Notizen. Gegen meinen Willen freue ich mich über diesen Anblick. Jacob hat etwas Faszinierendes an sich, ein interessantes Gesicht und einen eigenen Stil. Es ergibt ein schönes Bild, wie er hier sitzt, in seine Notizen vertieft, im schummerigen Licht und umrahmt von den Büchern. Für einen Moment vergesse ich, wie sehr er mich nervt. Ich verharre für ein paar Sekunden, um ihn zu betrachten, und versuche zu ergründen, warum mich dieser Mensch so fasziniert, warum ich so viel Zeit mit ihm verbracht und mich so offensichtlich habe ausnutzen lassen.

Jacob dreht sich zu mir um, lächelt, springt auf und hüpft mir mit offenen Armen entgegen.

»Hey! Hey! *So* schön dich zu sehen! Was treibst du? Ich habe schon nach dir gesucht!«

Er kommt mir so nah, dass er seinen Kopf in den Nacken legen muss, um mir in die Augen zu sehen. Er reicht mir trotz Hut nur bis zu den Schultern. Ich wende mich ab, murmle eine unverständliche Begrüßung und gehe hinüber zu einem Bücherregal. Jacob tänzelt mir hinterher und erzählt, was er erlebt hat, seitdem wir angekommen sind, welche Leute er kennengelernt hat und welche Bücher er noch lesen will.

Ich kann ihn nicht ansehen, was sich tatsächlich wie ein Scheitern anfühlt. Es gelingt mir nicht, Jacob richtig kennenzulernen und zu ergründen. Ich habe es nicht geschafft, ihn zu verstehen und die Wahrheit über seine Vergangenheit zu erfahren. Aber ich kann mich nicht verstellen, kann nicht so tun, als würde ich ihn mögen, denn das tue ich nicht. Seine Oberflächlichkeit und unruhige Art ertrage ich nicht länger. Meine Abneigung ist größer als mein Interesse. Ich versuche, ihn zu ignorieren und lasse meinen Blick über die Buchrücken wandern.

Sie sind thematisch und alphabetisch sortiert und sorgfältig nummeriert. Jemand hat sich wirklich Mühe gegeben. Eine richtige Bibliothek! Neben rund achthundert Büchern gibt es eine große Sammlung an CDs, Kassetten und Schallplatten, Zeitschriften, Zeitungsausschnitten und *Zines* – Heftchen, die in kleiner Auflage und Selbstpublikation erscheinen.

Nachdem ich mich umgesehen habe, bleibe ich vor einem Regal mit autobiografischen Erzählungen stehen. Ich versuche, mich an Titel zu erinnern, die mir Northbank Fred empfohlen hat, und ziehe eines heraus. Noch bevor ich es aufschlagen kann, schnappt Jacob es mir aus der Hand. Er liest den Titel laut vor und stellt Vermutungen an, was der Inhalt des Buches sein könnte. Ich lasse ihn reden und greife nach einem weiteren, doch auch dieses zieht er mir aus der Hand. Beim dritten Buch bin ich vorbereitet und weiche seiner grabschenden Hand aus.

»Jacob! Ich bin in die Bibliothek gekommen, um etwas Ruhe zu haben. Halt dich zurück.«

Er sieht mich überrascht an, bewegt sich aber kein Stück.

»Musst du nicht schreiben, oder so was?«, frage ich.

»Oh! Ich habe geschrieben, ja! Das ist ein wunderbarer Ort zum Arbeiten. Schau, ich zeig es dir!«

»Nein.«

»Okay, super! Vielleicht später. Nach welchen Büchern suchst du?«

»Jacob, lass mich in Ruhe. Schreib, oder was auch immer. Kümmer dich um deinen eigenen Kram.«

Er bleibt noch etwa eine halbe Minute neben mir stehen, zitternd vor Anstrengung, weil er nicht weiterreden darf. Dann macht er auf dem Absatz kehrt und geht zurück an seinen Platz. Ich ziehe mir einen Stapel Bücher aus dem Regal und lege sie auf den Tisch in der Ecke, neben dem freien Sessel.

Ich will mein Notizbuch und eine Decke holen, um es mir gemütlich zu machen. Es gibt keinen Ofen in der Bibliothek, und es ist zu kalt, um lange zu sitzen.

Ich laufe hinüber zu Reds Caboose, schnappe mir Notizbuch und Decke und kehre zur Bibliothek zurück, wo Jacob sich mir in den Weg stellt. Der junge Mann ist aus der Ecke verschwunden, ebenso mein Stapel Bücher.

»Hi, hi, hi! Wie geht's?«

Er versperrt mir die Sicht.

»Wo sind die Bücher?«

»Welche Bücher?«

»Die Bücher, die ich ausgesucht habe. Die ich auf diesen Tisch gelegt habe!«

»Oh! Weiß ich nicht.«

»Was heißt das – du weißt es nicht? Du warst doch die ganze Zeit hier!«

»Ich weiß es nicht. Welche Bücher?«

»Die Bücher, die ich aus dem Regal genommen habe, Jacob. Du hast mich gesehen! Ich hab sie auf diesen Tisch gelegt.«

»Oh, Oh, ja. Vielleicht habe ich sie zurückgestellt.«

»Wohin zurückgestellt?«

»Ich bin ein Amateurbibliothekar, musst du wissen.«

»Wo hast du sie hingetan?«

»Ich weiß nicht. Vielleicht hier irgendwo.«

Er schaukelt vor den Regalen auf und ab und hin und her, die Arme suchend ausgestreckt.

»Hast du sie sortiert oder einfach wahllos reingestellt?«

»Ich weiß nicht. Vielleicht hier. Von welchen Büchern reden wir?«

»Jacob?!«

Er schaukelt weiter, ohne mich anzusehen.

»*Jacob!*«

Er stellt sich vor mich und wippt auf seinen Fußsohlen vor und zurück.

»Sei nicht böse. Ich konnte einfach nicht wiederstehen!«

Mir reißt der Geduldsfaden. Meine ganze Frustration über die Erlebnisse mit diesem Mann platzt aus mir heraus. Ich schreie ihn an, was ihm überhaupt einfällt? Wie er auf die Idee kommt, diese Bücher überhaupt anzufassen, sie einfach zu nehmen und willkürlich in die Regale zurückzustellen? Ob ihm nicht bewusst sei, was für ein riesiger Aufwand es gewesen sein muss, die Bücher zu sortieren, nummerieren und etikettieren? Ob er sich nicht vorstellen kann, was es die Leute für Zeit und Mühe kostet, diesen Ort sauber und ordentlich zu halten? Ob er sich auch nur ein Mal in seinem Leben um etwas anderes als immer nur seine eigenen Bedürfnisse geschert hat?

Daraufhin zieht er wahllos irgendein Buch aus dem Regal, hält es mir vor die Nase und fragt: »Ist es dieses?«

Ich schüttle sprachlos den Kopf. Er quetscht das Buch in irgendeine Reihe eines anderen Regals und zieht woanders ein weiteres Buch heraus.

»Dieses vielleicht?«

Ich kann diesen Typen einfach nicht fassen. Ich sehe ihm sprachlos dabei zu, wie er das Ganze noch ein paarmal wiederholt. Er wird immer freudiger und hibbeliger, je wütender ich werde. Schließlich laufe ich auf ihn zu und packe ihn grob am Ärmel.

»*Raus hier!*«, zische ich in sein Ohr.

Er hebt seine Arme schützend vor sein Gesicht und wagt noch einen letzten Versuch.

»Ich kann dir helfen, sie zu finden!«

Aber ich stoße ihn grob aus der Tür und ziehe sie hinter ihm zu. Reihe für Reihe gehe ich durch die Regale und bringe Buch für Buch zurück an seinen ursprünglichen Platz. Ich bin so wütend, dass ich mich kaum auf die Titel konzentrieren kann. Mir ist sogar die Lust aufs Lesen vergangen. Als ich endlich fertig bin, ist es draußen bereits dunkel und ich komme zu spät zu meiner Verabredung mit Red.

»Was ist passiert?«, fragt er, als er mich durch die Tür kommen sieht.

Ich bin immer noch wütend.

»Nicht der Rede wert.«

»Erzähl!«

Red leckt den hölzernen Kochlöffel ab und legt ihn neben die Herdplatte. Dann setzt er sich an den Tisch, ohne mich aus den Augen zu lassen. Er lehnt sich zurück, faltet die Hände und hebt erwartungsvoll den Kopf.

»Es ist wegen Jacob«, sage ich und lasse mich auf den gegenüberliegenden Stuhl fallen.

Red lächelt.

»Bekomme ich jetzt endlich die Jacob-Geschichte zu hören?«

Ich kann Red nicht in die Augen sehen und starre auf die Tischplatte, während ich ihm von meiner Begegnung mit Jacob in San Francisco erzähle. Von dem Boot und der Busfahrt, die ich bezahlt habe. Von der Situation im Restaurant. Von seinem Verhalten in der Bibliothek. Ich sage ihm, wie leid es mir tut,

Jacob hergebracht zu haben, und dass ich dafür sorgen werde, das er bald verschwindet.

Als ich fertig bin mit meinem wütenden Monolog, hebe ich meinen Kopf und sehe Red gütig lächeln. Seine Augen funkeln und seine geröteten Wangen schimmern im Kerzenlicht.

»Mach dir keine Sorgen. Er wird solange bleiben, bis es für ihn Zeit wird zu gehen. Er ist nicht deine Verantwortung.«

Es gibt Reis mit gebratenem Gemüse und Salat.

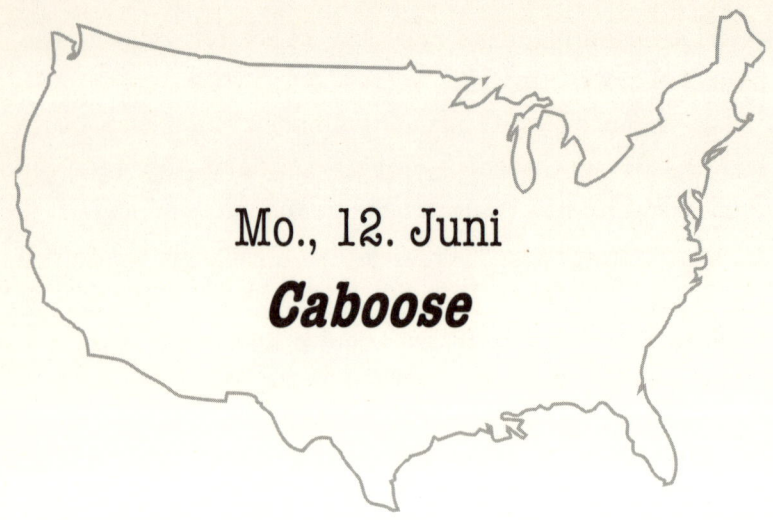

Mo., 12. Juni
Caboose

Ich wache auf und sehe mit trübem Blick aus dem beschlagenen Fenster. Alles ist weiß. Ich reibe mir den Schlaf aus den Augen und erkenne, wie Boden und Bäume mit einer feinen Schneeschicht bedeckt sind. Helle Wolken bringen Nachschub und lassen zarte Flocken durch die windstille Kälte zu Boden tanzen. Alle haben sich zurückgezogen. Auch das Lagerfeuer ist erloschen. Red ist unterwegs, und ich setze mich auf das Sofa vor seinen Ofen, während ich seiner Sammlung an CDs mit alten Hobo-Liedern lausche. Cliff Carlisle, Homer Callahan und Bands mit Namen, die mit *The* beginnen und auf *Brothers* oder *Band* enden. Sie singen Lieder wie »Waiting For A Little Ride«, »I've Rode The Southern and The L&N« oder »Ridin' The Rails«. Es gibt auch Titel wie »Ho-Bo Jo«, »Hobo's Life«, »Hobo's Fate«, »Hobo's Pride« oder nur »The Hobo« von Dave Kirby. Es ist einfache Countrymusik, von Männern mit zerlebten Stimmen gesungen.

Irgendwann kommt Red zurück, setzt sich zu mir, wippt seinen Fuß im Takt auf und ab und singt die ein oder andere

Zeile mit. Während wir essen, bricht draußen die Sonne durch die Wolken und bringt den Schnee zum Schmelzen. Ich sehe freudig aus dem Fenster, und Red scheint meine Gedanken lesen zu können. Er sieht mich an mit einem traurigen Lächeln.

»Wann wirst du weiterziehen?«

Ich schaue aus dem Fenster und überlege. Dann sage ich: »Bald«, und denke: ›Vielleicht schon morgen, wenn das Wetter sich hält‹.

»Ich werd' dich vermissen, wenn du weg bist.«

Seine Augen glitzern, und ich lächle ihn an.

Ramblin fever, the kind that can't be measured by degrees
Ramblin fever, there ain't no kind of cure for my desease!

Merle Haggards Country-Stimme dringt aus den Boxen, und Red lacht laut auf.

»Tja, ich kann dich jetzt schlecht allein weiterziehen lassen!«

Er rät mir noch zu warten, wenigsten ein paar Tage, bis es wieder wärmer wird.

»Vielleicht komme ich wirklich mit. Für einen *Joy-Ride*!«

Er sagt es wie im Scherz, aber ich bemerke, wie er ernsthaft darüber nachdenkt.

»Uuuh! Das wär super!«, juble ich und kann mir nichts Besseres vorstellen, als mit Red auf einen Zug zu steigen. Er war schon lange nicht mehr unterwegs, und ich habe nicht im Traum daran gedacht, gemeinsam mit ihm loszuziehen. In ein paar Jahren wird er in Rente gehen. Wenn er erwischt wird, könnte ihn das seinen Job kosten.

Ich versuche, meine Aufregung zu bremsen, bis er es sich in Ruhe überlegt hat.

»Lass uns ein paar Züge anschauen gehen!«

Wir ziehen uns warm an und stellen uns neben die Gleise. Der Berg hinter den Gleisen ist weiß und steckt mit dem Kopf in einer schweren Wolkendecke. Red scheint die Zeit anhand der Züge einzuteilen. Er wacht mit dem Sieben-Uhr-Zug auf, frühstückt, während der Zehn-Uhr-Zug durchrauscht, und sieht nach dem Mittagessen dem Vierzehn-Uhr-Zug beim Verladen zu. Der Drei-Uhr-Morgens-Zug scheint sich mit seiner Blase abzusprechen. Während wir zusehen, wie die Anhänger auf den Gleisen herumgeschoben und neu verkuppelt werden, grüßt Red den Bahnarbeiter und erklärt mir dessen Arbeit. Er sagt, wie gefährlich der Job sei und wie viele Arbeitsunfälle es gebe. Nur die kleinste Unaufmerksamkeit, und man bezahlt mit einem Finger, der ganzen Hand, einem Bein oder dem Leben.

»Der Drache kann zum Monster werden!«

Er nennt den Zug einen Drachen. Genau wie ich. Wir winken dem Lokführer, als der Zug fertig gekoppelt ist und hupend zwischen den Bäumen verschwindet. Am liebsten wäre ich aufgesprungen.

»Es ist definitiv noch zu kalt, um weiterzuziehen!«, sagt Red, und wir gehen zurück zu seinem Caboose. Wenn er schon auf einen Zug springt, dann will er es auch genießen und sich nicht zu Tode frieren, sagt er. Ich stimme ihm zu.

Wir verbringen den Abend im Caboose. Draußen fängt es wieder zu schneien an, und wir heizen dem Ofen ordentlich ein. Wir hören Hobo-Musik, und Red erzählt Hobo-Geschichten, bis ich irgendwann auf seinem Sofa einschlafe.

Di., 13. Juni
Caboose

Die Sonne scheint, und die Temperaturen sind um ein paar Grad gestiegen. Red ist schon wach, hat den Ofen angeheizt und Tee gekocht. In der Nacht hat er mich noch zugedeckt, bevor er in sein Bett geklettert ist. Dort oben hat er es länger warm und einen tollen Blick auf den Kegelberg.

»Ich muss heute noch ein paar Sachen erledigen. Wenn es den ganzen Tag und die Nacht trocken bleibt, werde ich morgen mit dir losziehen.«

Morgen früh also. Dann bleiben mir noch sechs Tage. Red sagt, er wolle mit mir in den Norden fahren. Eine sechsstündige Fahrt bis nach Klamath Falls, Oregon. Das sei eine wunderschöne Strecke. Er wird dann am selben Tag zurückkehren, um am Donnerstag pünktlich bei der Arbeit zu sein. Ein *Joy-Ride*, eine Fahrt, der reinen Freude wegen. Das wäre ein schöner Abschluss unserer gemeinsamen Zeit.

Wir verbringen den Tag mit dem Ausbau des Cabooses, in dem ich die ersten Nächte verbracht habe. Wir flexen ein Fenster heraus und schrauben Ösen an die Türen, bevor wir sie von innen und außen mit Schlössern versehen. Dann putzen wir jahrzehntealten Schmutz von den Fensterscheiben und gönnen uns im Aussichtsturm eine Pause. Red fragt, ob ich Lust hätte, ihn am Abend zu begleiten. Er werde sich mit einem Freund zum Essen im Dorf treffen. Ich sage, ich werde es mir überlegen.

Das Lagerfeuer wird am späten Nachmittag wieder entfacht, und ich mische mich unter die Leute. Alle sind in Katerstimmung und infolge der Kälte und Feuchtigkeit nur wenig motiviert, diesen Ort zu verlassen.

Auch hier scheinen die Reisenden gern zu versacken, allerdings nicht wie in New York oder New Orleans wegen der Drogen und dem Alkohol, sondern wegen des Friedens. Ich unterhalte mich mit einem jungen Mann mit verfilztem, blondem Haar und Cord-Weste. Er sagt, er werde vielleicht heute weiterziehen. Er habe sich hier mit einer Freundin getroffen, die er wieder nach Hause bringen wolle. Sie sei mit dem Bus gekommen, und weil sie kein Geld für die Rückfahrt hatte, wolle sie trampen und er sie begleiten.

»Zu viele Verrückte da draußen. Sie sollte nicht allein unterwegs sein. Als *Mädchen*.«

Mir tippt jemand auf die Schulter, weshalb mir ein Kommentar zu der Bermerkung erspart bleibt.

»Hey, hey! Schön dich zu sehen! Wie geht's?«

Es ist Jacob, und der junge Blonde macht sich schleunigst aus dem Staub.

»Gut. Und dir?«

Ich habe ohne wirkliches Interesse nachgefragt und bereue es im gleichen Moment.

»Großartig! Ich *liebe* diesen Ort! Alles ist so gut organisiert. Ich kann hier eine Menge lernen. Über *organisierte Anarchie!*«

»Vielleicht ...«

Ich entferne mich ein paar Schritte und stelle mich ans Feuer.

Jacob kommt hinterher.

»Ich glaube, ich bin bereit für meinen ersten Zug.«

Ich sage nichts und schaue in die Glut.

»Was sind deine Pläne? Was hast du so getrieben?«

Ich sage immer noch nichts.

»Was auch immer. Ich glaube ich bin bereit! Du auch? «

»Jacob. Ich habe es dir gesagt: Unsere Reise endet hier.«

»Wie meinst du das? Nimmst du etwa keinen Zug?«

»Doch. Aber nicht mit dir.«

»Oh, okay.«

Für einen kurzen Moment sieht er traurig aus.

»Also wenn du einen Zug nehmen wirst und ich auch, dann verstehe ich nicht, warum wir nicht zusammen reisen sollten.«

»Weil ich nicht will. Du machst mich *irre.*«

Für einige Sekunden bleibt es still.

»Du siehst gut aus!«

»Okay. Bis dann.«

Ich wende mich ab und hoffe, dass dies unsere letzte Begegnung war. Als ich an der großen Halle vorbeikomme, höre ich dumpfe Musik aus dem Inneren dringen. Ich öffne die Türe und sehe einen verschwitzen Schönen inmitten der Halle stehen. Er atmet schwer, vom Tanzen, wie ich vermute. Alter Swing dringt laut aus großen Boxen, die an einen Plattenspieler angeschlossen sind, der neben einem Holzofen steht. Um ihn herum haben sich ein paar Frierende versammelt. Der Schöne sieht zu mir auf, als ich durch die Tür trete, und breitet auffordernd seine Arme aus. Ich gehe lächelnd auf ihn zu. Er hat einen sanften Blick und riecht nach Mann. Er ist warm und weich und hält mich fest in seinen Armen. Er führt, und ich lasse mich führen. Wir nutzen den gesamten Boden der Halle, tanzen vorbei am warmen Ofen und den bequemen Sesseln. Vorbei am Billardtisch und der Werkbank. Wir wirbeln und zwirbeln, und um uns herum verwischt alles in bunten Bändern, mal mehr, mal weniger hell, mal weniger schnell. Seine Arme schieben mich fort, ziehen mich heran und schwingen mich auf seine Hüfte, heben mich herunter und schließen sich wieder um mich.

Dann greift er meine Schultern und sieht mich schwer atmend an sich. Das Lied ist vorbei, und ein paar Leute applaudieren. Wir verbeugen uns, ich gehe lächelnd aus der Halle. Ich schwebe hinüber zum Caboose, und Red tritt neben mich, sieht mich verwundert an und führt mich dann zu den Gleisen.

Die anderen haben sich bereits versammelt und beobachten, wie ein Güterzug neu verkoppelt wird. Ich brauche ein paar Minuten, um meine Gedanken aus der Halle zu reißen. Alle sind aufgeregt und können kaum stillhalten. Nur Red steht ruhig da, mit geschwollener Brust und respektvollem Abstand zu den Gleisen. Er ist bei Weitem der Älteste und beobachtet uns, stolz und belustigt zugleich, wie sich alle über das Krachen und Quietschen freuen. Irgendjemand spricht ihn schüchtern an, und Red beantwortet die Fragen und gibt Ratschläge. Eine ganze Traube Nachwuchs-Hobos versammelt sich lauschend um ihn.

Er sieht sich hin und wieder suchend nach mir um, und ich lächle ihm aus der Ferne zu, während ich den Anblick genieße: Red, der O. G., mit seinen schneeweißen Locken, die unter der

Basecap hervorkringeln, in blauer Latzhose und rot-schwarz-ka-
riertem Hemd, seinen Arm lässig auf das Bein gelehnt, mit
dem er auf dem erhöhten Schotter steht, und die Jungen in
heller Aufregung und Ehrfurcht um ihn geschart mit geröteten
Wangen und freudigen Gesichtern.

Immer mehr Leute kommen hinzu. Die Gleise bilden einen
Anziehungspunkt für alle Besucher, und ich bekomme einen
Überblick, wer schon abgereist ist und wer noch nicht. Insgesamt sind wohl noch ein paar Dutzend Leute da. Irgendwann
löst sich einer aus der Traube und kommt auf mich zu. Ich erkenne meinen Tanzpartner, spüre, wie mir die Röte ins Gesicht
steigt, und versuche, mich auf einen Bahnarbeiter zu konzentrieren, der mit einem riesigen Schraubenziehen die Gleise ent-
langläuft. Ich wünsche mir fast, der schöne Tänzer würde an
mir vorbeigehen und nie ein Wort mit mir wechseln. Ich will
den Zauber nicht zerstören.

»Hi. Ich bin Roy.«

Er spricht leise und blickt auf seine Füße.

»Hi«, sage ich lächelnd.

Er wirkt kleiner als in der Halle. Er sagt, er wollte noch einmal mit mir reden, bevor er wieder fährt.

»Du fährst.«

»Ja. Ich muss zurück auf meine Farm.«

Er besitzt ein Stück Land im Nordwesten Kaliforniens, das
einst seinen Eltern gehört hat. Es scheint ihm unangenehm zu
sein, dass er ein Farmer ist. Ich erzähle ihm von der Kuh, die
wir hatten, als ich noch ein Kind war. Sie hieß Lilli und war die
schönste Kuh weit und breit. Wir haben sie als kleines Kalb bekommen und mussten sie in den ersten Wochen mit angerühr-
tem Milchpulver füttern. Ich erkläre ihm, dass Lilli, um ihren

Saugreflex zu befriedigen, an unseren Armen sog und zuckte, bis wir grün und blau wurden. Er lacht. Er ist nur für eine Nacht gekommen und muss am Abend zurück sein. Die Ziegen warten bereits auf ihn. Ich bedanke mich für den Tanz, und er lächelt wieder seine Schuhe an.

»Wie ist dein Name?«

»Tamina.«

»Ist das dein Road-Name?«

»Nein, mein richtiger.«

»Werden wir uns wiedersehen?«

»Vielleicht.«

»Und wenn nicht?«

Ich zucke mit den Schultern.

»Schreibst du mir einen Brief?«

Er sieht mich schüchtern an.

»Das mache ich.«

Er schreibt mir seine Adresse auf. Dann küsst er mich auf die Wange und rennt zum Auto, wo bereits andere auf ihn warten.

Mein Telefon klingelt. Es ist Captain Grant, der Pilot, der mich an der Westküste mitgenommen hat und mich nun aus meiner Wolke reißt. Er fragt, wie es mir geht und was meine Pläne sind.

»Wann geht dein Flug zurück nach Deutschland?«

»Nächsten Dienstag aus New York.«

»Wie kommst du nach New York?«

Ich sage ihm, dass ich spontan einen Flug buchen will. Je nachdem, wo ich am Ende der Woche sein werde.

»Lass mich wissen, von wo und wann. Vielleicht kann ich was für dich tun.«

»Uh, toll! Versuch, mir einen Platz neben dir im Cockpit zu besorgen!«, sage ich, und Grant versichert, er werde alles versuchen, was in seiner Macht steht.

Langsam schlendere ich zu Red hinüber und versuche, mich auf die Gespräche einzulassen.

»Ich hab gehört, du kommst aus Deutschland.«

Ein Rothaariger mit britischem Akzent schlendert auf mich zu. Simon ist aus London. Er ist groß und dünn und ganz in Schwarz gekleidet. Gemeinsam mit einem Freund ist er für ein paar Wochen in Amerika unterwegs. Vor allem wegen der Güterzüge. Red kann es kaum glauben, dass er hier zusammen mit drei jungen Leuten steht, die den ganzen Weg aus Europa gekommen sind, um in seinem Land seiner Leidenschaft nachzugehen.

Simons Kumpel Dom ist ganz aufgeregt, als er auf uns zurennt. Er ist den Zug entlanggelaufen, um nach offenen Boxcars zu suchen und hat ein paar junge Kids in einem der hinteren Anhänger entdeckt. Eine große Gruppe, die ein paar Kilometer weiter südlich aufgesprungen ist. Sie wollen weiter bis Oregon. Ich bin hin- und hergerissen. Kurz überlege ich, ob ich mir meinen Rucksack schnappen und aufspringen soll. Red bemerkt meine Unruhe.

»Willst du mit denen abhauen?«, fragt er mich und lächelt traurig.

»Irgendwie schon.«

»Ich werde dich nicht aufhalten.«

Es bleibt kurz still, während wir auf den Zug starren.

»Red, wirst du morgen mit mir einen Zug nehmen? Nicht übermorgen, nicht nächste Woche, nicht wenn du in Rente bist, sondern morgen?«

Ich sehe ihn nicht an, und auch er lässt den Zug nicht aus den Augen.

»Ja.«

»Dann bleibe ich.«

»Gut.«

Er lächelt, und auch ich lächle, bevor mein Blick wieder sehnsüchtig auf den Zug fällt. Wir frösteln beide, und ich sage, ich würde unsere Jacken holen. Als ich zurückkomme, schaut Red sich suchend um, sieht, dass ich keinen Rucksack dabeihabe, und wirft sich dann seine Jacke über, die ich ihm reiche.

»Ich bin froh, dass du deine Meinung nicht geändert hast.«

Als der Zug in Bewegung kommt, stellen wir uns nah an die Gleise und warten, bis die blinden Passagiere an uns vorbeirollen. Wir winken und jubeln wie die Groupies einer Band vor dem großen Gig. Als sie in Sichtweite kommen, strafen sie uns mit Verachtung und bewerfen uns mit Orangenschalen. Diese Rebellen! Red lacht immer noch, als wir uns wieder zu ihm stellen.

»Ich liebe diese Scheiße!«, jubelt Dom.

Er und Simon erzählen nun abwechselnd mit Red ihre Geschichten. Red mit ruhiger Stimme und tiefem Lachen, Simon eher schüchtern und mit kindlicher Freude, und Dom, der nicht stillhalten kann, erzählt mit wendelnden Armen und leuchtenden Augen. Sie scheinen sich in ihrer Euphorie gegenseitig hochzuschaukeln – eine abenteuerliche Erzählung übertrifft die nächste.

»Ihr seid beide verrückt!«, sagt Red irgendwann, worüber sich alle einig sind. Simon und Dom lieben die Gefahr, legen es bei ihren Abenteuern darauf an, nur knapp der Polizei oder dem Tod zu entkommen. Jede Fahrt wird ein bisschen gefährlicher, jedes Mal setzen sie ihr Glück ein wenig mehr aufs Spiel. Sie fragen Red, welchen Zug er als Nächstes nehmen werde, und er gesteht ihnen seinen Hobo-Ruhestand. Sie sehen ihn enttäuscht an. Red sucht meinen Blick, und wir lächeln uns verschwörerisch zu.

»Tatsächlich haben wir vor, morgen aufzuspringen.«

»*Was?!* Erzähl keinen Scheiß! Können wir mitkommen?«

Dom hüpft vor Aufregung umher, ohne Red aus den Augen zu lassen. Auch Simon sieht uns erwartungsvoll an.

»Was denkst du?«, fragt mich Red.

Bisher kam es mir vor, als versuchten die Dirty Kids, möglichst cool und unabhängig zu wirken, sobald es darum ging, gemeinsam weiterzuziehen. Ganz nebenbei wurden solche Vorschläge geäußert, man war darauf bedacht, sich nicht festzulegen und seine Freiheit zu wahren. Simon und Dom kommen gewiss wunderbar allein zurecht, trotzdem betteln sie nun fast darum, mit uns kommen zu dürfen. Ich freue mich über diese erfrischende Ehrlichkeit.

»Oh bitte, lasst uns zusammen fahren, *bitte!*«

Ich lache und drehe mich schulternzuckend zu Red. Er soll das entscheiden.

»Lasst uns in meinem Caboose erst mal einen Tee trinken.«

Drinnen setzen wir uns mit roten Gesichtern und dampfenden Bechern an den Ofen. Wir genießen die Wärme und Gemütlichkeit. Nur Dom redet laut und rutscht unruhig hin und her. Es ist der letzte Tag, den er gemeinsam mit seiner Verlobten verbringt. Sie ist Amerikanerin und muss morgen zurück zur Arbeit. Er geht nach draußen, um nach ihr zu suchen. Zu dritt trinken wir Tee, bis es dunkel wird. Red sieht auf die Uhr und fragt, ob wir ihn zum Abendessen mit seinem Freund in der Stadt begleiten wollen. Auf dem Weg zu Reds Truck zieht er mich zur Seite und flüstert in mein Ohr.

»Ich mag Simon. Er ist völlig durchgedreht, aber so bescheiden. So *britisch*. Der hat Manieren!«

Wir quetschen uns auf die Sitzbank, ich hinters Steuer, denn Red hat schon etwas getrunken und nicht vor, damit aufzuhören. Wir fahren zu einem Restaurant, das mit Burger, Bier und Baseball wirbt. Reds Kumpel kann kaum seine Augen von einem riesigen Flachbildfernseher lösen, während wir uns unterhalten.

Simon ist ein Extrem-Abenteurer und hat bereits allerlei verrücktere Reisen unternommen. Diesmal will er zusammen mit Dom auf einem Güterzug illegal nach Mexiko einreisen und auf demselbem Weg zurückkommen. Der alleinige Nervenkitzel der Zugfahrt an sich reicht ihm nicht aus. Jedes Jahr nimmt er seine gesammelten Urlaubstage und verlässt seinen Bürojob. Jedesmal fragen sich seine Kollegen, ob er wieder heil zurückkommen wird. Wenn er nach Moskau fliegt, um die höchsten Sendemasten zu erklimmen, oder nach Kairo, um eine Nacht auf den streng bewachten Pyramiden von Gizeh zu verbringen. Er könnte angeben mit diesen Geschichten, aber das tut er nicht. Er unternimmt diese Wagnisse für sich selbst, nicht für andere. Keine Posen, keine Selfies. Er fotografiert lediglich die einzigartigen Aussichten, die außer ihm die Wenigsten kennen. Seine Reisen sind gut geplant und benötigen wochenlange Vorbereitung und Recherche. Er ist sich der Gefahren bewusst, und wenn man ihn so reden hört, klingt es kaum so, als würde er sein Leben riskieren. Eher verschiebt er immer wieder seine persönlichen Grenzen.

Red scheint Simon sehr zu mögen. Seine ruhige und höfliche Art, seine Abenteuerlust und sein strategisches Vorgehen.

Das eine führt zum anderen, und schon planen wir unsere gemeinsame Reise am kommenden Tag. Red hat im Laufe des Tages seine Kontakte spielen lassen und einen geeigneten Zug für uns ausfindig gemacht. Der müsste bereits auf dem Abstellgleis stehen, um in der Nacht verkoppelt zu werden und am nächsten Morgen richtung Norden zu fahren. Nach dem Essen fahren wir zum Gleis und schauen uns um. Es gibt weder Zäune noch Bahnarbeiter. Wir können uns in der Dunkelheit entlang der Gleise ungestört bewegen und ducken uns in die Schatten der Waggons, sobald die Scheinwerfer eines vorbeifahrenden Autos über die Wagen streichen.

Red erklärt uns, wie man anhand der Mechanik unter den Wagen erkennt, ob dieser beladen ist oder nicht. In den meisten Fällen weiß er sogar, was geladen ist. Er sieht sich die Form der Wagen und ihre Kennzeichnung an, schätzt ab, wo sie herkommen, wo sie hinfahren, und bedenkt die Dringlichkeit und Jahreszeit. Simon und ich hängen an seinen Lippen und folgen ihm auf Schritt und Tritt. Er lässt uns auf den letzten Wagen klettern und nachsehen, wie voll er beladen ist. Simon und ich schwingen uns hinauf zu den kalten Metallsprossen und ziehen uns Stück für Stück nach oben.

»Wahrscheinlich voll mit Holzschnitzeln. Man kann es bis hier unten riechen«, hören wir Reds Stimme in der Dunkelheit.

Er hat recht: Als ich mich über die Kante des offenen Anhängers lehne, erkenne ich die zerhexelten Bäume, die den Hänger bis fast zum Rand füllen. Ein intensiver Duft von harzigem Holz steigt mir in die Nase und öffnet meine Atemwege. Simon erscheint auf der gegenüberliegenden Seite und schwingt sich über die Kante. Mit einem Satz steht er im Anhänger, duckt sich geschickt aus dem Lichtkegel eines Scheinwerfers und sieht sich um.

»Sieht aus, als hätten wir unseren *Ride* gefunden«, sagt er lächelnd und atmet ebenfalls tief ein.

Der Morgen kann nicht schnell genug kommen. Voller Euphorie fahren wir zurück. Red sagt, der Zug werde gegen acht Uhr losfahren. Wir sollten spätestens um sieben auf dem Hänger sein, um unbemerkt zu bleiben. Wir verabreden uns für sechs Uhr, und Simon bittet mich, ihn zu wecken, da auf sein Mobiltelefon kein Verlass sei. Er wird gemeinsam mit ein paar anderen in der Bibliothek übernachten. Red und ich wechseln nur wenige Worte, während wir durch sein Caboose wuseln und uns auf das Packen unserer Rucksäcke konzentrieren. Red nimmt Schlafsack und Plane mit, für alle Fälle.

»Man kann nie wissen und sollte *immer* auf *alles* vorbereitet sein.«

Es ist schon spät, als wir unsere Rucksäcke neben die Tür stellen und uns an den Ofen setzen.

»Wirst du mit mir hierher zurückkommen?«

Er nippt an seinem Bier und kennt bereits die Antwort.

»Nein.«

Er steht auf, um einen weiteren Holzscheit in die Glut zu legen.

»Es war sehr schön dich zu treffen, Red. Ich hatte eine wirklich tolle Zeit.«

»Du solltest wiederkommen. Irgendwann.«

Wir sagen nicht mehr viel an diesem Abend. In wenigen Stunden werden wir bereits auf einem Zug sitzen. Red beobachtet mich, während ich mir die Zähne putze. Dann setze ich meine Knirschschiene ein, ziehe Pullover und Hose aus und krieche in meinen Schlafsack. Er sitzt immer noch da und sieht mich an.

»Tut mir leid. Ich kann einfach nicht aufhören dir zuzusehen.«

Ich liege tief in meinem Schlafsack vergraben. Nur Augen und Nase schauen heraus.

»Ich sehe bestimmt wie eine Raupe aus.«

»Und in ein paar Stunden wirst du dich in einen wunderschönen Schmetterling verwandeln.«

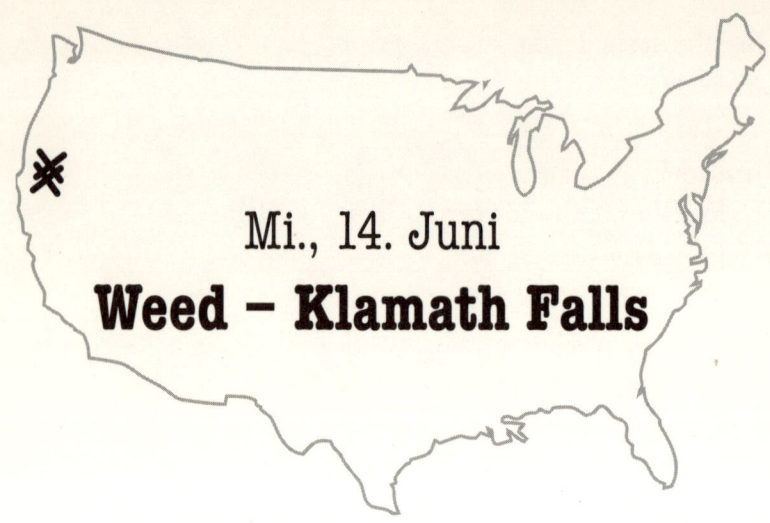

Mi., 14. Juni
Weed – Klamath Falls

Red ist wach, bevor der Wecker klingelt. Er sitzt an seinem Schreibtisch und sucht nach geeigneten Zugverbindungen für seine Rückfahrt. Er wirkt nervös und angspannt.

»Guten Morgen«, murmele ich in meinen Schlafsack.

Er sieht nur kurz auf.

»Morgen.«

»Bist du bereit für unseren Ausflug?«

»Tja, nein.«

Ich bin sofort enttäuscht und rechne damit, dass er absagen wird. Dass er es sich doch anders überlegt hat, ihm das Risiko zu hoch ist, dass er mir sagt, es sei nicht der richtige Zeitpunkt, ich solle wiederkommen, wenn er in Rente ist. Ich rechne damit, dass er uns nur zu den Gleisen bringen und dann zurückfahren wird. Doch er bleibt stumm und blättert durch seinen Kalender. Ich schlüpfe aus meinem Schlafsack und hinein in Jeans und Pullover, putze meine Zähne und ziehe meine Jacke über, um die anderen zu wecken. Ich bleibe an

248

der Tür stehen und schaue Red an, der gebückt an seinem Schreibtisch sitzt.

»Red?«

»Hm?«

»Denk in Ruhe darüber nach. Ob du wirklich mitkommen willst. Du musst nicht. Ich komme einfach ein andermal wieder.«

Er schaut mit leerem Blick an mir vorbei und nickt unmerklich.

»Ich werde die anderen wecken.«

Es ist ein kalter nebliger Morgen. Die Sonne ist gerade dabei, sich ihren Weg an den Horizont und durch die Wolken zu kämpfen. Ich schwinge die Tür zur Bibliothek auf und leuchte mit meiner Kopflampe durch den Waggon. Auf dem schweren Teppich mitten im Raum liegen sechs Leute wie Sardinen nebeneinandergereiht in ihren Schlafsäcken. Ich entdecke Simons Mütze und knie mich zu ihm nieder.

»Simon. *Simon!* Wach auf.«

Er richtet sich auf und sieht sich verwirrt um. Ich erkenne meine eigene Verwirrung in seinem Gesicht, die ich in den vergangenen Wochen so oft in den ersten wachen Minuten eines Tages verspürt habe. Wenn ich aus meinem Schlaf gerissen wurde, der so tief war, dass er mir für einen Moment die Erinnerung an den vergangenen Tag raubte. Ich bin fast jeden Tag an einem anderen Ort aufgewacht, mit anderen Leuten und neuen Plänen. Ich habe mich suchend nach Anhaltspunkten umgesehen. Sobald die Erinnerungen wiederkamen, setzte die Entspannung ein, gepaart mit Vorfreude oder Frustration, je nachdem, in welcher Situation ich mich befand.

Ich gehe ein paar Schritte zurück, um Simon in Ruhe aufwachen zu lassen. Er reibt sich die müden Augen und stößt Dom an, der neben ihm liegt. An der Tür drehe ich mich noch einmal um.

»Guten Morgen. Ihr habt zehn Minuten.«

Dann kehre ich zurück zu Reds Caboose. Er ist immer noch nachdenklich und wortkarg. Ich mache uns Tee, den wir schweigend trinken. Egal, wie Red sich entscheidet, ich werde diesen Zug nehmen. Ich vermisse den Nervenkitzel und die Abwechslung. Das Draußen-Schlafen und Neue-Leute-Kennenlernen. Die Überraschungen und die Gefahren. Hier wird es mir zu eng. Zu eng im Caboose, zu eng mit Red. Es ist Zeit zu gehen.

Ich trinke meinen Tee aus und spüle die Tasse ab, während ich vergeblich auf einen Kommentar von Red warte. Neben dem Tisch bleibe ich kurz stehen und lächle. Er sieht unsicher zu mir auf und schweigt. Dann werfe ich meinen Rucksack über die Schulter, schließe die Tür hinter mir und laufe zum Truck. Dort stelle ich meinen Rucksack gegen den Vorderreifen und lehne mich wartend gegen die Beifahrertür. Wenn Red in zehn Minuten nicht herausgekommen ist, werde ich zu Fuß gehen müssen. Ich kann nicht sagen, ob er nachkommen wird oder nicht. Ich werde ihn nicht noch einmal bitten. Ich will ihn nicht überreden müssen. Es soll seine Entscheidung und seine eigene Verantwortung bleiben.

Nach wenigen Minuten öffnet sich die Tür zum Caboose und Red kommt die Stufen hinunter. Er trägt seinen Rucksack geschultert und wirft ihn auf die Ladefläche ohne mich dabei anzusehen.

»Ich warte, bis du tatsächlich auf diesem Zug sitzt, bevor ich mich freue.«

Er lacht grimmig und geht hinüber zur Fahrertür. Ich höre Schritte und sehe Simon und Dom auf uns zukommen. Hinter ihnen laufen zwei weitere Gestalten. Ich erschrecke kurz, als ich einen von ihnen für Jacob halte, und atme erleichtert auf, als ich erkenne, dass ich mich getäuscht habe. Red sieht Simon fragend an, doch es ist Dom der antwortet. Sie kennen die beiden seit ein paar Tagen, und auch sie wollen in Richtung Norden. Ob es okay sei, wenn sie mitkommen?

Sie bringen Red in eine unangenehme Situation. Die beiden sind schon fast dabei, ihre Rucksäcke auf die Ladefläche zu schmeißen, da kann Red jetzt schlecht Nein sagen. Er kann ihnen nicht verbieten mitzukommen, schließlich kann jeder tun, was er will. Aber mit jeder weiteren Person steigt auch das Risiko um ein Vielfaches. Mitlerweile sind wir eine Gruppe aus sechs Leuten. Eigentlich sind drei Leute schon zu viel. Zumindest hat niemand einen Hund. Red sieht mich an, und ich zucke nur mit den Schultern. Ich will einfach los. Los, ohne eine Diskussion zu starten. Los, bevor Red es sich anders überlegt. Los, bevor Jacob aus irgendeiner Ecke auftaucht und sich uns auch noch anschließen will.

Ich steige ohne ein weiteres Wort in den Wagen. Simon setzt sich neben mich, die anderen quetschen sich zwischen die Rucksäcke auf die Ladefläche. Red setzt sich ans Steuer, und wir fahren los. Über den holprigen Trampelpfad, den Red mit glasigen Augen fixiert, auf den Highway, wo sich die anderen ducken müssen.

»Du entscheidest.«

Er weiß, was ich meine.

»Wird schon gutgehen«, antwortet er leise und redet mehr zu sich selbst. Simon sieht schweigend aus dem Fenster.

Red parkt den Wagen an einer Straße nicht weit von den Gleisen. Wir steigen aus, und Red setzt mir den Rucksack auf die Schultern.

»Ich parke das Auto an einer sicheren Stelle und komme dann nach.«

Ich werfe ihm einen ungläubigen Blick zu.

»Keine Sorge, du wirst mich schon wiedersehen!«, sagt er halb lachend, halb traurig und drückt meinen Oberarm.

Wir winken ihm nach, als er davonfährt, und ich bin mir sicher, ihn so schnell nicht wiederzusehen. Simon und ich laufen voran, und die anderen folgen uns zu dem Wagen, den wir am Abend zuvor ausfindig gemacht haben. Weit und breit sind keine Autos oder Bahnarbeiter zu sehen. Unser Glück, denn bei Tageslicht böte sich hier kaum Sichtschutz. Am Hänger verteilen wir uns wie von selbst auf die vorhandenen Metallsprossen und klettern hastig von allen Seiten hinauf. Sobald die Rucksäcke in den Ecken verstaut sind und wir uns auf den Holzschnitzeln liegend ausbreiten, fällt die morgendliche Anspannung von uns ab. Wir atmen die frische, harzige Morgenluft ein und geben uns ganz der vorfreudigen Aufregung hin.

Wir sind gut in der Zeit. Wenn Reds Informationen stimmen, müssten wir in einer knappen Stunde losrollen. Red ist noch nicht wieder aufgetaucht, und ich versuche, nicht auf ihn zu warten.

Die ersten Sonnenstrahlen wärmen unsere kalten Gesichter. Ich lege mich auf den Rücken und schließe die Augen. Ich höre die aufgeregten Stimmen der anderen und hoffe, dass sie sich beruhigen, bevor ein Bahnarbeiter seine Runde dreht und uns hört. Ich öffne meine Augen einen Spalt breit und erkenne meinen Rucksack in einer Ecke liegen. *Dort drin ist mein ganzer Besitz*, denke ich. Ich sehe mir die Rucksäcke der anderen an. Den großen von Dom mit seinem ganzen Kamera-Equipment. Den schmutzigen von Simon, der halb leer scheint. Die beiden Fünfunddreißig-Liter-Rucksäcke der beiden anderen, die ich noch nicht kennengelernt habe. Das hier sind andere Reisende. Wir haben nicht wie Zach oder Sarawh unser ganzes Leben in unseren Rucksäcken. Keine Sachen, die nur der Erinnerung dienen. Wir sind Hobos auf Zeit. Die einen für ein paar Monate, die anderen nur für wenige Wochen. Wir alle haben ein Zuhause. Einen Ort, an den wir früher oder später zurückkehren können. Wo unsere Kleider und Bücher sind und Menschen, die auf uns warten und uns lieben. Es ist eine erfrischende Abwechslung mit Leuten zu reisen, die einzig der Erfahrungen wegen auf der Straße leben. Die nicht vor ihrer Vergangenheit flüchten und auch das Leben abseits der Straße kennen.

Von unten ertönt ein Geräusch, und alle werden augenblicklich still.

Wir hören jemanden die Leiter hinaufsteigen. Zwei in Bauhandschuhen gehüllte Hände erscheinen an der Kante und greifen fest um das kalte Metall, von dem bereits die rote Farbe abblättert. Eine schwarze Schirmmütze taucht auf, unter der sich weiße Locken hervorkringeln. Red trägt eine schwarze Sonnenbrille und schwingt sich etwas steif, aber gekonnt in den Anhänger. Unsere kurzweilige Panik schwenkt zu freudigem Übermut, als wir Red begrüßen. Der breitet geduckt seine Arme aus und bedeutet uns still zu sein. Die Arbeiter seien gewiss gleich unterwegs, um die Anhänger zu prüfen, und uns könne man meilenweit hören.

Wir machen es uns gemütlich, auf den Holzschnitzeln herrscht ein wildes Durcheinander an Rucksäcken, Armen, Beinen und Köpfen. Red kriecht zu mir herüber.

»Du dachtest, du würdest mich nicht wiedersehen, oder?«, flüstert er.

»Ich war aber nicht die Einzige, die sich dessen nicht sicher war, richtig?«

»Richtig.«

Er lächelt und schließt die Augen, während er den Kopf gegen seinen Rucksack lehnt. Es ist kalt, und die wärmenden Sonnenstrahlen brechen aus dicken Nebelschichten hervor. Wir hören schwere Schritte auf dem Schotter näherkommen und halten die Luft an. Der Bahnarbeiter umrundet unseren Anhänger, prüft das Rücklicht und gibt sein Okay durch ein knarzendes Funkgerät. Er scheint auf etwas zu warten. Wir hören keine Schritte, nur das reibende Geräusch von Stoff an Stoff, wenn er den Arm hebt. Wenn es allen gelingt, still liegen zu bleiben, haben wir nichts zu befürchten. Der Arbeiter kann uns von unten nicht sehen, und er hat keinen Grund, auf den Anhänger zu klettern.

Ich lehne mich sachte zurück und genieße die Ruhe und die freudige Spannung, die in der Luft liegt. Diesmal scheint alles so einfach. Ich döse weg und schrecke leicht auf, als das immer lauter werdende *Tonktonktonk* ertönt und der Anhänger mit einem Ruck in Bewegung kommt. Ich habe die letzten aufregenden Minuten vor dem Start einfach verschlafen. Red lacht mich stumm an, als er meinen verwirrten Blick sieht, und wir rollen erst langsam, dann immer schneller von unserem Abstellgleis auf das Hauptgleis und nehmen Fahrt auf. Erst als die Luft noch kühler wird und der Zug uns durch einen Wald zieht, heben wir unsere Köpfe und sehen uns um.

Dom steht auf und klettert auf die andere Seite des Wagens. Auch die anderen werden unruhig und sehen sich nach einem Plätzchen mit guter Sicht um.

»Der Zug ist zu kurz. Wenn du den Lokführer sehen kannst, kann er auch dich sehen!«, sagt Red und zeigt auf die Lok, die sich nur zwanzig Anhänger weiter vorn befindet. Er weiß, wenn wir uns nicht geduckt halten, wird uns der Lokführer früher oder später entdecken. Gleichzeitig versteht er die Freude, die uns diese Fahrt macht. Die Möglichkeit, sich frei im Anhänger auf so komfortablem Untergrund bewegen zu können, hat man nicht oft. Man kann sich inmitten des Wagens aufrecht hinstellen, sodass einem der Fahrtwind um die Ohren bläst, und sich vom Rucken des Zuges umwerfen lassen. Man landet weich auf duftendem, federndem Untergrund und spürt das Blut durch den Körper rauschen.

Der Drache zieht uns durch Wälder und Täler, Tunnel und Brücken, vorbei an Schluchten und Wasserfällen. An manchen Stellen liegt noch Schnee. Er bietet uns einen geräumigen Sattel, den wir nicht ungenutzt lassen können. Dom muss sein Adrenalin zum Rauschen bringen, klettert über die Kante hinunter an den Sprossen und lässt sich an einem Arm über die Gleise baumeln, die sich wie lange Seile unter ihm hinwegschlängeln. Dann klettert er wieder hinauf und rennt zum anderen Ende des Wagens. Ich klettere zur hinteren Kante und lehne meinen Oberkörper so darüber, dass ich die Gleise unter dem Wagen hervorgleiten sehe. Der Fahrtwind peitscht mir aus allen Richtungen um die Ohren, und meine Augen verengen sich zu schmalen Schlitzen. Als ich den Kopf hebe, bekomme ich das Gefühl, die Welt zöge in einem schmalen Tunnel an mir vorbei. Alles rauscht. Der Wind, die Farben, mein Gehirn.

Da bin nur ich, sonst niemand. Für ein paar Minuten oder Stunden gebe ich mich dem Rausch hin, bis sich mir alles dreht, dann lasse ich mich zurück auf die Holzschnitzel fallen. Aaaaahh, was kümmert mich die Welt.

Ich sehe mir die anderen an und kann ihnen die gleiche Freude ansehen. Ich fühle mich ihnen verbunden, obwohl ich sie nicht kenne. Red erst seit ein paar Tagen, Simon und Dom erst seit einigen Stunden. Von den beiden anderen weiß ich noch nicht einmal die Namen. Und doch sind sie es, die mich in diesem Augenblick besser verstehen als meine Freunde zu Hause oder meine Mutter.

Durch Zufall hole ich gerade mein Mobiltelefon unter der Jacke hervor, als Captain Grant anruft. Ein Videoanruf. Ich hebe ab und sehe fünf grauhaarige Männer vor einem gedeckten Kaffeetisch sitzen. Mit Stofftischdecken und allem. Ich verstehe kein Wort im Fahrtwind und dem Rattern des Zuges. Ich winke in die Kamera und gebe ihnen eine Dreihundertsechziggrad-Ansicht. Als ich den Bildschirm wieder zu mir drehe, sehe ich sie freudig lachen und winken. Captain Grant schickt mir einen Luftkuss, ich winke noch einmal, dann lege ich auf.

Wir sind noch keine dreißig Meilen gekommen, als der Zug plötzlich langsamer wird. Wir fahren auf eine Kreuzung mit einer Landstraße zu. Zu unserer Linken kann ich einen Highway erkennen, zur Rechten nur Landschaft. Es ist kein Nebengleis, auf dem wir einfahren, wir werden inmitten des Hauptgleises zum Halt kommen. Ich suche Reds Blick, der ebenfalls nach Anhaltspunkten sucht, um den Halt zu erklären.

»Die haben uns wahrscheinlich gesehen. Bleibt in Deckung.«

Dom kommt über die Holzschnitzel gekrabbelt und kauert sich zu uns.

Es ruckelt noch ein oder zweimal heftig, bevor wir endgültig zum Stehen kommen. Red legt den Zeigefinger auf die Lippen und zieht den Kopf ein. Alle schauen mit weit aufgerissenen Augen umher und bleiben mucksmäuschenstill. Wir hören Schritte auf Schotter und das Knarzen von Funkgeräten.

»Runter mit euch! Die Fahrt ist vorbei!«

Niemand rührt sich. Alle sehen Red an. Der liegt da wie versteinert. Seine Pupillen zucken, als würden sie von seinem schnell arbeitenden Gehirn angestubst.

»Okay!«, ruft er laut und gibt uns das Zeichen zur Kapitulation.

Einer nach dem anderen klettern wir aus dem Container. Ich ziehe meine Speicherkarte aus der Kamera und verstaue sie in meiner Bauchtasche neben meinem Pass. Dann vergrabe ich John Kellys letztes Gras unter den Holzschnitzeln und sammle unseren Müll zusammen. Als ich mich aufrichte und sehe, dass ich alleine bin, überlege ich kurz, einfach oben zu bleiben. Vielleicht habe ich Glück und sie werden nicht kontrollieren. Aber ich verwerfe den Gedanken schnell wieder und schiebe meinen Kopf über die Kante. Zwei bewaffnete Polizisten mit Sonnenbrillen schauen mir entgegen. Zwei weitere stehen am Rande der Gleise und sammeln bereits die Ausweise der anderen ein. Scheiße. Hoffentlich belassen sie es bei einer Verwarnung. Red steht ganz ruhig da. Was habe ich ihm da nur eingebrockt?

»Da ist ein Mädchen dort oben. Ein *Mädchen!*«, höre ich den einen Polizisten zu seinem Kollegen sagen. Dann hält er sich das Funkgerät an den Mund.

»Ein blondes Mädchen steigt jetzt die Leiter hinunter.«

Chrrr chrrr.

»*Ein Mädchen?*«

»Brauchen Sie Hilfe, Lady?«

Ich sehe ihn fragend an. Die Reflektion der Sonne in seinen Brillengläsern blendet mich.

»Sie ist auch ohne deine Hilfe da hochgekommen!«, sagt der andere Polizist.

Ich habe den schweren Rucksack auf meine nSchultern, halte den Müllsack in der einen und den Wasserkanister in der anderen Hand.

»Kann ich den Abfall hinunterschmeißen?«, rufe ich.

»Den *Abfall?*«

»Den *Müll.*«

Die beiden tauschen Blicke aus, und ich sehe erleichtert, dass sie schmunzeln. Vielleicht stehen unsere Chancen gar nicht schlecht, und wir kommen doch ungestraft davon. Sie nicken mir zu, und ich werfe ihnen den Sack vor die Füße.

»Schmeiß auch den Kanister runter, dann hast du die Hände frei.«

Ich antworte mit übertrieben deutschem Akzent, der Kanister sei nicht gut versiegelt, kein Drehverschluss, ich wolle ihn und seine Kollegen nicht nass machen. Der Polizist lacht und sagt, ich solle mir keine Sorgen machen. Ich werfe, und er fängt, ohne nass zu werden. Dann halte ich mich an der Kante fest und schwinge mein rechtes Bein auf die andere Seite.

Kkkrrrrzzz.

Nicht schon wieder. Das Reißen meiner Hose ist kaum zu überhören. Ein kalter Luftzug verrät mir das Ausmaß des Dilemmas. Die Bullen haben freie Sicht auf meinen Hintern. Ich fluche laut, die Polizisten schmunzeln und drehen mir höflich den Rücken zu, während ich mich nach unten kämpfe.

Als ich festen Boden unter den Füßen spüre, binde ich mir mein Halstuch um die Hüfte und stolziere lächelnd an den Polizisten vorbei, hinüber zu den anderen. Ich krame nach meinem Personalausweis und übergebe ihn der ausgestreckten Hand des Polizisten. Der hebt ihn ungläubig in die Höhe. Das Bild ist bereits mehrere Jahre alt. Damals trug ich eine kurze Föhnfrisur, Make-up und Lippenstift.

»Das sind Sie?«

»Das bin ich«, antworte ich.

Er sieht sich erneut den Pass an und hebt die Augenbrauen.

»Sind Sie aus Deutschland?«

»Das bin ich, Officer.«

»Okay. Ihr wartet alle hier, bis wir eure Daten geprüft haben.«

Zwei der Polizisten gehen mit unseren Pässen zu ihren Fahrzeugen, einer bleibt bei uns, der andere klettert den Container hinauf und sieht nach, ob tatsächlich alle heruntergekommen sind. Dann funkt er den Lokführer an und gibt ihm grünes Licht zur Weiterfahrt. Wir schauen sehnsüchtig dem Zug nach, als er ohne uns davonrollt und in der Landschaft verschwindet.

Red ist ganz still, bewegt sich kaum und starrt auf den Polizeiwagen, wo gerade seine Daten aufgenommen werden. Wenn wir Pech haben, nehmen sie uns mit auf das Revier und es kommt zum Prozess wegen Landfriedensbruch und der Gefährdung des Transportverkehrs. Das würde für mich eine Geldstrafe und eine lebenslange Visumsperre bedeuten. Für Red wäre das neben der Geldstrafe die fristlose Kündigung seines Jobs, er hätte keine Aussichten auf einen neuen Arbeitsplatz und würde keine Rente bekommen. Wenn wir Glück haben, belassen sie es bei einer Verwarnung und lassen uns laufen.

»Fährst du in Deutschland auch auf Güterzügen herum?«, fragt mich der Polizist und übergibt mir meinen Wasserkanister.

Ich verneine. Bei uns gäbe es kaum *Ridables*, kaum Anhänger, die genügend Platz zum Mitfahren bieten. Außerdem lohnen sich die Strecken kaum, unser Land ist zu klein. Er lacht, und ich hoffe, dass keine weiteren Fragen kommen. Wenig später händigen sie unsere Pässe aus.

»Das ist eine Verwarnung. Wir haben eure Namen. Wenn wir euch noch einmal auf einem Zug erwischen, war's das. Kein Fahren auf Güterzügen mehr, verstanden?«

Sechs Leute murmeln *Ja* und *Danke, Officer*. Dann machen wir uns schleunigst aus dem Staub. Wir laufen wortlos die Landstraße entlang und winken den Polizisten, als sie an uns vorbeifahren.

»Fuck. Das war knapp«, sagt Red. Mit jedem Schritt fällt die Anspannung von uns ab. Während die anderen ihre Euphorie wiedererlangen, bin ich frustriert. Es war der perfekte Ride. Der Anhänger, das Wetter. Der harzige Duft hängt mir immernoch in der Nase. Keine halbe Stunde sind wir gefahren und stecken jetzt irgendwo im Nirgendwo fest.

»Was ist los?«, Red holt mich ein.

»Es ist frustrierend. Wir haben's versaut.«

»Ja, haben wir.«

»Das war's also? Wir gehen zurück und du bleibst hier?«

Nach dieser Nummer wird er kaum noch einmal auf einen Zug steigen.

»Mal sehen, was sich machen lässt.«

Red lächelt verschmitzt und lässt mich hoffen. Das Hobo-Leben hat ihn anscheinend wieder zurück.

Weit sind wir nicht gekommen.

Wir müssen in die Stadt zurück und einen neuen Versuch starten. Um hier wegzukommen, bleibt uns nichts als trampen, aber dafür sind wir zu viele. Wir teilen uns in Zweiergruppen auf und verabreden uns in dem Biergarten, in dem ich Red während der *Railroad Days* kennengelernt habe. Red versucht, in der Zwischenzeit herauszufinden, ob heute noch weitere Züge in den Norden fahren. Eine nette Frau nimmt uns mit und erzählt von ihrem Leben in Kalifornien, von ihrem alkoholkranken Ex-Mann und ihrer großen Leidenschaft für Fotografie. Red führt Telefonate und notiert dabei kryptische Worte und Zahlen in mein Buch.

Es dauert keine zwei Stunden, bis wir alle an einem großen Tisch unter den Sonnenschirmen im Biergarten wiedervereint sind.

»Der nächste Zug kommt um vierzehn Uhr und wird für einen Fahrerwechsel ungefähr drei Meilen südlich von hier für fünfzehn Minuten halten.« Red schaut fröhlich in die Runde. »Das ist unser *Ride*! Und wir haben genug Zeit, um Essen und Bier zu besorgen.«

Wir genießen unsere Getränke. Die Sonne steht hoch am Himmel, und die Temperaturen fühlen sich nach den vergangenen Tagen endlich wieder sommerlich an. Ich wechsle im Badezimmer meine zerschlissene Jeans, sie ist direkt neben den Lederflicken gerissen, gegen meine Leggins und stecke auch meine Jacke und die zweite Schicht Socken in den Rucksack.

Als ich zurückkomme, haben Simon und Dom bereits beschlossen, sich von der Gruppe abzuseilen und in den Süden zu fahren. Es wäre unklug, erneut zu sechst auf einen Zug zu springen, und ihr Hauptziel ist schließlich immer noch Mexico.

Wir trinken aus, und Red holt unterdessen seinen Wagen, der nicht weit entfernt steht. Anschließend verabschieden wir uns von Simon und Dom, die anderen beiden klettern auf Reds Ladefläche. Bisher haben wir kaum ein Wort mit ihnen gewechselt. Wenn diesmal alles glattläuft, werden wir auf der sechsstündigen Fahrt genügend Zeit haben, um sie kennenzulernen.

Red parkt seinen Wagen in einer Seitenstraße, und wir klettern über die Zäune einiger Privatgrundstücke und gelangen zu dem Stückchen Wald, das die Gärten von den Gleisen trennt. Es ist ein steiler Abhang, und wir kommen ordentlich ins Schwitzen, bevor wir einen geeigneten Platz mit guter Sicht finden. Red warnt uns vor *Poison Ivy*, einem giftigen Kraut, das hier überall wächst und bei Berührung Hautrötungen und Schwellungen verursachen kann.

Ein Bier später ertönt ein Quietschen und Rattern aus der Ferne. Wir bleiben in Deckung, bis die großen Lokomotiven und ein paar Wagen an uns vorbeigerollt sind, schwingen dann unsere Rucksäcke auf die Schultern und purzeln den Hang hinab zum Schotter. Mein Herz beginnt zu rasen, und ich bekomme einen Tunnelblick. Ich bin konzentriert darauf, nicht zu fallen oder aus der Puste zu geraten. Bahnarbeiter sind keine in Sicht. Der Zug hat mindestens dreimal so viele Wagen wie der vorherige am Morgen, wir laufen in Fahrtrichtung und versuchen, uns die Anhänger genau anzusehen. Red duckt sich bei jedem dritten, um an den Stoßdämpfern das Gewicht der Ladung zu erkennen.

Der Zug rattert an uns vorbei und wir stolpern neben ihm her. Er wird zum Halt kommen und uns nur einige Minuten gewähren, in denen wir einen geeigneten Anhänger finden können. Ich spüre den Adrenalinrausch. Ich könnte mich schon beim Laufen verletzen, könnte stolpern und unter die massiven Räder geraten. Beim ständigen Balancehalten mit dem schweren Rucksack geht mir die Kraft schnell aus. Es könnten Arbeiter auftauchen, man könnte uns hören oder sehen, schließlich machen wir auf dem Schotter einen Heidenlärm und haben die andere Seite des Zuges nicht im Blick. Es gibt Hunderte Anhänger, und wenn wir Pech haben, ist keiner in unserer Reichweite der richtige, um aufzuspringen. Viele haben keine durchgehenden Böden oder ausreichenden Sichtschutz. Manche sind mit giftigen Stoffen wie Öl oder Lauge beladen. Es gibt hundert Gründe, warum alles schiefgehen könnte.

»Da ist ein leeres Boxcar! Schau mal auf der anderen Seite, ob die Tür offen ist!«

Die Tür ist offen! Red scheint einen leeren Anhänger ausgemacht zu haben, und einer der Jungs klettert auf die andere Seite, um zu sehen, ob wir dort hineinkommen. Als er wieder auftaucht, winkt er uns zu sich.

Der Zug ist zum Halt gekommen, und ich greife nach den dünnen Metallsprossen der Leiter am Ende des Wagens. Ich ziehe mich nach oben, während mein Rucksack mich nach unten zerrt. Meine Arme fangen an zu zittern, und ich atme schwer. Der Zug ruckelt, und es erfordert all meine Konzentration, schnell auf die andere Seite zu klettern und nicht hinunterzufallen. Es ist die gefährlichste Stelle, um über einen Zug zu steigen – direkt über der Kupplung. Wer hier fällt, während der Zug ins Rollen kommt oder bereits fährt, kommt lebend nicht mehr heraus. Ich balanciere über die schmalen Metallsprossen. Ein Griff, ein Schritt nach dem anderen. Ich weiß nicht, wo die anderen sind oder was sie tun.

Es dauert nur wenige Sekunden, bis ich mich auf der anderen Seite hinunterlasse, doch als ich wieder Schotter unter den Füßen spüre, bin ich komplett nassgeschwitzt. Ich atme auf und sehe Red hinter dem Wagen hervorklettern. Die Tür ist tatsächlich offen, und er schwingt seinen Rucksack hinein und winkt mich zu sich. Wir müssen uns beeilen. Der Wachturm der Bahnarbeiter ist in Sichtweite. Ich laufe auf die Tür zu und hieve meinen Rucksack nach oben. Der Boden des Containers befindet sich auf Höhe meines Kopfes, und es gibt weder eine Leiter noch Griffe, um sich hochzuziehen. Ich halte mich an dem Boden fest und schwinge meine Beine nach oben. Meine Arme sind noch ganz weich und fangen wieder zu zittern an. Ich ziehe mich nach oben, Red greift unter meine Schultern und schleift mich in den leeren Metallcontainer. Auch die anderen beiden sind schnell oben, und wir ziehen unsere Rucksäcke in den vorderen Teil des Hängers, der im Schatten liegt und uns Sichtschutz bietet. Dort wird man uns nur sehen können, wenn man den Kopf durch die offene Tür steckt.

Wir atmen schwer und strahlen uns an. Unsere Gesichter sind rot und verschwitzt, und wir jubeln und umarmen uns gegenseitig. Dann setzen wir uns auf den kalten Metallboden und atmen tief durch. Wir versuchen, ruhig zu bleiben, um nicht erwischt zu werden, bevor wir überhaupt losfahren. Red zeigt auf die Wand. Ein paar Tags sind dort zu erkennen.

»Ha! Schau mal! Northbank Fred!«

Tatsächlich steht dort leicht verblichen mit schwarzem Stift auf dem schmierigen Metall in Großbuchstaben geschrieben:

NORTHBANK
FRED
10 – 02 – 96

Daneben ein Kreis mit einem Strich durchkreuzt. Northbank Fred, der mir vor ein paar Tagen die Bibliothek gezeigt hat, ist vor zehn Jahren in eben diesem Boxcar durch das Land gefahren. Red erkennt noch zwei weitere Tags. Die beiden Jungs machen sich gleich daran, sich selbst zu verewigen, in gebürtigem Abstand zu Northbank Fred.

Nach vollbrachtem Werk springt einer von ihnen flink aus dem Container und kommt mit einem rostigen Gleisnagel wieder, den er in den Türspalt rammt. So kann die Tür durch das Rucken während der Fahrt nicht zufallen. Von innen lassen die Türen sich nämlich nicht öffnen. Es werden die verrücktesten Geschichten über Leute erzählt, die tagelang in Boxcars eingeschlossen waren und nur überlebten, weil etwa der Anhänger Bier geladen hatte oder man sie gerade noch rechtzeitig entdeckte.

Ein lautes Zischen ist zu hören, dass meinem Herz einen Hüpfer versetzt. Wir machen uns bereit. Alle haben wir funkelnde Augen und ein breites Grinsen im Gesicht, von einem gespitzen Ohr bis zum anderen. Wir wagen kaum zu atmen.

Aus der Ferne ertönt ein *Tonktonktonk*, das immer schneller und lauter wird und schließlich in dem ersehnten Rucken und einem lauten Krachen gipfelt. Dann das stetige *Tonktonktonk*, das nun wieder leiser wird. Wir taumeln und sehen den Schotter und die Gleise langsam vor der Türöffnung verbeiziehen. Dann der Wachturm. Dann lösen Bäume die Gleise ab, und der Zug nimmt Geschwindigkeit auf.

»*WOHOOOOOO!!*«

Wir lachen und jubeln und feiern unseren Erfolg. Es ist meine erste Fahrt in einem Boxcar, und ich liebe es. Wir sind vor der prallen Sonne und eventuellem Regen geschützt, es ist weniger laut als ein Piggyback, man kann herumlaufen und sich ausstrecken. Red warnt uns, nicht zu nah an der Türöffnung zu stehen, man wisse nie, wann der Drachen zuckt. Nicht selten hört man von Hobos, die während der Fahrt aus einem offenen Boxcar fallen und so ihren Tod finden.

Als wir die letzten Häuser hinter uns gelassen haben und uns durch Wälder und Täler schlängeln, ziehe ich meine Schuhe aus und lege mich flach auf den Bauch mit dem Kopf in die Türöffnung, um den Fahrtwind zu spüren. Die Jungs und Red legen sich neben mich, und so fahren wir die ersten hundert Meilen und genießen schweigend die Landschaft.

Hinter einer Kurve taucht der Kegelberg auf. Massiv steht er inmitten der Wälder und fängt mit seinem Kopf den Nebel ein. Dann verschwindet er hinter Bergen und Bäumen, kommt wieder hervor und lässt schließlich seine schneeweiße Spitze im blauen Himmel erkennen. Hin und wieder stehen ein paar Wanderer in kleinen Gruppen neben den Gleisen und sehen uns vorbeirauschen. Sie erwarten keine Passagiere, und im Bruchteil einer Sekunde sind wir bereits wieder außer Sicht. Dann lichten sich die Bäume, wir nähern uns einer Ortschaft und ziehen uns in den Schatten zurück. Für Unterhaltungen ist es zu laut, wir behelfen uns mit Mimik und Gestik und teilen Essen und Getränke. Die beiden Jungs sind angenehme Begleiter. Sie sind höflich und glücklich und lassen sich ihre Freude anmerken.

Irgendwann steht Red auf und pinkelt in die hinterste Ecke.

»Das ist ein guter Platz dafür«, sagt er, als er zurückkommt und meinen Blick sieht.

Er meint es vollkommen ernst, und als auch mir die Blase zu platzen droht, laufe ich hinüber in dieselbe Ecke. Von seinem

Urin ist nichts mehr zu sehen. Er hat recht. Hier kann ich mich entspannt hinhocken und laufe nicht Gefahr hinunterzufallen. Im richtigen Winkel können die anderen maximal ein bisschen nackte Haut an meiner Hüfte erkennen, und der Fahrtwind ist zu schwach, um mein Pipi hochzuwirbeln, wohl aber ausreichend, um es nach nur wenigen Minuten zu trocknen.

Pinkeln erscheint mir jedes Mal wie eine Tortur. Eine lästige Notwendigkeit, die man nicht umgehen kann. Die gefährlich werden kann und mich vor meinen Mitreisenden entblößt. Ich versuche, es stets bis zur letzten Minute hinauszuzögern, obwohl ich bereits weiß, dass ich mich früher oder später überwinden muss.

Der stetige Wind und Staub trocknen Haut und Hals aus. Nach nur wenigen Stunden merke ich, wie mein Körper und Geist müde werden. Meine Gedanken kreisen im Nichts, und ich starre auf die vorbeiziehende Landschaft. Irgendwann lege ich mich an das vordere Ende des Boxcars, nutze meinen Rucksack als Kissen und schlafe ein. Mein Körper schaukelt angenehm im Rhythmus des Zuges, und die frische Luft weht mir um die Nase.

Ich erwache von einem starken Rucken, das mich gegen die Wand rollen lässt. Plötzlich wird es so dunkel, dass ich die Hand vor den Augen nicht erkennen kann. Auch die Geräusche und die Luft haben sich verändert. Klare metallisch klappernde Geräusche durchbrechen das ohrenbetäubende Rauschen. Wir sind in einem Tunnel. Ich greife nach meiner Kopflampe, die ich seit Wochen bei Tag und Nacht um meinen Hals trage. Ich leuchte zu den anderen hinüber und erkenne Red, der nicht weit von mir entfernt gegen die Wand gelehnt sitzen. Die beiden anderen stehen an der Tür, mit angespannten Körpern, die Hände fest an den Türrahmen geklammert.

Nach ein paar Minuten dringt vorsichtig Tageslicht durch die Türöffnung, es breitet sich aus, und dann blendet uns plötzlich gleißende Helligkeit, als der Drache aus dem Tunnel bricht und die Geräusche schlagartig weicher werden.

Wir schlängeln uns durch weitere Tunnel, mal längere, mal kürzere. Bei einem besonders langem ziehen wir uns die Bandanas über Mund und Nase, weil uns die Abgase das Atmen erschweren. Red setzt sich zu mir, und wir sehen uns Schulter an Schulter das Spiel von Schatten und Licht an. Immer wieder flackert Northbank Freds Tag auf und versinkt wieder in der Dunkelheit. Seit zwanzig Jahren durchquert sein Name an dieser Wand das Land. Im Sommer und im Winter, mit ständig wechselnder Fracht, wechselnden Passagieren. Ausgerechnet dieses Boxcar haben wir erwischt. Ich frage mich, wie hoch die Wahrscheinlichkeit war und ob es Northbank Fred je passiert ist, dass er nach Jahren noch einmal im selben Boxcar landete. Ob er sich dann an die erste Fahrt erinnert hat. Ob er sich darüber gefreut hat oder es ihm zu denken gab.

»Ich gaube, die Zeit ist reif für meinen erstes und einziges Tag.«

Red sieht mich überrascht an.

»Ich dachte du tagst nicht.«

»Das ist die Ausnahme.«

June 2017
This will be my one and only tag.
I am from a country across the great big
ocean, coming here to hop your

freighttrains and experience your landscape and
people. I want to thank you, you, all
these people, these beautiful people on my
journey across the country from the east-
to the westcoast.
Of all the adventures of today's world,
this might be one of the greatest.
Thank you.
Stay safe, stay brave, stay honest.
Love,
T.

Mi., 14. Juni
Klamath Falls

Noch vor Sonnenuntergang erreichen wir Klamath Falls in Oregon. Es ist heiß geworden, nachdem wir die Berge hinter uns gelassen haben. Die Luft ist warm und schwer, auch der Fahrtwind bietet keine Abkühlung mehr.

Stetig werden wir langsamer, und das anschwellende Quietschen wird begleitet von dem Krachen und Rucken des Anhängers.

Ich ziehe mir Socken und Schuhe an und stelle meinen Rucksack neben die Türöffnung. Hinter sumpfigen Grasflächen und Böschungen taucht eine Landstraße auf. Ein weiteres Gleis schlängelt sich neben unserem entlang und spaltet sich wieder und wieder, sodass sich schließlich mehr und mehr Gleise neben unseren reihen.

Ich kann nur ahnen, wie es auf der anderen Seite des Zuges aussieht. Es scheint ein großer Güterbahnhof zu sein. Unser Zug ist lang, und wir sitzen in einem der hinteren Anhänger. Noch sind wir zu schnell, um abspringen zu können, aber wenn wir Glück haben, kommen wir noch vor dem Hauptteil des Bahnhofes zum Stehen. Ich sehe die Aufregung in den Augen der beiden Jungs. Sehe Red, wie er sich konzentriert umsieht. Er scheint abzuwägen, ob es schlauer wäre, noch während der Fahrt abzuspringen, noch bevor wir inmitten von Bahnarbeitern, Zäunen, Zügen und Gleisen landen. Dann allerdings taucht direkt neben uns ein weiterer Zug auf. Die Wagen ziehen nur wenige Meter entfernt an uns vorbei und versperren uns die Sicht. Wir haben nun nicht mehr ausreichend Platz, um sicher neben dem Zug zu landen und auszulaufen. Wir werden warten müssen, bis wir stehen.

Langsam rollen wir in den Yard ein. Es quietscht und kracht und schaukelt ein letztes Mal, dann ist alles ruhig. Auch wir halten noch mehrere Sekunden inne, mit gespitzten Ohren und wachen Augen. Als nichts zu hören und keine Bahnarbeiter zu sehen sind, schwingt sich Red aus dem Container, geht bei der Landung mit fließender Bewegung in die Hocke und späht unter unseren Anhänger hindurch auf die andere Seite. Dann bedeutet er uns zu folgen. Ich gebe ihm erst seinen, dann meinen Rucksack, einer der Jungs reicht mir die Hand, und ich springe auf den harten Schotter. Die plötzliche Stille nach dem stundenlangen Rattern dröhnt in meinen Ohren. Meine Beine müssen sich erst an den festen Untergrund gewöhnen. Wir sind weit genug vom Bahnhof entfernt, und doch habe ich ein ungutes Gefühl.

Zwischen den Wagen ist es so eng, dass wir kaum nebeneinanderstehen können. Mit beiden Händen kann ich leicht beide Züge berühren. Wenn einer losführe und Fahrt aufnehmen würde, wäre es schon schwer, das Gleichgewicht zu halten. Würden sich beide in Bewegung setzen, könnte ich von Glück reden, lebendig hier rauszukommen. Auch die anderen sind angespannt. Wir laufen in Fahrtrichtung, um so schnell wie möglich einen sicheren Weg aus dieser Zwickmühle zu finden. Die Jungs gehen voran, ich dicht dahinter, Red bildet das Schlusslicht.

Die Stadt liegt noch ein paar Meilen nördlich. Während wir schnaufend durch den schmalen Gang eilen, scheint die Abendsonne seitlich durch die Container und lässt die Schweißperlen auf unseren Gesichtern orangerot funkeln. Nach zwanzig oder dreißig Anhängern wird es uns zu heikel. Wir kommen dem Bahnhof zu nahe, und ein lautes Zischen verkündet, dass bei einem der Züge die Bremsen gelöst werden. Wir müssen sofort aus dieser Gasse raus. Die Jungs schwingen sich auf die Metallsprossen und ziehen sich hinauf.

Red bedeutet mir, mich zu beeilen, und gibt mir Rückendeckung. Mein Rucksack kommt mir schwerer vor. Ich schaffe es erst beim zweiten Versuch und presse meinen zitternden Körper an die Metallsprossen, um meine Arme kurz zu entlasten, bevor sie mich sicher über die Kupplung bringen müssen. Es kracht, und ein starkes Rucken durchfährt die Anhänger. Ich klammere mich fest an das Metall, meine Finger werden weiß und mein Magen verknotet sich. Red hängt mit bleichem Gesicht einen Wagen weiter. Wir wagen nicht, uns zu rühren. Erst als es wieder still wird und der Drache erstarrt, höre ich Red flüstern: »JETZT!«

Ich löse die schmerzenden Finger meiner Rechten. Schweiß läuft mir in Augen und Mund, als ich mich über die Kupplung hangle und jeden Moment ein weiteres Rucken erwarte. Doch der Drache bleibt zahm, und ich gelange sicher auf die andere Seite. Ich greife ein letztes Mal nach einer Metallsprosse und lasse meine Füße nach unten baumeln, bis meine Zehen schließlich den Schotter berühren. Dann lasse ich los, schwanke kurz und richte mich auf.

Red läuft auf mich zu, schweißüberströmt und mit rotem Kopf, er sieht sich konzentriert um. Wir befinden uns in einer weiteren Gasse, eingepfercht zwischen zwei Zügen. Wo die anderen beiden sind, wissen wir nicht. Das Ende des nächsten Zuges ist nur wenige Waggons hinter uns in Sicht. Zügig laufen wir darauf zu und atmen auf, als wir sehen, dass wir jetzt nur noch wenige Gleise von einem Feldweg entfernt sind.

Kein Bahnarbeiter weit und breit. Wie aus dem Nichts tauchen die Jungs auf, und wir machen uns schleunigst davon. Red weist uns an, den hinteren Anhänger mit einigen Metern Abstand zu umgehen. Man wisse nie, was passiert, der Anhänger könnte gerade verkoppelt werden und dann plötzlich mehrere Meter nach hinten springen. Wir lassen die Gleise und die Gefahr erleichtert hinter uns, betreten den Feldweg und folgen ihm bis zu den ersten Gebäuden, wo der Pfad in eine asphaltierte Straße übergeht.

Ich spüre meinen müden Körper, den Schmutz auf meiner Haut und in meinem Gesicht. Eine dunkle Schicht, die sich an Händen und Falten verdichtet und sich mit Schweiß vermischt. Ich bin glücklich. Eine neue Stadt, eine neue Etappe.

Wir kommen an einem verfallenen Holzhaus vorbei, das Teil des städtischen Museums ist und inmitten einer Rasenfläche steht. Die grünen Halme wiegen sich im warmen Wind und schimmern im Licht der untergehenden Sonne. Sehnsüchtig schauen acht Augen auf die Wiese, und ohne viele Worte zu wechseln lassen wir einstimmig unsere Rucksäcke fallen und legen uns in den bequemen Museumsvorgarten. Reds Schnarchen ertönt nach nur wenigen Sekunden. Ich döse weg, stehe aber nach kurzer Zeit wieder auf, um mir meinen Pullover überzuzuziehen. Die Sonne versinkt hinter den niedrigen Gebäuden und hinterlässt eine frostige Kälte, die mir in die müden Knochen zieht. Auch die anderen erwachen schnell und sind überrascht von der plötzlichen Kälte.

Ein junger Mann mit Plastiktüte kommt auf uns zu. Den ersten Menschen, den wir in dieser Stadt erblicken. Er rät uns abzuhauen, bevor die Bullen kämen. Man dürfe nicht vor dem Museum schlafen. Dann geht er ohne ein weiteres Wort.

Ein paar Straßen weiter finden wir eine Pizzaria. Seit dem gestrigen Abend haben wir nichts Vernünftiges gegessen. Nur ein paar Nüsse, Müsliriegel und Äpfel. Als wir durch die Tür treten, drehen sich alle Anwesenden nach uns um und starren uns an. Wir müssen wild aussehen, mit großen Rucksäcken, zerschlissenen Kleidern und schmutzigen Gesichtern.

Ich gehe ins Badezimmer, um die Toilette zu benutzen. Als ich vor dem kleinen Spiegel stehe, erkenne ich meine müden Augen in einem Gesicht, an dessen Anblick ich mich erst gewöhnen muss. Ich habe dunkle Schatten unter den Augen, meine Haut ist rauh und fleckig. Eine rote Nase sitzt zwischen roten Wangen unter einer dreckverkrusteten Stirn. Lange Haarsträhnen haben sich aus meinem Zopf gelöst und stehen zerzaust vom Kopf ab. Am Hals haben sich dunkle Streifen gebildet: getrocknete Rinnsale von Schweiß, die sich ihren Weg durch den Schmutz gebahnt haben. Das Wasser im Waschbecken verdunkelt sich, als ich meine Hände darunter halte, und die Seife wirft braune Blasen. Es dauert eine Weile, bis es wieder klar wird, ohne dass sich der Schmutz vollständig entfernen lässt.

Ich bestelle eine Schinkenpizza und setze mich nach draußen zu den anderen. Dort stehen nahe an der Straße ein paar Tische unter breiten Sonnenschirmen. Ich hole Jacke und Mütze aus meinem Rucksack. Der plötzliche Temparaturabfall macht mir Sorgen, ich frage mich, ob mir in der Nacht nicht zu kalt wird. Red sitzt mit dem Rücken zum Fenster. Als ich an ihm vorbeisehe, erkenne ich ein halbes Dutzend Amerikaner Pizza und Pommes in ihre Münder schaufeln, während sie uns nicht aus den Augen lassen. Ich setze mich neben Red und frage mich, ob nur mir diese Blicke auffallen.

Die Tür öffnet sich, und der Kassierer stellt uns vier Pizzakartons auf den Tisch. Ich lege mir den warmen Karton auf die Oberschenkel und genieße die Wärme, die sich auf und in mir aubreitet, als ich die ersten Bissen hastig hinunterschlinge.

Eine junge Frau hält am Zaun und sieht uns ungeniert zu. Als einer der Jungs sie fragend ansieht, lädt sie uns zu einer Ping-Pong-Party ein, die zwei Blöcke weiter stattfindet. Sie trägt ein langes buntes Gewand, das ihr um den Körper flattert, außerdem eine schwere Goldkette auf der Stirn. Sie nennt uns die genaue Adresse und weht davon. Ein alter Mann, der bereits seit einer Weile an der Straßenkreuzung steht, kommt wenig später an den Zaun.

»Ich habe mich gerade über die Sonne gewundert.«

Normalerweise, sagt er, gehe die nämlich auf der gegenüberliegenden Seite der Stadt unter.

»Sieht so aus, als wäre es heute eine ganz besondere Nacht«, sagt Red freundlich und lächelt den Alten an.

Der starrt weiter in den Himmel, dann schüttelt er ein weiteres Mal den Kopf und läuft leicht federnd in Richtung Ping-Pong-Party.

»Dieser Ort ist verrückt!«, höre ich einen der Jungs sagen und bin erleichtert, dass sie meine Verwunderung teilen.

Mittlerweile werden die Straßen von Laternen erhellt, und wir können unseren Atem sehen. Red wird unruhig. Er muss zum Bahnhof, um seinen gebuchten Zug zurück in den Süden zu erwischen. Als wir wenig später zu viert am Bahngleis stehen, kommt uns die Szenerie völlig absurd vor. Der erleuchtete Personenzug rollt ein, und wir sehen ein paar Passagiere in den bequemen Sesseln sitzen und aus der hellen Wärme in die dunkle Kälte blicken.

»Ich kann dir meine Decke dalassen. Es ist verdammt kalt hier draußen.«

Red gibt mir sein Bündel, und ich nehme es wortlos entgegen.

»Ich werde dich vermissen.«

»Ich dich auch. Kommst du klar?«

»Klar.«

»Ruf an, wann immer du was brauchst. Und komm bald wieder.«

»Das werde ich.«

»Und jetzt *komm her!*«

Er zieht mich zu sich heran und umarmt mich lang und fest. Dann drückt er mir einen Kuss auf den Mund und schwingt sich den Rucksack über die Schulter. Er schüttelt den Jungs die Hand, klopft ihnen auf ihre Rücken und sagt, sie sollen bloß auf mich aufpassen. An der Zugtür dreht er sich noch einmal zu uns um und winkt. Dann senkt er den Arm, lässt die Finger erst auf den Lippen, dann auf dem Herzen ruhen, senkt seinen Blickt und steigt ein. Zu dritt stehen wir für ein paar Minuten einfach da und starren auf die Tür, hinter der Red verschwunden ist.

»Es ist so komisch, ihn mir in diesem Zug vorzustellen.«

Die beiden stimmen mir zu, ohne die Tür aus den Augen zu lassen. Es passt einfach nicht. In diesem Zug wird Red plötzlich zu einem alten, schüchternen Mann, der versucht, seine schmutzige Kleidung zu verbergen. Ein normaler Mann mit einem normalen Job und einem normalen Nachhauseweg. In unseren Augen ist Red ein Held. Ein O. G. Ein freier Wilder, der sein Leben lebt. Einer, zu dem wir aufsehen.

Der Zug rollt davon in den nächtlichen Süden.

Wir haben unseren Anführer verloren und müssen uns nun neu kennenlernen. Ben fängt an zu erzählen, während wir zurück in die Stadt laufen. Er ist Anfang zwanzig, hat dunkle kurze Haare und einen gepflegten, zarten Schnurrbart in seinem runden Gesicht. Er kennt Scotty aus der Schulzeit. Seit drei Jahren verbringen sie die Wintermonate mit verschiedenen Jobs und sparen das Geld, um den ganzen Sommer auf Zügen durch das Land zu reisen. Sie können sich nichts Schöneres vorstellen. Was könnte es auch Schöneres geben?

Scotty ist der Stillere der beiden. Er spricht leise und sieht mir nicht in die Augen. Wenn er lächelt, sieht er überrascht aus.

Wir laufen eine Weile durch die leeren breiten Straßen. Aus dem Gebüsch kommt ein großer Dicker mit zerschlissenen Hosen, Lederweste und Hut auf die Straße gestolpert. Er geht direkt auf uns zu und fragt, ob wir einen Schlafplatz suchen. Er sei mit ein paar anderen Kids unterwegs. Dort, hinter den Mülltonnen, nicht weit von den Gleisen. Ich sehe die irritierten Gesichter von Ben und Scotty, die mir das Antworten überlassen. Ich lehne dankend ab. Der Große zuckt mit den Schultern und verschwindet Richtung Mülltonnen.

»Wir versuchen, diese Leute zu meiden.«

Ich bin überrascht. Wäre ich allein, hätte ich mich über diese Begegnung gefreut. Ich hätte dankend angenommen und wäre auch hinter den Mülltonnen verschwunden.

»Warum?«

»Die sind meistens total drauf. Auf Drogen und allem möglichen Scheiß.« Langsam dämmert mir, dass Ben und Scotty nur auf den ersten Blick zu den Dirty Kids zählen. Mir wird schnell klar, dass es ihnen nicht um diese Kultur, um das Leben auf der Straße geht. Sie sind nicht auf der Flucht. Sie wollen einfach nur mit den Güterzügen fahren, ihr Land entdecken und im Freien übernachten, weil es das letzte richtige Abenteuer unserer Zeit ist, für das man keinen Cent bezahlen muss. Sie sind nicht obdachlos. Sie machen keinen Urlaub. Sie sind auf Reisen.

Zu unserer Rechten taucht eine brache Fläche auf, mit zerrissenen Betonplatten, aus denen Gräser wachsen. Daneben eine leerstehende Halle. Wir sehen uns um, und als wir ein paar Ratten entdecken, die durch die Schatten der Gebäudemauern huschen, beschließen wir, unsere Matten weit entfernt vom Gebäude auf einer Betonplatte auszubreiten.

Zuerst schmeißt Scotty seinen Rucksack auf den Boden und legt somit seinen Schlafplatz fest. Dann sucht er nach einem Platz zum Pinkeln. Ben und ich sehen uns an. Er sagt, ich solle mich zwischen die beiden legen, wegen der Kälte. Ich breite meine Matte und meinen Schlafsack einen halben Meter neben Scottys Rucksack aus und entferne mich ein paar Schritte, um mir die Zähne zu putzen. Ben legt die Pizzakartons in einiger Entfernung auf den Boden und breitet sein Lager direkt neben meinem aus. Dann zieht er seine Stiefel aus und legt sich den Schlafsack über die Beine. Er trägt eine grobe, gefütterte Jacke und eine Wollmütze. Er dreht sich eine Zigarette, lehnt sich zurück und pustet den Rauch in den dunklen Himmel.

Scotty kommt zurück, öffnet seinen Rucksack und zieht einen großen, dick gefütterten Daunenschlafsack heraus, der ihn warm durch die Nacht bringen sollte. Er nästelt an seiner kleinen Pfeiffe und füllt sie mit Gras. Dann zieht er ein paarmal, bevor er sie Ben reicht. Sie haben dieses gegenseitige Verstehen, ohne viele Worte wechseln zu müssen. Sie kennen sich, wahrscheinlich besser als sonst jemand. Ich lege mich zwischen die beiden, und Ben reicht mir die Pfeiffe. Ich ziehe einmal und reiche sie dann Scotty.

»Ich hab mein Gras in den Holzschnitzeln vergraben.«

Wir lachen leise, als wir uns an den Morgen erinnern. An Simon und Dom. An die Polizisten, an Red.

Ich ziehe mir meine kaputte Hose über die Leggings und meine Kapuzen über die Mütze. Dann krieche ich in meinen Schlafsack und breite die Decke aus, die mir Red gegeben hat. Es ist der Innenteil eines großen Zeltes. Ich lege sie mit dem einen Ende unter mich und werfe den Rest über mich. Dann sehe ich Bens dünnen Schlafsack und breite sie auch über ihn aus. Sie ist groß genug für uns beide.

»Danke. Wenn es dir nachts zu kalt wird, kannst du kuscheln kommen.«

Von Scotty ertönt ein Lachen, und Ben sagt, er habe sich schon oft in den kalten Nächten an Scotty gekuschelt. Es sei ja nichts dabei, schließlich wäre fremde Körperwärme die beste Wärmflasche. Wir sagen uns Gute Nacht, und ich versuche, nicht an die Kälte zu denken, die bereits in meine Beine kriecht.

Als ich wieder aufwache, sind nur wenige Stunden vergangen. Ich zittere am ganzen Körper. Die Kälte dringt durch

Matte, Decke und Schlafsack, durch all meine Kleiderschichten hindurch und treibt die letzte Wärme aus meinen Knochen. Meine Zähne schlagen gegen meine Knirschschiene, als ich den Kopf durch die kleine Lücke stecke, die ich mir zum Atmen gelassen habe. Die eisige Luft brennt in meinen Augen und kitzelt in der Nase. Ich will mir die Decke enger um den Körper wickeln, aber als ich nach ihr greife, bemerke ich, wie eine dünne Eisschicht zerbröckelt. Ich richte mich auf und traue meinen Augen nicht. Alles ist mit Frost bedeckt, der Löwenzahn, die Betonplatten, unsere Rucksäcke und Decken.

Scotty schläft einen warmen Daunenschlaf, aber Ben ist ebenfalls von der Kälte aufgewacht.

»*Verdammte Scheiße*, ist das kalt!«

Ohne ein weiteres Wort zieht er seine Matte dicht an meine und hebt die Decke, damit ich darunterkriechen kann. Ich rutsche zu ihm, bis mein Rücken an seinem Bauch liegt, er zieht die Beine an und legt den Arm um mich. Uns ist beiden scheißekalt, und wir sind dankbar für jedes bisschen Wärme, das wir bekommen können. Die frostige Decke ist fest über unsere Körper gezogen, und wir stecken so tief wie möglich in unseren Schlafsäcken.

Es dauert ein paar Minuten, bis wir endlich die Wärme des anderen spüren und zu zittern aufhören. Er wird still und ich höre nur Bens Atem, der langsamer und regelmäßiger wird.

Erst zum Sonnenaufgang wache ich wieder auf. Ich habe mich kaum bewegt, Bens Arm liegt auf mir, und ich schiebe vorsichtig die Decke nach unten. Der Himmel am Horizont ist ganz diesig und blass. Mein Atem bildet feine Kristalle an meinem Halstuch, das ich über Mund und Nase gezogen habe. Kurz vor Sonnenaufgang erreichen die Temperaturen ihren

Tiefpunkt. Mein Körper ist ganz steif. Ich kann mich kaum bewegen in all den Kleidern und Decken. Meine Hüfte schmerzt, ebenso die Schulter, auf der ich stundenlang gelegen habe.

Ich sehe Bens müde Augen aufblitzen: »Lass uns mal umdrehen.«

Er bewegt sich sachte, damit keine kalte Luft unter die Decke kriecht, und ich drücke meinen Körper an seinen. Sofort geht mir ein Kälteschauer über den Rücken, der Bens wärmenden Bauch gewohnt ist. Dafür erwachen nun meine Knie und Brust aus der Kältestarre.

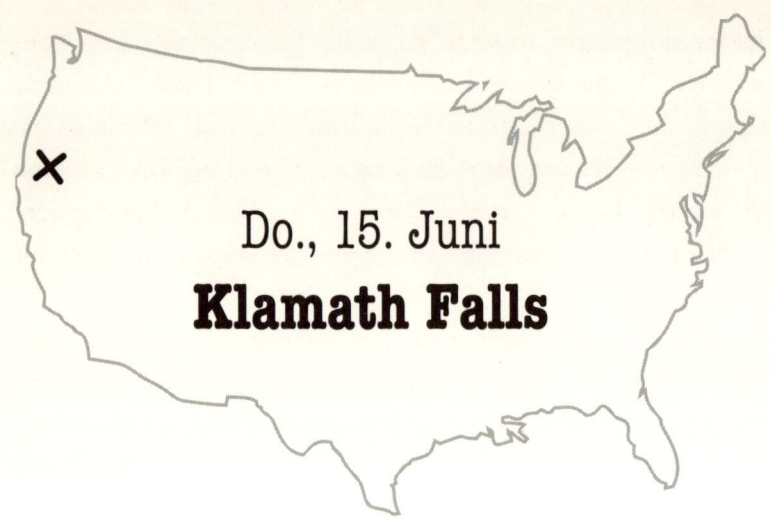

Do., 15. Juni
Klamath Falls

Es kostet der Sonne viel Mühe, uns am frühen Vormittag mit ihrer Wärme aus unseren Schlafsackhöhlen zu locken. Mein Oberkörper und mein Kopf beginnen zu schwitzen, und ich werfe die feuchtwarme Decke von mir. Meine Beine und Arme sind immer noch taub vor Kälte. Ich drehe mich auf den Bauch und klemme meine Arme unter meinen Körper, bevor ich wieder einschlafe. Scotty ist schon wach, als ich die Augen wieder öffne. Er sitzt im Schneidersitz auf seiner Matte und frühstückt die kalte Pizza.

»Keine Ratten?«, frage ich zum Morgengruß.

»Keine Ratten«, antwortet Scotty und reicht mir ein Stück.

Ich strecke mich, und endlich kehrt Leben in meinen Körper zurück. Meine Hände fühlen sich geschwollen an, meine Augen sind ganz verquollen. Hin und wieder kommt ein Auto vorbeigefahren, ansonsten ist nicht viel los. Ben wacht wenig später auf und greift sich ein Stück Pizza. Es herrscht angenehme Stille beim Frühstück. Die Nacht hängt uns noch in den

Knochen, wird aber allmählich von der Vorfreude auf den sonnigen Tag vertrieben.

Ich schlage vor, unsere Vorräte aufzustocken, etwas zu essen, dann den Bahnhof auszukundschaften. Vielleicht können wir am frühen Abend einen Zug in Richtung Süden erwischen. Ben und Scotty sind einverstanden, und wir machen uns auf den Weg.

Die Teile der Stadt, die wir durchqueren, wirken verlassen. Trockene Brisen wehen durch staubige Straßen. Die Sonne brennt heiß und lässt die Luft über dem Asphalt flimmern. Mein Rucksack schneidet in meine Schultern. All die warme Kleidung und die zusätzliche Zeltdecke sind darin verstaut, die mir jetzt absurd vorkommen, von denen ich mir für die Nacht aber mehr wünschen würde.

Die Häuser wirken renovierungsbedürftig. In den Vorgärten vertrocknet der Rasen und bildet mit der vergilbten Farbe der Holzfassaden eine homogene Blässe, die sich bis an den Horizont zieht, wo hin und wieder ein sandiger Hügel in den Himmel ragt. Unter den dürftigen Carports parken rostige Kleinwagen.

Drei Gestalten sitzen im Schatten ihres Hauses auf der abgetretenen Holztreppe ihrer Veranda. Die Frau winkt uns zu sich. Sie trägt Shorts und Flipflops und hält ihre wirren Locken mit einem Haarreif aus dem Gesicht. Neben ihr sitzt ein unscheinbarer Junger mit Basecap. Er hat die Füße auf der Treppenstufe vor sich abgestellt, sodass seine knochigen Knie fast bis zu den Ohren seines Kopfes ragen. Daneben lehnt ein zweiter, pickliger Junge gegen das Geländer, das sich unter seinem Gewicht gefährlich wiegt.

»Seid ihr auf Reisen?«

Wir bleiben stehen und genießen die kühle, schattige Luft.

»Yup«, antwortet Ben.

Wir kommen ins Gespräch. Die Frau erzählt von ihrem Haus und der günstigen Miete. Von ihrer Tochter, die in der Stadt lebt, von der zusammengebrochenen Holzindustrie und den seither fehlenden Arbeitsplätzen. Klamath Falls ist die Stadt mit der höchsten Arbeitslosenrate in Oregon. Wenn man hier Geld verdient, dann mit Kartoffelanbau, Holz und Tourismus. Die Frau sagt, früher sei es ganz anders gewesen. Da hatte ihr Mann sie auch noch nicht verlassen. Jetzt muss sie sich neben ihrem eigentlichen Job noch Geld dazuverdienen, um über die Runden zu kommen. Ihr Sohn ist arbeitslos. Der mit den knochigen Knien. Sein Kumpel hier neben ihm auch. Sie helfen ihr beim Grasanbau und -verkauf. Das ist ihr zweites Standbein.

»Oh, toll! Unser Gras wird zufällig gerade knapp.«

Ben und die Frau kommen gleich ins Geschäft. Sie fragt mich, ob ich auch etwas möchte, sie hätte gerade eine besonders feine Sorte da. Ich gebe ihr fünf Dollar, und sie füllt mir meinen leeren Tabakbeutel bis zum Rand mit herrlich duftendem Marihuana. Dann mustert sie mich mit mütterlich besorgtem Blick.

»Das Leben ist hart auf der Straße.«

Ich sage nichts.

Sie drückt meinen Arm.

»Ich weiß, wovon ich rede.«

Ich bedanke mich für das Gras und gehe zurück zu den anderen. Ich möchte mir nicht ihre Geschichten anhören und ihr auch nicht meine erzählen. Ich will meine letzten Tage mit leichten Unterhaltungen, lebensfrohen Menschen und Blödeleien verbringen.

Ben und Scotty haben bereits ihre Rucksäcke aufgesetzt. Auch sie wollen weiter.

»Kommt wieder, wenn ihr noch mehr braucht!«, ruft uns die Frau noch nach, dann sieht sie uns in der nächsten Kurve verschwinden.

Wir lassen die vertrockneten Vorgärten und staubigen Straßen hinter uns. Die ganze Stadt lassen wir hinter uns, füllen noch unsere Vorräte beim letzten Supermarkt und treten dann hinaus auf einen Feldweg, der uns auf dornige Brachflächen den Gleisen näher bringt. Es ist eine ewige Weite, die uns umgibt. Vor uns liegt nichts außer sandiger Böden, aus denen tote Sträucher ragen. Kein Baum, der uns Schatten spendet. Irgendwo am Horizont werden Züge verkoppelt. Man kann das Krachen hören. Ben setzt seinen Rucksack ab und zaubert einen riesigen schwarzen Regenschirm hervor. Ich muss lachen. Nicht im Traum hätte ich darüber nachgedacht, einen Regenschirm auf diese Reise mitzunehmen.

»Du glaubst, ich bin verrückt, dass ich den quer durch das Land schleppe? Du wirst schon sehen, wer zuletzt lacht!«

Scotty läuft grinsend an uns vorbei und schenkt Bens Regenschirm ein anerkennendes Nicken. Er hat Kopfhörer im Ohr und wippt seinen Kopf im Takt. Auch Ben hört Musik. Bisher habe ich nur beim Trampen oder auf dem Zug meinen iPod benutzt. Jetzt gefällt mir der Gedanke, den Marsch mit ein bisschen Musik zu untermalen. Mein Rucksack kommt mir gleich viel leichter vor, das Laufen weniger anstrengend. Jeder ist für sich, die eigenen Gedanken, die eigene Geschwindig. Hin und wieder singt einer laut mit, wir lächeln uns an. Dann tauschen wir die Geräte. Mobb Deep, Paul Simon und Muse begleiten unseren Weg zu den Gleisen. Als sie nur noch wenige Hundert Meter von uns entfernt sind, entdecken wir ein kümmerliches Bächlein, das sich den Weg durch einen schattigen Graben bahnt. Wir folgen ihm und finden die Quelle in einem riesigen Betonrohr direkt unter unserem Pfad. Klares Wasser strömt heraus.

»Das sieht nach meiner Dusche aus!«, juble ich, werfe meinen Rucksack in den Sand und schlüpfe aus meinen Schuhen.

Während ich nach Handtuch und Seife stöbere, machen Ben und Scotty es sich auf ihren Matten bequem und stopfen ihre Pfeiffen mir reichlich Gras. Ich suche mir eine geeignete Einstiegsstelle und streife Hemd und Hose herunter. Als ich in die Hocke gehe und mein rechtes Bein in das Wasser strecke, bin ich überrascht, wie warm es ist. Ich taste nach dem Boden, und schlammige Algenpartikel kitzeln meine Fußsohle. Mein Fuß muss erst durch zentimeterdicken Schlamm tauchen, bevor er den Grund berührt. Der ganze Tümpel ist ein undurchsichtiges Braun, das mir bis zur Hüfte reicht, aber aus dem Rohr kommt ein klares Rinnsal. Ich stelle Seife und Shampoo auf einen Stein und schöpfe das fließende Wasser mit beiden Händen über meine Haare und das Gesicht. Es ist etwas kühler als die Brühe, in der ich stehe, und bringt die ersehnte Erfrischung. In Shirt und Unterhose schäume ich mir Haare und Körper ein.

»Da geh ich nicht rein! Da bin ich doch vorher sauberer als danach!«

Ben steht oben auf dem Rohr und schaut naserümpfend in die Brühe, in die ich meinen schaumigen Körper lege. Als ich mich wieder aufrichte, bin ich bedeckt mit Schlamm- und Algenpartikeln.

»Gibst du mir deinen Becher?«

Er kommt mit seiner blechernen Kaffeetasse zurück, und ich halte sie unter den Wasserstrahl. Es dauert eine Weile, bis ich Seife und Dreck von mir abgeschöpft habe. Dann ziehe ich mir ein frisches T-Shirt über, umwickle mir die Haare mit meinem Handtuch und stelle mich auf einen Sandberg, um gute Sicht auf die Gleise zu haben. Es sind viele Arbeiter unterwegs. Wir hätten keine Chance, uns ungesehen den Gleisen zu nähern. Hinzu kommt, dass die Züge anscheinend alle nach Norden und Osten fahren. Ich kann eine Brücke erkennen, hinter der die Gleise in südlicher Richtung abzweigen.

»Wir müssen auf die andere Seite!«

Ben klettert zu mir hinauf, Scotty kommentiert im Liegen. Ein paar Minuten genießen wir noch unsere Pause, dann machen wir uns auf den Weg.

Der Bereich unter der Brücke ist mit Maschendraht umzäunt. Ein kleiner Durchgang ist freigeschnitten, durch den wir klettern. Die Unterführung scheint über Jahrzehnte Hobos beherbergt zu haben, sie ist über und über mit Tags versehen. *Danglin' Doug* hat im August 1991 sein Tag hinterlassen, *JT* im Oktober 1993. Es sind Hunderte. Einige wurden von irgendeinem Vollidioten in knalligem Blau übersprüht, weshalb man die Namen und Daten nur noch erahnen kann. Hätte diese Brücke Augen und Ohren, könnte sie uns gewiss die verrücktesten Geschichten erzählen. Vom stundenlangen Warten, von gefährlichen Auf- und Absprüngen, von Verfolgungsjagten mit Bahnarbeitern oder der Polizei. Die Hobos waren vermutlich schon hier, bevor es diese Brücke überhaupt gab.

Wir klettern aus der Unterführung und rollen unsere Matten aus. Wir fühlen uns ganz ehrfürchtig, wie nach einem

Museumsbesuch. Scotty stromert noch ein bisschen herum und schläft schließlich ein. Ben und ich widmen uns unseren zerschlissenen Kleidern. Er ist von meiner Zahnseide- und Lederflickentechnik, die mir Zach beigebracht hat, ganz begeistert und wartet geduldig, bis ich den Dreißig-Zentimeter-Riss in meiner Jeans sorgfältig geflickt habe und ihm Nadel und Zahnseide weiterreiche. Dabei unterhalten wir uns über allerlei und nichts, genießen die Wärme und rauchen zufrieden unser Gras.

»*Abgefahren!* Das ist mal ein *richtiger* Halo!«, sagt Ben plötzlich und zeigt in den Himmel.

Ich lege meinen Kopf in den Nacken und blinzle in die mittägliche Sonne. Einen Sonnenring habe ich vorher noch nie gesehen. Durch unseren fliegt sogar noch ein Flugzeug, dessen Kondensstreifen einen kunstvollen Schatten wirft. Es wirkt geradezu surreal. In meiner Faszination kann ich mich kaum abwenden, obwohl mir die Augen zu tränen beginnen. Als ich den Kopf wieder senke, lasse ich den Blick automatisch prüfend zu den Gleisen wandern. Dort hat sich noch nichts getan. Das Einzige, was in ständiger Bewegung ist, sind die Wolken, die sich alle paar Minuten neu vereinen und verwischen. Obwohl kein Lüftchen zu spüren ist, bewegen sie sich zügig durch das blasse Blau des Himmels.

Ich stoße Ben in die Rippen und zeige wortlos auf den Himmel über den Gleisen. Irgendetwas geht vor sich. Wie ein riesiger Vogelschwarm, der ständig neue Formationen einnimmt, kreisen die Wolken über den Gleisen. Nur nicht schwarz und laut, sondern weiß und leise. Irgendwann sammeln sie sich an einer Stelle und bilden einen Knoten, der anschwillt und sich zuspitzt, von den restlichen Wolken löst und in seiner weißen

Schwere dunkle Schatten wirft. Die Nase senkt sich tief über die Gleise und sinkt immer weiter herab, bis sie sich schließlich in tausend kleine Wolkenknospen ausbreitet und auflöst. Das alles passiert in weniger als fünfzehn Minuten, und ich sehe ungläubig zu Ben hinüber, dessen Mund ebenfalls offen steht.

»Was zur Hölle!«

Wir starren zurück zum Himmel, doch die Show scheint vorbei zu sein.

Als es dunkel wird, geben wir auf. Auf den Gleisen bewegt sich nichts. Es wäre ohnehin zu schade, die Fahrt in der Nacht zu erleben. Wir könnten nichts sehen von der Landschaft.

Wir laufen ein paar Hundert Meter zum leeren Parkplatz eines geschlossenen Supermarktes, breiten unsere Matten aus und unterhalten uns noch ein wenig, bevor wir einschlafen.

Ben und ich teilen uns im stillen Einverständis die Decke und legen uns dicht aneinander. In dieser Nacht verschlafe ich den Frost und die Kälte.

Do., 15. Juni
Klamath Falls

Wir brechen früh auf und setzen uns an die gleiche Stelle wie am Vortag. Einer der geparkten Züge ist verschwunden. Der andere steht reglos an seinem Platz. Es bleibt ruhig auf den Gleisen. Gegen Mittag verlässt uns die Zuversicht – wir werden es weiter nördlich in der Stadt versuchen müssen, wo die Güterzüge in Wartestellung stehen, bis der Personenverkehr durch den Bahnhof gerollt ist.

Wir füllen unsere Kanister auf, besorgen uns Zutaten für Wraps und fotografieren uns vor einer bunt bemalten Wand mit einem riesigen Wasserfall und kreisenden Falken. Klamath Falls steht in großen Lettern darüber. Daher also der Name.

Die Sonne steht tief am Horizont, als wir eine Kirche mit großem Parkplatz neben den Gleisen ausfindig machen. Nur ein Auto steht dort geparkt, der Priester jätet gemeinsam mit einem Gemeindemitglied das Unkraut aus dem Blumenbeet. Wir winken ihnen zu, sie heben irritiert die Hände zum Gruß, dann legen wir unsere Rucksäcke an den Bordstein und steigen den Schotter hinauf, um uns zu vergewissern, dass wir den richtigen Ort gefunden haben. Im Laufe des Abends fahren zwei oder drei Züge in Richtung Norden. Unser Süd-Gleis bleibt leer.

Wir machen uns leckere Wraps mit Gemüse und Käse und essen sie genüsslich mit unseren schmutzigen Händen. Als es dunkel wird, rücken wir mit unseren Matten näher an die Gleise. Der Priester und seine Gehilfin sind mittlerweile nach Hause gefahren. Ben wäscht sich mit ein paar Frischetüchern, die sich dunkelbraun färben. Die Stunden vergehen, und wir ziehen uns mehr und mehr über, bis wir schließlich unter unseren Schlafsäcken liegen. Die Schuhe geschnürt, bereit, um jederzeit auf einen Zug zu springen. Wir wechseln uns ab: Einer schläft, zwei schieben Wache. Irgendwann wird schon der richtige Zug kommen.

Die Straßenlaternen erhellen den Parkplatz, unseren Schlafplatz, den wir gern verlassen würden. Wir wollen nicht noch einen weiteren Tag hier verbringen müssen. Gegen Mitternacht werde ich müde und Ben löst mich ab. Scotty zeigt keine Müdigkeit, geht alle paar Minuten eine Runde und taucht von irgendwo wieder auf. Dann setzt er sich kurz, hört ein zwei Lieder, lässt den Fuß im Takt wippen, richtet sich wieder auf und verschwindet in der Dunkelheit. Ich döse weg und schrecke auf, als mich Ben an der Schulter rüttelt.

»Der Zug kommt!«

Ich springe auf und sehe den Drachen über das Gleis rollen. Er ist schnell, noch zu schnell, um aufzuspringen, aber er rollt auf dem richtigen Gleis, in Richtung Süden. Scotty klettert bereits mit geschultertem Rucksack den Schotter hinauf. Ben ist ihm dicht auf den Fersen. Ich rolle Schlafsack und Matte zu einer großen Rolle zusammen und schnalle sie hastig an meinen Rucksack. Die Decke klemme ich mir unter den Arm und greife nach meinem Kanister. Als ich oben ankomme, sind mir Ben und Scotty bereits weit voraus. Ich erkenne ihre kleinen Schatten in der dunklen Ferne.

Mein Herz rast. Ich werde sie nicht einholen können. Mein Rucksack ist zu schwer, meine Muskeln zu weich, meine Lunge zu schwach. Zwei ganze Tage haben wir auf diesen Zug gewartet, und nun rauscht er an mir vorbei. Das *Taktaktaktak* hört sich plötzlich wie ein garstiges *Hahahaha* an. Der Zug lacht über meine Schwäche, meine Feigheit.

Aber ich werde nicht zurückbleiben. Ich werde Klamath Falls noch heute verlassen. Was Scotty und Ben können, kann ich auch. Ich werfe den Wasserkanister und die Decke ins Gebüsch. Zu viel Ballast. Mit festgezurrten Hüft- und Schultergurten laufe ich los in die Dunkelheit hinein, an dem Gleis entlang, auf dem die schweren Anhänger bedrohlich an mir vorbeirattern. Der verdammte Schotter lässt mich immer wieder umknicken, einknicken, langsamer werden. Meine Knie zittern und meine Knöchel schmerzen. Die Container rauschen an mir vorbei, einer nach dem anderen. *Taktaktaktak. Hahahaha.* Jeden Einzelnen sehe ich mir an, meine Augen zucken hin und her zwischen Schotter und Container. Mir wird fast schwindelig. Es ist kein *Ridable* dabei. Kein Anhänger, auf dem man sicher mitfahren könnte. Bei dem einen fehlt der Boden, der Nächste hat keinen Sichtschutz, dann folgt ein Dutzend versiegelter Fahrzeugtransporter. Ich laufe weiter und weiter, aber der Zug bleibt gnadenlos. Er will mich einfach nicht haben. Ich renne, um zu sehen, ob ich wenigstens für ein kurzes Stück die Geschwindigkeit halten könnte, um aufzuspringen, aber ich habe keine

Chance. Ich komme gefährlich ins Schwanken und verlangsame meine Schritte wieder. *Hahahaha.* Ich verfluche den Zug, seine Geschwindigkeit, sein höhnendes Gelächter. Ich sehe mir die Container nicht mehr an, starre verbissen an ihnen vorbei auf den Schotter, der mir das Laufen erschwert. Ich werde schnell müde und muss mich konzentrieren, um nicht hinzufallen.

Eine Brücke taucht vor mir auf. Sie trägt die Gleise über eine Straße und lässt nur wenig Platz zwischen dem Gleis und einem dünnen Metallgeländer. Ich laufe weiter, ohne meine Schritte zu verlangsamen. Ich muss noch näher an den Zug, um die Brücke zu überqueren. Mit dem ersten Schritt wird mir die tatsächliche Enge bewusst, und ich werde starr vor Angst. Das schwere, ungnädige Metall rauscht nur wenige Zentimeter an mir vorbei. Ich drehe meinen Körper weg, der Fahrtwind brennt in meinen geweiteten Augen. Ich habe mich verschätzt, meinen Rucksack und die große Bettrolle nicht mit einberechnet. Der Stoff streift jetzt zwar nur leicht einen der Container, doch es reicht, um mir einen unsanften Schubser zu verpassen und mich ins Schleudern zu bringen. Ich greife verzweifelt nach den dünnen Metallstangen des Brückengeländers und spüre, wie der untere Teil meines Körpers weiter in Fahrtrichtung gezogen wird. *Nicht loslassen. Bloß nicht loslassen.* Ich klammere mich mit aller Kraft an das dünne Metall und ziehe meinen Körper heran. *Taktaktaktak, HAHAHAHA!* Alles rauscht. Ich atme tief durch und schließe die Augen. *Lass ihn ziehen. Das ist es nicht wert.* Der Drache rauscht und rauscht neben mir her, und ich hänge weiter schlaff und resigniert an dem Brückengeländer. Sein Schwanz zieht an mir vorbei und nimmt das Lachen und Schnaufen mit in die dunkle Ferne.

Ich bleibe zurück in einer unheimlichen Stille und Finsternis. Er ist weg. Weg, ohne mich. Ich bin immer noch hier.

Langsam löse ich meinen Griff von der Metallstange und richte mich mit zitternden Knien auf. Ich spüre mein Herz rasen und höre meinen Atem rasseln. Von Ben und Scotty ist nichts zu sehen. Nichts zu hören. Wo sind sie? Ist ihnen der Aufsprung gelungen? Sie haben wesentlich weniger Gepäck und mehr Erfahrung als ich. Sie sind schneller und waghalsiger. Aber was, wenn auch sie sich überschätzt haben? Wenn sie verletzt sind?

Ich atme noch einmal tief durch und versuche, mich zu orientieren. Ich stehe inmitten des Bahngeländes. Ich bin so weit gelaufen, dass ich nun näher am Personenbahnhof als an der Kirche bin.

Für eine Weile stehe ich reglos da. Was für eine Scheiße. Ich hätte nicht gedacht, dass unsere gemeinsame Reise so abrupt und unsanft enden würde. Der Schotter knirscht unter meinen Füßen, und ich höre meinen Atem bei jedem dritten Schritt, während ich auf den Bahnhof zulaufe. Ich lasse die Brücke hinter mir und komme an einem Stapel Betonplatten vorbei.

»Psssst!«

Ein Zischen dringt hinter den Platten hervor. Ich kneife die Augen zusammen und erkenne die Umrisse einer Gestalt. Sie winkt mich zu sich. Ich atme erleichtert auf, als ich Ben erkenne, und hocke mich neben ihn.

»Hast du Scotty gesehen?«

»Nein!«

»Fuck.«

Wir warten noch einige Minuten und suchen konzentriert die Dunkelheit nach einem Lebenszeichen von Scotty ab.

Nichts. Wir schleichen weiter zum Bahnhof und sehen uns dort um. Auch hier fehlt von Scotty jede Spur. Dann gehen wir durch die Stadt zurück zur Kirche. Voller Hoffnung gehen wir zu unserem alten Platz, sehen dort aber nur den nackten Asphalt, auf dem Scotty eben noch seine Matte ausgebreitet hatte.

»Glaubst du, er ist aufgesprungen?«

»Nee! Dieser Hurensohn von einem Zug war viel zu schnell!«

Ben sieht sich mit besorgtem Blick um und lehnt sich gegen seinen Rucksack.

»Scotty taucht vermutlich bald hier auf.«

Er klingt nur wenig überzeugt. Ich halte die Stille nicht aus und gehe los, um mir die Decke und den Wasserkanister wiederzuholen. Ich finde sie im Gebüsch und befreie sie von Dornen und Ästen. Als ich zurückgehe, sehe ich jemanden über den Parkplatz laufen. Scottys gebückter, federnder Gang.

»Scotty!«

Mit großen Schritten laufe ich den Hang hinunter, und wir kommen gleichzeitig bei Ben an.

»Wo bist du denn abgeblieben?«

Ben kann seine Erleichterung nur schwer verbergen.

Scotty erzählt, wie er versucht hat, sich auf einen der Hänger zu schwingen. Es gelang ihm auch, aber der Wagen hatte keinen Boden, und er wäre beinahe auf die Gleise gefallen. Er musste wieder abspringen und den Drachen ziehen lassen.

Wir sind enttäuscht über unser Scheitern und doch erleichtert, uns wiedergefunden zu haben. Noch einmal breiten wir unsere Matten aus und machen es uns bequem. Ich bin müde. Auch Ben möchte sich hinlegen. Scotty übernimmt die erste Schicht.

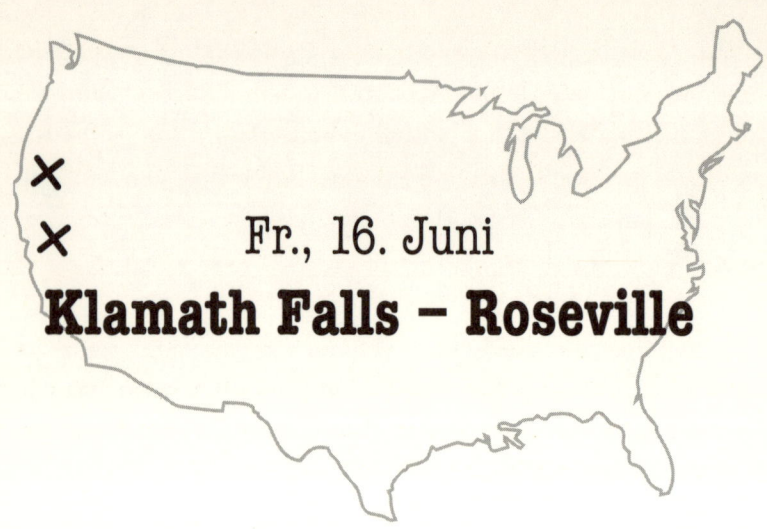

Fr., 16. Juni
Klamath Falls – Roseville

Ich erwache aus dem Halbschlaf vom Rattern und Quietschen eines Zuges. Ich habe jegliches Zeitgefühl verloren. Als ich aufschaue, sehe ich Scotty den Hang hinunterstolpern, und stoße Ben an, der sich in seinen Schlafsack verkrochen hat. Er schreckt sofort auf und hat in wenigen Sekunden seinen Rucksack geschultert. Wir laufen hinauf. Ich bin so müde, dass ich den Adrenalinrausch kaum wahrnehme.

Oben am Hang bleiben wir stehen und lassen den Zug an uns vorbeiziehen. Er wird stetig langsamer. Immer langsamer. So langsam, dass ich den Rost an den Rädern im Straßenlaternenlicht erkennen kann. Es sind eine Vielzahl verschiedener Anhänger. Der Zug kommt zum Halt und wir stehen vor einem Getreideanhänger, einem *Grainer*, der sich nach unten hin verschmälert und ein paar Meter Platz zum Sitzen bietet. Der Boden ist durchgängig – nur wenige Löcher – und die Seitenwände so hoch, dass man im Liegen unentdeckt bleibt.

Scotty klettert hinauf und winkt uns zu sich. Ben schwingt sich hoch, dann ziehe ich meinen müden Körper die schmalen Metallsprossen hinauf. Ich lege meinen Rucksack neben Bens, Scotty seinen an das andere Ende. Wir nicken uns zufrieden zu, rollen unsere Matten aus und legen uns hin. Nach nur wenigen Minuten dröhnt ein Krachen durch den Bahnhof und unser Hänger ruckt. Das Metall beginnt, unter meinem Rücken zu vibrieren. Wir rollen los, ganz langsam. Rollen an dem menschenleeren Bahnhof vorbei, und kommen inmitten der Dunkelheit wieder zum Stehen. Der Himmel ist ein Meer aus Sternen. Scotty späht die Gleise entlang.

»Wir sind immer noch im Bahnhof«, flüstert er und bedeutet uns mit einer Handbewegung liegen zu bleiben.

Ich lege die Decke über meine Beine und döse nach wenigen Minuten weg. Als ich aufwache, ist es immer noch dunkel und ruhig. Der Zug hat sich nicht bewegt. Ich rolle meinen Schlafsack aus, krieche mit Schuhen hinein und werfe die Decke über mich und Ben, der vor Kälte zittert. Ich hoffe, dass kein Arbeiter kommt, der sein Schnarchen hört.

Ich wache erst wieder auf, als der Zug in der Morgendämmerung Klamath Falls verlässt. Scotty scheint gar nicht geschlafen zu haben. Seine geröteten Augen und blauen Lippen, zwischen denen sein kalter Atem hervordringt, schimmern in der ersten Helligkeit des Tages. Jetzt holt auch er seinen Daunenschlafsack heraus und breitet ihn zufrieden aus.

Endlich. Endlich verlassen wir diesen Ort. Raus aus der Stadt, über die karge Ebene und hinein in die Berge. Ich bleibe liegen und genieße das Vibrieren des Bodens, den frischen Fahrtwind und den Blick auf den langsam heller werdenden

Himmel. Als die Sonne ihre Strahlen auf die Dächer der Anhänger wirft, steigt mir plötzlich ein vertrauter Duft in die Nase.

Es riecht nach Kaminfeuer. Ich richte mich auf und sehe die Landschaft bis zum Horizont bedeckt mit dichten Nebelschwaden, aus denen Bäume ragen. Irgendwo muss der Wald brennen. Mein lautes Lachen geht unter im Rattern des Zuges. Was für ein herrlicher Morgen! Die frische Waldluft gemischt mit dem herrlich harzig-rauchigen Duft des Waldbrandes. Die Sonnenstrahlen, die ihre Bahnen durch die Nebelschwaden ziehen und mein kaltes Gesicht wärmen. Der Drache, der sich unbekümmert durch den Rauch schlängelt. Der plötzliche Nervenkitzel durch die drohende Gefahr des Waldbrandes. Scotty schwingt seinen Körper über die Kupplung zu den Metallsprossen, die zum Dach hinaufführen. Wie ein Äffchen mit wehendem Haar hangelt er sich hinauf und verschwindet aus meiner Sicht. Ich beneide ihn um seinen Mut, seine Lässigkeit. Dort oben muss er einen fantastischen Blick auf das Spektakel haben. Für mich ist das Risiko zu groß. Ein falscher Schritt, ein falscher Griff oder ein plötzliches Rucken des Zuges, und ich würde den Halt verlieren. Lieber eine limitierte Sicht als den Tod.

Nach wenigen Minuten schwingt sich Scotty wieder in unsere sichere Wanne. Seine Haare sind ganz zerzaust, seine Wangen gerötet, und er strahlt übers ganze Gesicht. Mann, muss der sich großartig fühlen!

Wir fahren weiter und lassen den Rauch hinter uns. Fahren durch Tunnel und schlängeln uns um Berge und durch Täler. Irgendwann kommt der Zug in einer Kurve zum Stehen. Es ist sieben Uhr morgens, zu unserer Linken liegt das Hauptgleis, dahinter ein staubiger Berg. Zu unserer Rechten geht es nach wenigen Metern steil bergab, bis sich die Dürre auf einer großen, kargen Ebene ausbreitet. Nur ein paar Büsche wachsen hier. Hin und wieder ein niedriger Nadelbaum.

Wir klettern aus unserer Wanne und vertreten uns die Beine auf der Dürreseite. Bis zum Horizont kann man kein Zeichen der Zivilisation ausmachen. Die Pause tut gut. Diese Ruhe nach dem ununterbrochenen Lärm der Fahrt. Das Stehen auf festem Grund, das Ausstrecken. Der Wagen lässt noch ein stetiges Klicken und Klonken hören. Es dauert eine Weile, bis das Metall sich beruhigt hat. Ein Zug rollt vorbei, den wir nur hören, aber nicht sehen können. Dann ein lautes Zischen. Die Bremsen lösen sich, und es ist Zeit für uns, wieder aufzusteigen.

Es geht weiter hinein in die Berge. Hin und wieder taucht der Kegelberg in der Ferne auf. Mal zu unserer Rechten, mal zur Linken. Vom Dach aus würde man ihn die ganze Zeit sehen können. Von da oben könnte man die ganze Welt sehen!

»Zur Hölle!«

Ich geife nach einer Metallsprosse und schwinge mich auf das schmale Trittgitter neben der Kupplung.

»Gehst du hoch?«

»JA!«

Mit der einen Hand klammere ich mich an unseren Wagen, strecke dann die andere aus, um nach dem Wagen vor uns zu greifen. Unter mir, zwischen meinen Füßen ruckelt die riesige Kupplung. Zwei rostige Metallarme, die ineinandergreifen und durch ein wenig Spielraum die Unebenheiten ausgleichen. Wie ein Mörser in einer Schale gräbt sich das eine Ende in das andere und knirscht bedrohlich. Darunter der verschwommene Boden. Er rauscht so schnell vorbei, dass ich keinen Stein, keinen Grashalm erkennen kann. Ich lasse los, greife schnell nach der anderen Seite und ziehe den hinteren Teil meines Körpers nach. Dann schwinge ich mich in die gegenüberliegende Wanne. Wenn ich auf das Dach steige, dann auf dieser Seite, in Fahrtrichtung. Es passiert häufiger, dass der Zug abrupt ruckt, weil er bremst, nicht weil er beschleunigt. Wenn ich falle, dann auf das Dach und nicht in die Lücke zwischen den Anhängern.

Ich zögere noch kurz, um meinen Mut zu sammeln. Ich werde es mir nicht anders überlegen, ich habe mich bereits entschieden. Aber ich brauche einen Moment, um mich zu überwinden und zu konzentrieren. Es sind sieben Sprossen bis nach oben. Das sind nicht viele, aber der Abstand zwischen ihnen ist recht groß. Ich muss das Bein fast bis zum Anschlag anziehen, um die nächste zu erreichen. Ich will so schnell wie möglich oben sein. So wenig Zeit wie möglich auf den Sprossen zwischen den Hängern verbringen. Ich greife mit beiden Händen fest um eine der mittleren Sprossen und schwinge meinen Körper über den davonrasenden Boden. Als ich kurz nach unten blicke, macht mein Herz einen Hüpfer und beginnt zu rasen. Das Blut rauscht durch meinen Körper, im selben Tempo, in dem der Boden unter meinen Füßen davonzieht.

Ich sehe meine Füße auf der letzten Sprosse stehen. Sie fühlen sich unangenehm fern von meinem Körper an. Ich drücke mich so nah es geht an den Zug heran und strecke meinen rechten Arm nach der nächsthöheren Sprosse aus. Gleichzeitig hebe ich das rechte Bein und suche nach der nächsten. Mein Kopf beginnt zu jucken, als mir unter der Mütze der Schweiß auf die Stirn tritt. Ich klettere weiter und greife so fest zu, dass meine Finger schmerzen. Ich rechne jeden Moment mit einem Rucken. Als mein Kopf endlich über das Dach des Anhängers ragt, peitscht mir der Fahrtwind in das verschwitzte Gesicht und lässt mich die Augen zusammenkneifen.

Entsetzt sehe ich, dass die Leiter im Nichts endet. Nichts, woran ich mich hochziehen, woran ich mich festhalten könnte. Da ist nur eine große glatte Lücke, die keinerlei Halt bietet. Etwa eine Armlänge entfernt ist ein Trittgitter verschraubt, das bis zum anderen Ende des Wagens führt. Die Löcher sind zu klein, als dass ich mit den Fingern hineingreifen könnte. Ich lege meinen Oberkörper auf die glatte Fläche. Meine Füße stehen auf einer der oberen Sprossen, sie verlieren ihren sicheren Stand, sobald ich sie durchstrecke. Ich klammere mich an die Kanten des Trittgitters und ziehe mich mit aller Kraft hinauf. Dann krieche ich auf allen Vieren vorwärts, bis ich genügend Abstand zum Abgrund habe, und lege mich flach auf den Bauch. Wie eine Eidechse auf einem Steinboden, die kurz innehält, um Sonne zu tanken.

Ich brauche ein paar Sekunden, um mich zu sammeln. Mit geschlossenen Augen liege ich da. Ich spüre die gewaltigen Metallmassen die sich unter meinem Bauch bewegen. Spüre das Ziehen, das Ruckeln und wie mein Körper sich dem anpasst. Spüre die Macht des Drachens und meine eigene Machtlosigkeit. Der Fahrtwind peitscht an meinem Körper entlang, als wollte er mich abstreifen. Mich hinunterfegen, denn ich gehöre hier nicht hin. Ich störe die Aerodynamik, die Normalität, den gewöhnlichen Ablauf.

Ich sollte nicht hier sein. Sollte zu Hause sein, eine Arbeit verrichten, die sich in das Rad der Gesellschaft eingliedert. In einem Bett schlafen, Miete zahlen, Steuern zahlen, Versicherung zahlen, meine Rente einzahlen. Ich sollte heiraten, Kinder kriegen, den Haushalt führen, morgens aufstehen, abends schlafen gehen. Meinen Vorgarten pflegen, Laub fegen, mein Auto waschen, auf das Wochenende warten. Meine Urlaubstage zählen. Im Sommer an den Strand und im Winter in den Skiurlaub fahren. Ständig erreichbar sein. Berechenbar sein. Aber das bin nicht ich. Das werde ich nie sein. Ich bin hier auf dem Dach eines Güterzuges. Das ist mein Leben. Meine Rebellion. Eine Rebellion, die mir gehört und die niemandem schadet. Ja! Das ist mein Leben!

Ich drehe mich auf den Rücken, und der Wind befreit mich von der Anspannung. Ich hebe Arme und Beine in die Luft und drücke sie in den Himmel. Der Drache zuckt und schüttelt meinen Körper, aber ich liege sicher auf dem Trittgitter.

»Ha!«

Ich lache über seinen schwachen Versuch, mich loszuwerden. Einmal angefangen, kann ich es kaum unterdrücken.

HAAAHAHAHAHAAAAA!!!!!

Ich lache und lache über den Drachen, über meinen Sieg über ihn. Lache über mich selbst, über das Leben. Über die Freiheit, die ich mir nehmen kann, und die Schönheit, die sich mir bietet. Ich lache über die Reise, die Schwierigkeiten, die Verzweiflung, die Freude, das Glück. Irgendwann weiß ich nicht mehr, ob ich lache oder weine. Alles geht unter in einem großen, guten Rausch.

»WOHOOOO!«

Ich hebe den Kopf und sehe Ben auf dem gegenüberliegenden Anhänger sitzen und die Arme in die Luft werfen. Scotty liegt zu meinen Füßen, klammert sich irgendwie fest und strahlt mich über beide Ohren an.

»Kannst du das glauben?«

»Wooohohohoooooo! DAS IST DER WAHNSINN!!!«

Wir schreien uns gegen den Fahrtwind an und verstehen kaum unser eigenes Wort, hören nur unsere Jubelschreie. Ich drehe mich wieder auf den Bauch und richte mich langsam auf. Alles wackelt, alles versucht, mich aus dem Gleichgewicht zu bringen, aber ich breite die Arme weit aus und lehne mich gegen den Wind. Ein paar Sekunden halte ich es aus, dann lege ich mich wieder in Sicherheit. Mein ganzer Körper kribbelt. Arme und Beine. Mein Herz und mein Bauch. Mein Kopf rauscht. Ich spüre jeden Muskel, jede Vene, jeden Zentimeter meines Ichs.

»TUNNEL!« Als ich den Kopf drehe, sehe auch ich den Berg, auf den der Drache zurollt, das kleine schwarze Loch, in das er kriechen wird. Ich sehe Scottys Kopf verschwinden und Ben, wie er mit der Leiter kämpft. An sich wäre es auf dem Dach im Tunnel auch nicht gefährlicher, als es ohnehin ist, zumindest wenn ich flach liegen bleibe. Aber es wäre auf jeden Fall wesentlich unangenehmer. Ich krieche rückwärts auf die Leiter zu, greife fest nach dem Metalltritt und lasse meine Füße suchend hinunterbaumeln. Ein bisschen schwindelig wird mir nach dem langen Adrenalinrausch. Mein Körper muss sich erst an den fehlenden Druck des Windes gewöhnen. Nach und nach steige ich hinunter, mit zitterndem, aber festem Griff. Gerade als ich mich in die Wanne fallenlasse, umhüllt mich die absolute Dunkelheit.

Ich bin verrückt. Das war großartig!

Als es wieder hell wird, klettere ich zurück auf die andere Seite und lege mich auf meine Matte.

»Das war verrückt«, höre ich Ben neben mir sagen. Scotty nickt uns vom Fußende zu. Wir rauchen und lachen und schlafen dann völlig erschöpft ein.

Ein starker Krampf in meiner Bauchgegend weckt mich aus meinem seeligen Schlaf. Was zur Hölle? Es zieht bis zu meinen

Beinen hinunter. Ich richte mich auf und sehe mich um. Ben und Scotty schlafen tief. Wir fahren immer noch durch Berglandschaften. Die Sonne steht mittlerweile im Zenith, und ich schwitze in meinen Kleiderschichten. Ich ziehe Mütze, Jacke und Pullover aus, streife meine Hose hinunter, um meine Leggins auszuziehen.

Kühle Luft umhüllt meine Haut, und der Krampf lässt allmählich nach. Ich stopfe alles in meinen Rucksack und den Schlafsack zurück in den Beutel. Dann lehne ich mich gegen das kühle Metall. Ich fühle mich ganz schlapp und schwindelig. Den Druck in meiner Blase versuche ich zu ignorieren und lasse den Blick ziellos über die Landschaft schweifen. Wieder ein Krampf. Ich lege mich auf die Matte und versuche, mich ganz auszustrecken, um mich zu entspannen. Meine Beine kreuzen die von Ben, und meine Füße stecken in Scottys Kniekehlen. Ich lege meine Hände auf den Bauch bis der Krampf nachlässt. Der Druck in meiner Blase wird immer stärker. Ich muss dringend pinkeln, ob ich will oder nicht.

Mit Klopapier gerüstet klettere ich hinüber auf den anderen Anhänger, um ungestört zu sein. Ich öffne meine Hose und spüre, wie sich mein Hüftgurt mit dem Pass und allem darin von meiner verschwitzten Unterhose löst. Über eines der faustgroßen Löcher im Metall gehe ich in die Hocke.

Als ich fertig bin und das Klopapier hervorziehe, ist es voll mit Blut. Scheiße. Ich schwanke ein paar Schritte zurück und sehe, wie sich eine Blutlache auf dem Metallboden ausbreitet. Meine Unterhose ist mit Blut getränkt, meine Beine blutverschmiert. Ich habe mich verkalkuliert. Ich hätte meine Regelblutung nur einmal während dieser Reise bekommen sollen! Ich habe nur noch einen einzigen Tampon! So viel Blut!

Verdammt.

Ich versuche, mich so gut es geht mit Klopapier sauber zu machen und wische dann die Schweinerei auf dem Boden weg. Dann klettere ich hinüber zu meinem Rucksack, hole den letzten Tampon, eine saubere Unterhose und Frischetücher und steige zurück. Ben ist aufgewacht, sieht mich mitleidig an, nickt mir aufmunternd zu und blickt dann angestrengt in die entgegengesetzte Richtung, als ich auf dem anderen Wagen erneut die Hose herunterlasse.

Ich stehe gebückt in meinen Socken auf dem bebenden Boden und versuche, bei all dem Ruckeln nicht das Gleichgewicht zu verlieren. Zu allem Unheil ziehen sich die Gleise gerade parallel zu einem Highway. Ein Auto folgt dem nächsten. Einige fahren in derselben Geschwindigkeit wie wir, und ich kann sogar ohne Brille die Gesichter der Fahrer erkennen. *Wagt es ja nicht, die Bullen zu rufen nach dieser Showeinlage! Ihr werdet mich alle nie wiedersehen.*

Ich versuche, die Leute in den Autos zu ignorieren und kümmere mich um meine schmutzigen Hände, um den vor Dreck starrenden Finger, mit dem ich mir gleich den Tampon einführen muss. Ich versuche, ihn so gut es geht zu säubern. Nach vier Frischetüchern gebe ich auf. Sauberer wird er nicht. Unter Schaukeln und Schwitzen führe ich mir das Mistding ein und verfluche dabei meinen weiblichen Körper. Hätte ich einen Penis, könnte ich einfacher pinkeln und müsste mich nicht mit Tampons und einem krampfenden Unterleib auseinandersetzen.

Die benutzen Frischetücher und meine blutige Unterhose werfe ich über Bord. Dann ziehe ich mich wieder an und klettere zurück zu meiner Matte. Ben nickt mir zu und tätschelt mir den Oberarm. Ich muss lachen. So viel Sensibilität hätte ich ihm gar nicht zugetraut. Seine wortlose Anteilnahme tut gut. Das und die saubere Unterhose wirken Wunder. Ich fühle mich um einiges besser.

Wir schlängeln uns weiter durch die Landschaft und erhaschen den uns wohl bekannten Anblick auf den Kegelberg. Schon bald rattern wir auf Reds Caboose zu. Wir warten gespannt, ob jemand an den Gleisen steht, der sich über unseren Anblick freuen würde, aber der Ort scheint verlassen. Red ist zu seinem Alltag zurückgekehrt. Wahrscheinlich fährt er gerade selbst über die Schienen, wobei er diesmal eine saubere Uniform tragen wird und den Fahrtwind nur spüren kann, wenn er das Fenster der Fahrerkabine öffnet.

Nachdem wir den Kegelberg hinter uns gelassen haben, verändert sich die Landschaft. Aus Bergen werden flache Ebenen, auf denen riesige Mähdrescher ihre Bahnen ziehen. Aus Flussläufen werden Highways. Immer häufiger kommen wir durch kleinere und größere Ortschaften. Wir kreuzen Landstraßen, fahren an geschlossenen Schranken vorbei. Es wird immer heißer. Das Metall unserer Wanne speichert die Wärme der Sonne und bringt uns zum Schwitzen. Ben hat sich bereits bis zur Unterhose ausgezogen, Scotty die Ärmel seines Tshirts und die Hosenbeine hochgekrempelt, und ich liege barfüßig mit schweißnassem Shirt und in schwerer Jeans auf meiner Matte. Alle paar Minuten macht mir ein Krampf in der Bauchgegend zu schaffen. Durch das Schwitzen und Bluten habe ich das Gefühl auszutrocknen. Den Fünf-Liter-Kanister habe ich schon fast ausgetrunken, mir bleibt kaum noch ein Liter. Jeden kleinen Schluck lasse ich erst im Mund rotieren, bevor ich ihn hinunterschlucke. Bis Roseville sind es noch ein paar Stunden.

Als der Zug in einem Waldstück hält, genießen wir die kühle Luft und nutzen erneut die Gelegenheit, uns die Beine zu vertreten. Ben verschwindet mit einer Rolle Klopapier im Gebüsch. Nach drei Zigaretten ist er zurück, und wir sind bereit für die Weiterfahrt, doch der Drache scheint sich noch ein wenig ausruhen zu wollen.

Ich klettere zurück in unsere Wanne und lege mich auf den Rücken. Ich sehe die Container, die ruhig in den Himmel ragen. Sehe das Blätterdach des Waldes, das sich stumm in einer milden Brise wiegt und hin und wieder die Sonne hindurchscheinen lässt.

Ben und Scotty kommen bald nach und legen sich dazu. Wir sagen nichts, lauschen nur dem Dröhnen in unserem Kopf, das langsam nachlässt. Zuerst höre ich Ben schnarchen, dann wird Scottys Atem ganz ruhig und seine Lider bleiben geschlossen. Ich stelle mir vor, wie ich durch den Wald spaziere und zufällig an diesen Zug komme. Wie ich an ihm entlanggehe und nur die Geräusche meiner eigenen Schritte höre. Ab und zu das Zwitschern eines Vogels. Und schließlich noch ein anderes Geräusch. Eines, das ich hier nicht vermutet hätte. Bens Schnarchen an einem sonnigen Sommertag, das von einem Güterwaggon mitten in einem kalifornischen Wald ertönt – das wäre für mich das ultimative Geräusch der Freiheit.

Chrrrrrrpfffff.

Ich bin froh, Ben und Scotty getroffen zu haben. Mit ihnen ist das Reisen so leicht und unbeschwert. Sie sind keine gebrochenen Seelen, sind nicht auf der Flucht. Geschunden vielleicht, aber nicht gebrochen. Ihre Motivation ist ihre Abenteuerlust.

Bens Schnarchen wiegt mich in einen tiefen Schlaf.

Der Drache bringt uns weiter in den Süden. Die Temperaturen steigen stündlich. Wir liegen schlapp in unserer Wanne, dösen immer wieder ein. Meine Blutung ist stark, der Tampon schon längst überfordert. Ich stopfe Bahnen von Klopapier in meine Hose und bilde mir ein, dass ich im Liegen weniger blute. Unsere Wasservorräte gehen gefährlich zur Neige, und wir zählen die Meilen bis Roseville.

Endlich verdichten sich Straßen und Häuser, und neben uns tauchen weitere Gleise auf.

»Wir sollten noch während der Fahrt abspringen. Dieser Bahnhof ist verdammt riesig!«

Roseville hat den größten Güterumschlagbahnhof der Westküste. Wir werden bei Tag ankommen und auf den Schutz der Dunkelheit diesmal verzichten müssen. Es ist ein Hump-Yard, ein Güterbahnhof, der sich der Gravitation bedient, wenn es darum geht, die Züge zu verkoppeln. Das eine Ende liegt erhöht. Von dort werden Wagen entriegelt, durch die Schwerkraft über die Gleise getrieben und an einen im Tal liegenden Zug angekoppelt. *Rumms!* Andere Anhänger geistern geräusch- und führerlos über die Gleise und sind durch Menschenhand nicht zu stoppen. Wir sollten abspringen, bevor wir in den Hauptteil des Bahnhofes kommen.

Es werden immer mehr Gleise, auf einigen stehen ein paar Anhänger. Wir haben Glück, denn wir fahren auf dem äußeren. Zu unserer Rechten ist nur ein Graben, dahinter eine Mauer zu sehen. Hin und wieder öffnet sich eine Lücke zu einem Trampelpfad, der zu einer asphaltierten Straße führt. Eine davon wird unser Fluchtweg sein. In der Ferne können wir eine Brücke erkennen, dahinter den ersten Wachturm. Unsere Rucksäcke stehen fertig gepackt neben der Leiter. Scotty trägt seinen bereits geschultert, lässig, als hätte er kein Gewicht. Als ich mich vorbeuge, um meine Stiefel zu schnüren, wandert mein Blick auf Scottys Füße, die nackt und schmutzig in offenen Sandalen stehen. Er bückt sich kurz, um den Klettverschluss fester zu ziehen. Der wird sich noch alle Knochen brechen, denke ich.

Ich bin bereit und richte mich auf. Die Brücke kommt immer näher, aber wir sind viel zu schnell. Mein Herz beginnt zu rasen. Wenn ich mich entscheiden muss zwischen Polizei oder Tod, wähle ich lieber Ersteres. Mir persönlich erscheint das selbstverständlich, trotzdem weiß ich, dass viele tatsächlich den Tod riskieren, um die Polizei zu vermeiden. Ben und Scotty sind keine Draufgänger in dem Sinne, aber sie sind wesentlich waghalsiger als ich.

»Fuck, wir kommen immer näher!«

Ich sehe Bens Augen, die weit aufgerissen hin- und herzucken und den Boden zu fokussieren versuchen. Scotty schwingt sich auf die andere Seite, hangelt sich die Sprossen hinunter, hält für den Bruchteil einer Sekunde inne und lässt los. Wir sehen ihn in riesigen Schritten den kurzen Schotterhang hinablaufen, fast fliegen, dann ist er schon außer Sicht. Auch Ben klettert die Sprossen hinab, hängt für ein paar Sekunden angespannt in der Luft, lässt dann ebenfalls los und verschwindet aus meinem Sichtfeld. Ich bin allein. Der Zug rauscht weiter. Die Brücke kommt immer näher. Ich kann schon die Autos erkennen, die sie überqueren. *Das ist mir zu schnell.* Ich lasse die Decke und den leeren Kanister in einer Ecke liegen und blicke hinunter auf die Gleise. *Rattattata. Hahahaha.* Ich kann den Boden nicht erkennen. *Werd endlich langsamer!* Ein kurzes kräftiges Rucken, das mich fast aus dem Gleichgewicht bringt und irgendeine Veränderung ankündigt. Der Drache wird nicht langsamer, sondern schneller! *Ich muss hier weg. Jetzt oder nie!* Mein Gehirn scheint auszusetzen. *Los los los!* Die Dauerschleife in meinem Kopf synchronisiert sich mit dem *Rattatata*. Mit schwitzenden Händen klammere ich mich panisch an die Sprossen. *Das ist zu schnell. Viel zu schnell.* Mein Rucksack drückt gegen den Fahrtwind und zieht mich nach unten. Ich streife den einen Arm aus dem Schultergurt und werfe ihn mit dem anderen so weit es geht von mir ab. Mein Blut gefriert, als ich sehe wie der Rucksack über den Schotter fliegt, Staub aufwirbelt und sich überschlägt, bevor er reglos liegen bleibt. Die Brücke ist nur noch wenige Hundert Meter entfernt. *Zu schnell, viel zu schnell!* Ich lasse mein rechtes Bein hinunter und halte mich mit eisernem Griff fest. Dann das linke Bein. Der Fahrtwind lässt meinen Körper nach hinten wehen. Um die Geschwindigkeit besser einschätzen zu können, lasse ich kurz meine Füße den Schotter berühren. Zack, reißt es mir die Beine weg. Erst nach einigen Versuchen, wenn ich alle Muskeln anspanne und bereits in der Luft zu rennen beginne, kann ich meine Schritte einigermaßen kontrollieren. Ich ziehe mich noch einmal hoch, atme mehrmals tief durch, lasse dann die Beine wieder hinunter, immer weiter, immer weiter. Ich renne und renne und berühre den Schotter. Meine Beine werden wie Windräder nach oben gepeitscht, ich ziehe sie nach vorn und lasse sie wieder hinunter. Drei, vier, fünf Mal, dann lasse ich los.

Der Zug rauscht an mir vorbei, der Boden verschwimmt unter meinen Füßen. Ich schleudere meine Füße nach vorn, meinem Körper hinterher, der im Sog des Zuges gefangen ist. Hin und wieder berührt einer meiner Füße den unebenen Boden, streift ihn nur, knickt ein, wird weitergezogen. Ich versuche, langsamer zu werden, versuche, meine Beine zu kontrollieren, komme jedoch bei dem Versuch schon gefährlich ins Schwanken.

Ich renne weiter und weiter, und das Gefühl kommt endlich und allmählich von selbst. Der Hang wird zur Ebene und der Schotter zu festem Sand. Ich könnte jetzt anhalten, aber ich renne weiter. Weiter, weil ich kann. Weil ich meine Beine wieder spüre und nicht gestürzt bin. Weil ich lebe und mich lebendig fühle.

»Wohohooooo!«

Als ich nicht mehr laufe, muss ich mich hinlegen. Mein Herz rast, meine Lunge schmerzt, und alle Muskeln zucken. Lachend liege ich im Dreck, bis der Zug vorbeigerast ist. Als ich mich aufrichte, sehe ich Ben und Scotty aus der Ferne auf mich zulaufen. Ich gehe ihnen entgegen, auf halbem Weg sammle ich meinen Rucksack auf. Er ist genauso schmutzig wie ich, ich möchte mich fast bei ihm entschuldigen. Für alles, was er mit mir durchmachen muss. Ben und Scotty strahlen mich an.

»Das war komplett irre!«

Wir laufen weiter, bis wir einen Weg aus dem Gleisbereich herausfinden. Dann schmeißen wir unsere Rucksäcke in den Schatten eines Baumes und setzen uns kurz. Wir sind schweißüberströmt und adrenalingeladen. Glücklich, endlich angekommen zu sein.

In Roseville steht die heiße Luft. Die Sonne macht sich für die Dämmerung bereit, und die ganze Stadt wird von ihrem goldenen Licht durchflutet. Wir müssen Wasser und einen Schlafplatz finden. Roseville hat knapp zweihunderttausend Einwohner, und wir sehen keinen einzigen auf der Straße.

Ich folge Ben und Scotty auf der Suche nach einem Supermarkt. Wir kommen an zwei Geldautomaten vorbei, die mir Bargeld verweigern. Ich versuche es drei oder viermal, aber mir wird immer wieder versichert, dass mein Konto nicht ausreichend gedeckt sei. Wir laufen weiter. Ich bin so müde, dass mir beim Gehen die Augen zufallen. Ich muss aufpassen, dass meine Knie nicht nachgeben. Zu unserer Rechten taucht ein kleiner Supermarkt auf, wir lassen unsere Rucksäcke vor der Tür stehen und gehen hinein. Die klimatisierte Luft reicht nicht aus, um mich abzukühlen. Ich laufe direkt zum Kühlschrank und öffne die Tür. Als ich meinen Arm nach einem Rootbeer ausstrecke, umhüllt mich die wohltuende Kälte. Sie breitet sich auf meinem nackten Arm aus, wandert zu meinem Bauch, Rücken und die Beine hinunter. Die sonnenverbrannte Haut meines Gesichts spannt sich unter dem abrupten Klimawechsel.

Ich schließe die Augen und verharre regungslos. Für einige Minuten oder Stunden stehe ich so da, mit einer Hand auf dem Rootbeer und dem Körper halb im Kühlschrank.

»Alles in Ordnung?«

Eine kleine, runde Angestellte mit pinken Plastikkreolen legt ihre warme Hand auf meine kühle Schulter. Als ich mich zu ihr drehe, zieht sie schnell ihren Arm zurück und sieht mich erschrocken an.

»Ja, mir geht es gut. Ich habe nur die Vielfalt ihrer Kaltgetränke bewundert.«

Ich lasse sie vor dem Kühlschrank stehen und schlendere langsam durch die Regale. Im Vergleich zur großen Auswahl an Kaltgetränken ist die Hygieneartikelvielfalt eher dürftig. Es gibt nur noch eine Packung Tampons, Super Plus, zehn Stück mit Einführungsaplikation. Siebzehn Dollar. Ich lege sie zusammen mit Wasser, Rootbeer und Kaugummis auf den Tresen. Fünfundzwanzig Dollar will die Kreolenfrau von mir haben, und ich reiche ihr meine Karte. Sie nästelt eine Weile an dem Kartenlesegerät herum, dann gibt sie mir die Karte kopfschüttelnd zurück. Ich bitte sie, es noch einmal zu versuchen, habe aber wenig Hoffnung und krame in meinem Hüftgurt nach meinem letzten Geld. Ich habe nur noch acht Dollar. Ich gebe ihr fünf für Wasser und Rootbeer, lasse den Rest liegen und gehe aus dem Geschäft. Die Hitze erschlägt mich. Ich setze mich zu den beiden Jungs und stürze mein Rootbeer in wenigen Zügen hinunter.

»Kein Glück?«, fragt Ben und deutet auf meinen dürftigen Einkauf. »Keine Tampons?«

»Die haben noch eine Packung, aber ich hatte nicht genügend Kohle.«

Es ist mir peinlich, kein eigenes Geld zu haben. Mir noch nicht einmal eine Packung Tampons leisten zu können. Mich verkalkuliert zu haben, kein Geld aus dem Automaten zu bekommen. Ben steht auf, verschwindet in dem Laden und kommt wenig später mit der Packung Tampons heraus. Mir kommen fast die Tränen, als ich sie dankend entgegennehme und betreten zu Boden schaue. Ben streift mit seiner Hand leicht meine Schulter und geht hinüber zu Scotty. Sie unterhalten sich lauter als nötig, und ich kann mich in Ruhe sammeln.

Nachdem ich die Toilette des Supermarkts aufgesucht habe, rappeln wir uns auf und suchen weiter nach einem Schlafplatz. Ben nimmt wortlos meinen Rucksack, ich nehme seinen, der die Hälfte von meinem wiegt. Zwei Blöcke weiter finden wir einen Kirchenparkplatz und legen uns unter das Kreuz. Die Sonne verschwindet am Horizont und taucht den Himmel in ein intensives Rosa und Blau. Unsere müden Gesichter reflektieren die Farben der Wolken. Scotty raucht eine Pfeife, Ben hört Musik, lacht und tanzt im Liegen, und ich starre zufrieden in den Himmel.

Ich bin zu müde zum Schlafen. Mein Körper ist so schlapp, dass jede Bewegung, jede Überlegung zu anstrengend erscheint. Ich liege so schwer auf dem Rücken, dass ich nur darauf warte, mit meiner Matte im Asphalt zu versinken. Ich genieße den Gedanken, nicht mehr aufstehen zu müssen. So lange liegen bleiben zu können, bis ich mich ausgeruht habe. Einfach nichts zu tun, nur auf den Schlaf zu warten.

»Ihr könnt hier nicht liegen. Das ist eine Kirche!«

Ein grantiges Gemeindemitglied fährt in seinem Wagen vor und scheucht uns davon. Ben versucht noch, ihn zu besänftigen, aber der Christ kennt keine Gnade.

Wir laufen ein paar Schritte, der Wagen verschwindet, und wir legen uns hinter die heiligen Mülleimer. Keine zehn Minuten später werden wir wieder verjagt. Nicht von einem Gemeindemitglied, sondern von den Ratten, die sich im Müll tummeln und unsere Rucksäcke ins Visier nehmen. Noch einmal hieven wir die Rucksäcke hoch und schleppen uns über den Parkplatz. Am anderen Ende legen wir uns hinter ein Stromhäuschen.

Wir schwören, dass wir diesen Ort nicht mehr verlassen werden. Nichts wird uns davon abbringen, für immer hinter diesem Stromhäuschen zu bleiben.

Ohne mir die Zähne geputzt zu haben, ohne den Schlafsack auszurollen, ohne einen weiteren Gedanken zu fassen schlafe ich ein.

Sa., 17. Juni
Roseville

Wir verbringen den Vormittag im Schatten der Kirche. Die Sonne bringt uns auf dem Asphalt des Parkplatzes zum Kochen. Scotty hat in der Nähe einen Wasserhahn entdeckt, nacheinander füllen wir unsere Kanister und kühlen uns Kopf und Arme. Ben kann von der Erfrischung gar nicht genug bekommen und verschwindet alle halbe Stunde, um wenig später mit nassen Haaren und Kleidern wiederzukommen.

Ein junger Kerl mit großem Hund und noch größerem Rucksack läuft an uns vorbei. Wir grüßen, und er erzählt von einem kleinen Flusslauf, der ein paar Meilen entfernt durch die Stadt fließt.

Am Nachmittag wandert die Sonne um die Kirche herum, löst den Schatten auf und treibt uns durch die Straßen. Niemand ist zu Fuß unterwegs, alle haben sich in ihre klimatisierten Autos und Häuser verkrochen. Roseville hat seinen Ursprung der Eisenbahn zu verdanken. Seit Beginn des neunzehnten Jahrhunderts wuchs die Stadt stetig, nach dem Ausbau des Highways in den Fünfzigerjahren und dem langsamen Aufkommen des Luftverkehrs verteilte sich die Wirtschaft jedoch auf andere Zweige. Allerdings ist die Eisenbahn bis heute einer der größten Arbeitgeber in der Stadt. Immer wieder kommen wir an kleinen Eisenbahndenkmälern vorbei. Einige Schaufenster sind mit Schaffnermützen oder Modelleisenbahnen geschmückt.

Wir laufen durch einen gepflegten Park, in dem die Wege durch saftig grüne Rasenflächen und sorgfältig beschnittene Rosenbeete führen. Am anderen Ende wird eine Bühne aufgebaut, und ein paar kräftige Männer mit schwarzen Basecaps und Funkgeräten schleppen schwitzend schwere Teile umher. Wir fragen nach dem Programm.

»Freier Eintritt heute Abend! Eine Beatles-Coverband ist in der Stadt!«, ruft uns einer von ihnen zu.

»Klingt nach einem guten Plan!«, jubelt Ben, und wir machen uns gut gelaunt auf den Weg zum Fluss.

Wir fragen einen Spaziergänger nach dem Weg, der jedoch sieht uns fragend an. Einen Fluss gebe es hier nicht. Nur einen kleinen Bach, und in dem könne man seiner Meinung nach nicht baden – zu viel Industrieabfluss.

Tatsächlich ist es dann eher ein Bach, aber der Boden ist steinig und das Wasser klar. Am Ufer wachsen hohe Bäume und dichte Sträucher, die von Trampelpfaden geteilt werden, auf denen leere Bierflaschen und Spritzen herumliegen.

Wir suchen uns einen Platz mit gutem Zugang zum Wasser. Ich hole meine Seife und mein Handtuch heraus und ziehe mich bis auf die Unterwäsche aus. An der tiefsten Stelle im Flussbett reicht mir das Wasser gerade einmal bis zu den Knien, weshalb ich mich flach auf den Rücken lege, um meinen ganzen Kopf und Körper unterzutauchen. Das Wasser ist angenehm kühl und klar. Es schmeckt und riecht nach nichts. Nachdem ich mich eingeseift und ein paar meiner Kleidungsstücke notdürftig gewaschen habe, lasse ich mich von der Strömung treiben. Weit komme ich nicht, aber es macht mir einen Heidenspaß. Mein überhitzter Körper kühlt langsam ab, und der Schweiß der letzten Tage fließt mit der Strömung davon.

Ben und Scotty stehen anfangs noch zögernd am Ufer, aber schließlich kommen sie nach und wir verbringen ein paar Stunden plantschend im Wasser und in der Sonne auf den großen Steinen mitten im Bach. Wir fühlen uns wie die Teenager in den Sommerferien. Es ist herrlich. Wir holen uns kalte Getränke und ein bisschen Gras auf unsere Steininsel und lassen den Tag in größter Entspannung vergehen.

Als wir gerade denken, es könnte kaum besser werden, wehen aus dem Park die ersten Töne des Beatles-Konzertes zu uns hinüber, und wir verlassen die Steininsel, um uns unter die Zuschauer zu mischen. Das Konzert ist gut besucht. Auf der Wiese vor der Bühne sitzen die Leute in Grüppchen mit Kühlboxen und Klappstühlen, Babys liegen in Kinderwägen, Alte sitzen unter Sonnenschirmen. Kleine Mädchen laufen mit wehenden Kleidern durch die Menschengruppen und versuchen, den Jungs die Basecaps von den Köpfen zu schnipsen. An den Seiten stehen junge Liebespaare, die sich schüchtern an den Händen halten – die Jungen und Mädchen, die sich vor wenigen Jahren durch den Park gejagt haben. Sie trägt heute ein enges Oberteil mit tiefem Ausschnitt, ihre Haare sind gefärbt und geföhnt, und eine Schicht Make-up lässt ihre Augen riesig und ihre Haut glatt wirken. Er ist der Basecap treu geblieben, ist aber groß und breit geworden. In seinem Gesicht sprießen die ersten Barthaare. Sie schauen auf die Erwachsenen in der Feierabendstimmung und fühlen sich mehr ihnen zugehörig als den Kindern.

Wir setzen uns in Nähe der Bühne auf den Rasen und ignorieren die Blicke, die uns folgen. Ben scheint die Aufmerksamkeit zu genießen, Scotty sie kaum wahrzunehmen. Wir breiten zwischen all den Klappstühlen unsere Matten aus und beobachten die Tanzenden vor der Bühne. Es sind noch nicht viele, die sich in die erste Reihe wagen. Die Coverband versucht, die Menge mit eigenen Tanzeinlagen zu motivieren. Sie tragen Kostüme und Perücken, und nur ihre Statur verrät, dass sie eigentlich gar nicht die wahren Beatles sind. Sie spielen alle Hits von »Hey Jude« bis »Let It Be«. Wir singen lauthals mit. Wir kennen alle Texte, und die, die wir nicht kennen, summen wir. Nach zwei oder drei Liedern kann sich Ben nicht mehr zurückhalten und springt auf die Tanzfläche. Er tanzt wild mit schlackernden Armen und Beinen und bringt seine Mitstreiter zum Lachen. Zwei älteren Damen hat er es besonders angetan. Er greift sie sich abwechselnd und wirbelt sie umher, bis ihnen die Puste ausgeht. Dann kommt er zu uns und dreht sich lachend eine Zigarette.

»Das ist der Grund, warum wir unterwegs sind. Für diese Momente, für diese zufälligen Momente! Es ist verrückt! *Es ist großartig!* ICH LIEBE DIESEN SCHEISS!«

Wir lachen, und er zieht uns mit auf die Tanzfläche. Ich lasse Scotty mit meiner Kamera filmen. Er fühlt sich wohler, wenn er etwas zu tun hat. Bei »Twist and Shout« halten es auch die Leute auf ihren Klappstühlen nicht mehr aus und drängen sich vor die Bühne. Ein paar haben sich zurechtgemacht und tragen Kopftücher, Blumenhemden oder Sonnenbrillen mit runden

Gläsern. Grelle Lichter in rosa, grün und blau scheinen auf uns herab. Ein, zwei Paare tanzen eng umschlungen, eine Gruppe Jungs mit aufwändigen Kostümen liegt sich in den Armen, ein junger Vater trägt seine blonde Tochter auf den Schultern, die mit leuchtenden Augen auf und ab hüpft. Bei »Help!« schreien alle mit, bei »Yesterday« werden die Feuerzeuge herausgeholt. Während einer kurzen Pause, in denen die Beatles ihre Kostüme wechseln, kommt ein älterer Herr auf uns zu.

»Wo geht ihr als Nächstes hin?«, fragt er uns ganz aufgeregt.

»Wohin auch immer die Gleise uns führen«, antwortet Ben großspurig.

Der Alte lacht.

»Alles klar! Lebt ein bisschen für mich mit, tut mir den Gefallen, ja?«

Er klopft uns lachend auf die Schultern und geht zurück zu seiner Frau, die ihn neben der Tanzfläche erwartet.

Die zweite Runde endet mit einem Solo von John Lennon, unter dessen schwarzer Perrücke sich blonde Strähnen hervorkräuseln und dessen Militärblazer am Bauch spannt. Bei den letzten Akkorden von »Imagine« liegen sich Leute in den Armen, die nicht einmal den Namen des anderen kennen. Der Applaus hält lange an und rührt auch unsere Beatles zu Tränen.

Dann leert sich die Tanzfläche. Die Leute gehen mit geröteten Wangen zurück zu ihren Kühltruhen und Klappstühlen. Die meisten packen gleich zusammen, der Park leert sich schnell. Auf der Wiese bleiben vereinzelt Leute zurück und unterhalten sich. Ein paar Kinder rennen noch aufgedreht umher und freuen sich über die verzögerte Bettruhe. Ich unterhalte mich mit einer Frau, der ich vorher in den Armen gelegen habe, sowie mit ihrer Schwester. Nach dem Tod der Mutter vor zwei Jahren haben sie wieder zueinandergefunden. Sie wohnen sogar zusammen. Ben und Scotty setzen sich zu uns. Während die Bühne abgebaut wird, läuft »Last train to Clarksville« von den Monkees vom Band.

»Hey, das ist ein Zug-Lied«, sagt Ben und singt ein paar Zeilen mit.

Es ist, als hätten wir empfindliche Sender, die auf alles reagieren, was mit Zügen zu tun hat. Ich höre mir die Lyrics zum ersten Mal aufmerksam an. Der Sänger schickt sein Mädchen allerdings nur auf einen Personenzug.

Ich gehe hinüber zur Bühne und spreche eines der Bandmitglieder an. Ich glaube, es ist Ringo Starr.

»Seid ihr auf Tour?«

»Oh, nur eine sehr kleine Tour.«

»Fahrt ihr zufällig weiter nach San Francisco?«

Die Beatles fahren zwar nach San Francisco, aber erst in zwei Wochen. So lange kann ich nicht warten. Captain Grant hat mich am Morgen angerufen und gesagt, er hätte ein Ticket für mich. Ein Standby-Flug, der mich am Montagabend von San Francisco nach New York bringen würde. Das ist bereits in zwei Tagen.

»Viel Glück, Herzchen«, sagt Ringo, und ich kehre zurück zu den anderen.

Die Frau fragt mich, was Ringo gesagt hätte, und bietet an mich nach San Francisco zu fahren. Sie hat einiges getrunken. Ich verneine dankend. Das wäre eine zweistündige Fahrt, sie hat gewiss Besseres zu tun. Aber sie besteht darauf und fragt mich, wann ich starten möchte. Ich bedanke mich erneut und sage, ich würde einen Bus nehmen. Sie winkt nur ab und sagt, ich solle ihr nicht wiedersprechen. Schlagartig fühle ich mich unwohl. Warum will ich das nette Angebot nicht einfach annehmen? Warum möchte ich nicht mit ihr gehen? Nicht zwei Stunden allein mit ihr in einem Auto verbringen? Ich bekomme Gänsehaut, als ich plötzlich merke, an wen sie mich erinnert. An die Frau auf der Veranda. Die beiden haben das gleiche Lächeln, die gleiche überdrehte Art. Sie haben sogar den gleichen Körperbau.

»Lasst uns abhauen«, flüstere ich Ben zu.

Der nickt und streckt den Schwestern zum Abschied die Hand entgegen.

»Ihr geht schon? Wo werdet ihr schlafen?«

Ben gibt eine coole Wo-unsere-Rucksäcke-hinfallen-Antwort, woraufhin die Frau uns anbietet, bei ihr zu übernachten. Zu meiner Erleichterung lehnt Ben sofort ab, die Frau versucht uns noch zu überreden, aber wir verabschieden uns schnell und verlassen den Park.

»War das gerade wirklich merkwürdig oder bin ich nur überempfindlich?«, frage ich halb lachend, halb ernst.

»Ein bisschen merkwürdig war es schon.«

Wir gehen noch ein Stück zusammen durch die dunklen Straßen. Ben und Scotty werden zurück zu den Gleisen gehen. Ich werde mir eine Schlafstelle in der Nähe der Autobahnauffahrt suchen, um früh am Morgen ein Auto zu erwischen, das mich nach San Francisco bringt. An einer Straßenecke trennen sich unsere Wege. Ben gibt mir noch die Nummer von Dirty Face, den ich bei den Railroad Days kennengelernt habe und der in San Francisco lebt. Dann nehmen wir uns in die Arme. Ein bisschen weh tut mir der Abschied schon. Wir hatten wirklich eine schöne Zeit.

Ich lasse die beiden hinter mir und verschwinde in der Dunkelheit einer Brücke. Mir bleiben noch zwei Tage. Dann werde ich nach New York und weiter nach Hause fliegen. Es fällt mir schwer zu glauben, dass die Reise dann wirklich vorbei sein wird. Ich werde ganz melancholisch. Der Abschied von den beiden hat sich bereits ein bisschen wie das Ende angefühlt.

Ich laufe über eine Straße mit ein paar Restaurants und einer Bar. Es ist kurz vor Mitternacht, und ein paar der Gäste stehen auf dem Gehweg, um zu rauchen. Aus dem Augenwinkel sehe ich jemanden auf mich zuschlendern und schließlich neben mir herlaufen.

»Hey, gehörst du zu den Travelling Kids von heute Nachmittag? Habt ihr die Stelle gefunden, von der ich euch erzählt habe?«

Für einen Moment denke ich, es ist vielleicht der junge Typ, der uns von dem Fluss erzählt hat, aber als ich mich zu ihm drehe, wird mir klar, wie anders er aussieht. Er ist groß und schlacksig und hat einen riesigen Schnurrbart, hinter dem sein halbes Gesicht verschwindet.

»Nein. Ich bin allein unterwegs«, antworte ich und gehe weiter.

Er folgt mir, und ich habe nichts dagegen. Er erinnert mich an Ben Whishaw in *Das Parfum*, nur eben mit Schnurrbart. Er hat das gleiche schüchterne und irgendwie unheimliche Lächeln.

»Allein? Wo willst du hin?«

»San Francisco.«

»Ich war auch mal so unterwegs wie du. Mit Rucksack und so. Willst du ’ne Zigarette?«

»Danke. Ich dreh mir lieber eine.«

Er sieht mich verletzt an. Als ich lächelnd stehen bleibe, entspannt er sich.

»Ich mag keine Filterzigaretten. Beim Gehen schon gar nicht.«

Er reckt den Kopf auf der Suche nach einer Bank, ich deute auf den Bürgersteig und setze meinen Rucksack ab. Dann hole ich meinen Tabakbeutel heraus und setze mich auf den Steinboden. Er sieht mich kurz verwundert an und geht dann in die Hocke.

»Du sitzt nicht oft auf der Straße. Richtig?«

»Richtig.«

Er wartet, bis ich fertig gedreht habe, und reicht mir sein Feuerzeug. Ich bedeute ihm, mein eigenes zu haben und zünde mir die Zigarette an. Er trägt riesige schwarze Stiefel mit Stahlkappen und ein lilafarbenes Bandana um den Hals.

»Wie bist du nach Roseville gekommen?«

»Mit dem Zug.«

»Und wo hat deine Reise angefangen?«

»In New York.«

»New York? Das ist ein langer Weg.«

»Ein langer Weg.«

Er hat eine tiefe, schnarrende Stimme. Wenn er überlegt, fährt er mit der Hand durch seinen Schnurrbart und zwirbelt die Enden durch Daumen und Zeigefinger.

»Wo wirst du schlafen?«

»Irgendwo bei der Autobahnauffahrt.«

»Draußen?«

»Draußen.«

»Hast du ein Zelt und alles dabei?«

Er mustert meinen Rucksack und die Bettrolle.

»Kein Zelt. Aber Matte und Schlafsack.«

»Allein?«

»Allein.«

»Hm.«

Endlich wird ihm die Hocke zu unbequem und er setzt sich mit einigem Abstand neben mich. Wir reden eine Weile über allerlei Belangloses. Wir finden keine passenden Themen. Manchmal schweigen wir, was ihm unangenehm ist. Er sieht mich nur selten an, und wenn sich unsere Blicke kurz treffen, wendet er sich schnell wieder ab. Ich finde ihn unheimlich, gleichzeitig fasziniert er mich. Während ich ihn beobachte, frage ich mich, ob ich vielleicht darauf achten sollte, dass er mir nicht folgt, sobald ich weitergehe.

»Hey. Ich frag dich jetzt einfach mal was. Du wirst vermutlich Nein sagen, aber du kannst gern bei mir pennen. Mein Haus ist nicht weit von hier. Nichts Besonderes, aber du bekommst ein Bett und eine Dusche.«

Ich merke, wie viel Überwindung ihn diese Frage gekostet hat.

»Ich war heute schon schwimmen.«

»Oh. Im Fluss?«

»Ja.«

»Da kann man schwimmen?«

»Ich will heute schon zur Auffahrt, damit ich morgen früh nicht den ganzen Weg in der Hitze laufen muss.«

»Ich kann dich fahren. Morgen früh.«

»Willst du nicht ausschlafen?«

»Nein.«

»Okay.«

»Okay?«

Er scheint nicht recht zu glauben, dass ich sein Angebot tatsächlich annehme. Ich schnipse meine Zigarette weg und stehe auf. Er macht eine kurze unsichere Bewegung in Richtung Rucksack, weicht jedoch zurück, als ich nach dem Gurt greife und ihn mir über die Schulter werfe.

»Wo ist dein Haus?«

Er zeigt in eine Richtung, geht aber in eine andere. Er sagt, er müsse noch einem Freund Bescheid geben, mit dem er verabredet war. Er holt sein Mobiltelefon aus der Hosentasche, scrollt nervös auf dem Display auf und ab, packt es dann wieder zurück.

»Egal.«

Er zeigt wieder in die eine Richtung und folgt seiner ausgestreckten Hand.

»Bist du sicher, dass du mich in deinem Haus haben willst?«

»Ja, klar. Ich wollte nur ... nicht so wichtig.«

Zehn wortlose Minuten später stehen wir in seiner Küche. Er läuft unruhig hin und her und versucht, noch die eine oder andere Unordnung zu verbergen. Sein Haus ist lieblos eingerichtet und lieblos gepflegt. Er hat recht: Es ist nichts Besonderes. Er wohnt allein in drei Zimmern, einer Küche und einem Bad. Es scheint wie eine nicht enden wollende Übergangslösung.

»Willst du ein Bier?«

»Nein danke.«

Er kommt mit zwei Flaschen Wasser vom Kühlschrank zurück, und wir setzen uns auf die Veranda. Das Licht ist kaputt, wir werden nur schwach vom Schein der Straßenlaterne beleuchtet. Wir sitzen auf harten Plastikstühlen. Um ihn anzusehen, muss ich meinen Kopf nach rechts drehen. Um mich zu sehen, muss er nur geradeaus schauen. Ich biete ihm meinen Joint an. Er lehnt ab. Ich rauche und spüre seinen Blick auf mir. Wir unterhalten uns, ohne etwas übereinander zu erfahren. Wenn er spricht, sitzt er ganz ruhig da, mit geradem Rücken, die Hände auf dem Schoß. Wenn wir still werden, wackelt er mit seinem rechten Bein auf und ab.

»Wir sollten schlafen gehen«, sagt er und geht abrupt ins Haus.

Ich werfe meinen Joint in eine leere Bierflasche und folge ihm.

»Das ist mein Zimmer. Hier ist das Badezimmer. Ich gebe dir gleich ein frisches Handtuch. Direkt gegenüber kannst du schlafen. Da ist ein großes Bett. Brauchst du eine Decke?«

»Ich habe meinen Schlafsack.«

»Okay. Gute Nacht.«

»Gute Nacht.«

Ich stelle meinen Rucksack in meinem Zimmer ab und lasse mich auf das Bett fallen. Es ist eine riesige Luftmatratze, die bei jeder Bewegung quietscht. Eine Glühbirne glimmt nackt an der Decke, und vor dem Fenster sind die Rolläden heruntergelassen. Ich hole Zahnbürste und Handtuch aus meinem Rucksack und schleiche ins Badezimmer. Ein Deodorant steht einsam in einem staubigen Regal, darüber ein unbenutztes Parfumfläschchen. In der Dusche liegen mehrere zerknautschte schwarze Plastiktuben irgendeiner Herrenshampoo-Firma. Der Spiegel ist angelaufen, die Zahnbürste ausgefranst.

Mir fällt mein Tabakbeutel ein, der noch auf der Veranda liegt, und ich gehe zähneputzend aus dem Badezimmer. In der Küche brennt noch Licht, aber es ist niemand zu sehen. Draußen ist es nicht weniger heiß und stickig als im Haus. Als ich wieder hereinkomme, steht er angelehnt im Rahmen seiner Zimmertür. Er hat sein Oberteil ausgezogen, und auf seiner Brust erstreckt sich ein riesiges dunkles Tattoo.

»Wenn du Wasser brauchst, bedien dich am Kühlschrank. Soll ich dir einen Ventilator ins Zimmer bringen?«

»Nein danke.«

Er steht reglos da, und ich starre ihn an.

»Was ist das für ein Tattoo?«

Mein Mund ist voll mit Zahnpasta. Er lächelt und antwortet, aber ich verstehe nicht, was er sagt, und nicke nur.

»Kein Ventilator?«

»Kein Ventilator. Gute Nacht.«

»Weck mich auf, wenn du wach bist. Dann fahr ich dich.«

Ich quetsche noch ein »Hmm« aus meinem schaumigen Mund und verschwinde im Badezimmer. Er ist mir noch immer unheimlich. Fasziniert mich noch immer. Während ich auf der Toilette sitze, entdecke ich zu meiner Rechten die einzige ernst gemeinte Dekoration im Haus. Ein Stück Papier, nicht größer als eine Postkarte, hängt an einem kleinen Nagel vor der vergilbten Raufasertapete. Ein großes Stück der oberen linken Ecke fehlt. Es sieht aus, als wäre es lange geknickt gewesen, bevor es sich vom Rest des Bildes gelöst hat. Die Ränder sind ausgefranst und an mehreren Stellen eingerissen.

Es ist das Bild einer Frau. Sie hebt sich fast leuchtend weiß von dem pechschwarzen Hintergrund ab. Ihre Schultern liegen frei, und der Körper ist mit einem seidenen Tuch umwickelt. Mit zarten Fingern flechtet sie ihr langes, dunkles Haar. Sie trägt ein Band um Kopf und Stirn, aus dem eine große, weiße Feder ragt. Sie senkt den Blick mit rundem Gesicht und gespitzten Lippen.

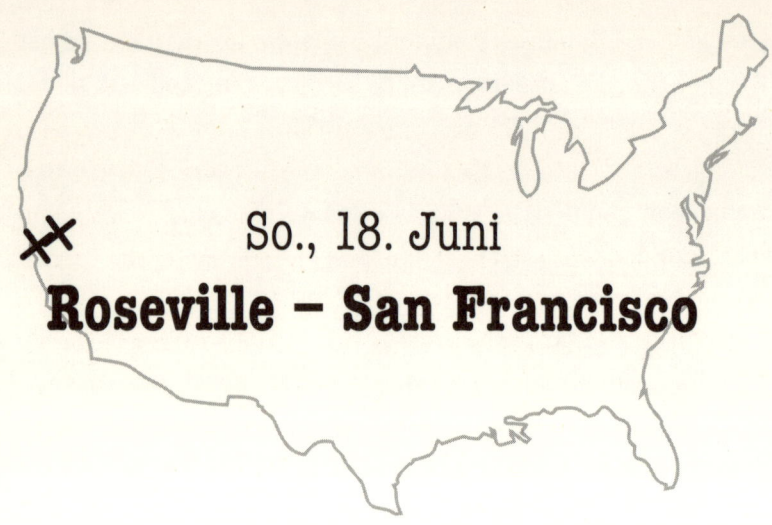

So., 18. Juni
Roseville – San Francisco

Als ich aufwache, weiß ich im ersten Moment nicht, wo ich bin. Die Rolläden lassen nur einen schmalen Spalt, durch den das Tageslicht dringt. Die Matratze quietscht, als ich mich aufrichte. Im Haus ist alles still. Ich putze mir die Zähne und packe alles zurück in meinen Rucksack. Während ich rauchend auf der Veranda sitze, überlege ich, ob ich einfach gehen sollte. Seine Zimmertür ist leicht engelehnt. Ich kenne seinen Namen nicht. Nach der dritten Zigarette setzt er sich zu mir auf die Veranda. Er hat sich ein T-Shirt übergezogen.

»Du hast mich nicht geweckt.«

»Nein.«

»Du bist noch hier.«

»Ja.«

Ich starre die staubige Straße hinunter. Ein paar Nachbarn rufen sich etwas auf Spanisch zu.

»Wollen wir etwas frühstücken gehen?«

Ich bin einverstanden, bestehe aber darauf, zu Fuß zu gehen.

Es ist bereits später Vormittag, als wir vor dem Frühstücks-lokal ankommen. Wir müssen draußen auf einen freien Tisch warten und setzen uns auf eine Bank neben der Eingangstür. Ich blicke an mir herunter und sehe mein schmutziges T-Shirt, meine geflickte und zerschlissene Jeans und meine schweren Stiefel. Mit uns warten noch ein paar andere Gäste. Die Frauen tragen leichte, schöne Sommerkleider und Sandalen. Ich kann mich nicht daran erinnern, wann ich mir das letzte Mal die Haare gekämmt habe.

Die junge Bedienung bittet uns herein und bringt uns zu ei-nem der Holztische inmitten des Lokals. Um uns herum sitzen Familien, ab und zu ein Liebespaar. Die geblümten Tischdecken haben dasselbe Muster wie die schweren Gardinen. Oben unter der Decke zieht sich eine Schiene durch den ganzen Raum, auf der eine Modelleisenbahn ihre Runde dreht. *PING*. Ein lautes Klingen ertönt. Eine alte Bahnhofsglocke hängt neben der Ein-gangstür und ist von einem lustigen Gast betätigt worden.

»Das ist eigenartig«, sage ich mehr zu mir selbst.

»Was ist eigenartig?«

»Das Lokal. Das hier ein Modellzug herumfährt. Diese Glo-cke, und das wir hier sitzen.«

»Warum ist das eigenartig?«

Ich bin mir nicht sicher, ob er nur fragt, um das Gespräch am Laufen zu halten, oder ob ihm tatsächlich alles ganz normal vorkommt. Er lächelt unsicher.

»Ich werde Pancakes bestellen. Mit viel Schokosoße«, sage ich.

Er bestellt einen Salat. Ich konzentriere mich auf meine Pfannkuchen, während er den Salat an seinem Schnurrbart vorbeikämpft. Dann steht er wortlos auf und bezahlt.

PING.

Beim Hinausgehen lasse ich die Glocke am Eingang klingen.

Als wir am Bahnhof vorbeikommen, fragt er, ob ich mir ein Ticket kaufen möchte.

»Ich bin noch nie mit dem Personenzug gefahren.«

»Ich dachte, du bist mit dem Zug hierhergekommen?«

Da gab es wohl ein kleines Missverständnis.

»Stimmt«, sage ich und stecke meine Karte in den Automaten.

Als sie abgelehnt wird, sehe ich mir den Fahrplan an.

»Es fährt heute kein Zug mehr nach San Fransico.«

»Du könntest noch bleiben, wenn du magst.«

»Auf dem Highway wird mich schon jemand mitnehmen.«

»Es bleibt also dabei? Ich fahre dich zur Auffahrt?«

»Das wäre nett.«

Sein Pick-up steht in der Einfahrt. Ich hole meinen Rucksack aus dem Haus und werfe ihn auf die Ladefläche. Er braucht zwei oder drei Versuche, um den Motor zu starten. Während er die Fenster herunterkurbelt, entschuldigt er sich für die fehlende Klimaanlage.

»Ich hasse Klimaanlagen«, sage ich, und er lächelt zufrieden.

Dann lehne ich meinen Kopf aus dem Fenster und lasse mir den warmen Fahrtwind ins Gesicht blasen. Nach zehn Minuten hält er den Wagen an der Auffahrt.

»Du wirst zurechtkommen?«

»Ja.«

»Es ist kochend heiß.«

»Ich werde bestimmt nicht lang warten müssen.«

Ich öffne die Türe und lasse sie geöffnet, während ich meinen Rucksack von der Ladefläche hebe und mir auf den Rücken schnalle. Der Motor läuft, und er hält das Lenkrad mit der einen und den Schaltknüppel mit der anderen Hand fest.

»Danke für alles.«

»Kann ich nur so zurückgeben.«

Er wird rot, und ich schließe die Tür, drehe mich um und laufe ein paar Schritte. Er fährt langsam neben mir her und bleibt an einer roten Ampel stehen.

»Möchtest du mein Bandana? Gegen die Sonne?«, ruft er mir vom Fahrersitz zu.

»Ich nehme es gern. Aber nicht wegen der Sonne.«

Es ist locker geschnürt, und er zieht es sich über das verschwitzte Gesicht. Die Ampel wird grün, und er reicht es mir durch das Fenster. Ich ziehe es über, wir sehen uns lächelnd an. Ein paar Sekunden bleiben wir so, dann schüttelt er den Kopf und fährt davon. Er hat weiße Zähne.

Keine halbe Stunde später hält ein Wagen, und ein großer, schwerer Mann winkt mich zu sich. Aus dem Kofferraum ragt ein Mountainbike, und ich klettere auf den Beifahrersitz. Jeff ist zweiundfünfzig Jahre alt, arbeitet für Siemens in Roseville, hat eine zwölfjährige Tochter und einen vierundzwanzigjährigen Sohn, die von zwei verschiedenen Frauen stammen. Mit keiner der beiden lebt er zusammen.

Ob ich bereits schlechte Erfahrungen beim Trampen gemacht habe, fragt er.

»Gute und schlechte.«

Ob ich schon einmal belästigt worden sei auf meiner Reise.

»Ja. Von einer Frau. Die Männer haben sich gut benommen.«

Dann fragt er nach meinem Liebesleben, und ich behaupte, glücklich verheiratet zu sein.

»So glücklich könnt ihr kaum sein, wenn du hier allein durch die Gegend reist.«

»Ich reise gern allein.«

»Und dein Mann erlaubt dir das?«

»Ja.«

Er bleibt misstrauisch. Jeff ist mir schnell unsympatisch geworden. Ich frage ihn, wie weit er Richtung San Fransisco fahren wird, und er sagt, es komme ganz darauf an.

»Wir könnten uns ein Hotelzimmer nehmen. Dann würde ich dich morgen den ganzen Weg nach San Francisco bringen.«

»Nein, danke.«

»Komm schon. Wir machen uns eine tolle Zeit! Geht alles auf mich!«

»Mich erwartet ein Freund in San Fransisco.«

Er schnaubt, spannt seine fetten Arme an und sieht grimmig auf die Straße.

»Aber danke für das Angebot.«

Ich versuche, das Gespräch in eine andere Richtung zu lenken.

»Fährst du oft Mountainbike?«

»Immer wenn ich die Zeit finde.«

Er schlägt das Lenkrad ein und hält am Straßenrand.

»Du kannst hier aussteigen.«

»Alles klar. Danke!«

Mit quietschenden Reifen fährt er davon, noch bevor ich die Tür zuschlagen kann. Vollidiot! Ich steige über die Leitplanke und laufe in Fahrtrichtung den Highway entlang. Was denkt der sich? Dass ich hergekommen bin, um mich quer durch die Staaten zu schlafen? Früher oder später musste so etwas passieren. Es ärgert mich, dass ausgerechnet an meinem letzten Tag dieser Depp das Klischee seines Geschlechts noch bedienen muss.

Ich bin keine zwanzig Meilen gekommen. Die Sonne scheint gnadenlos, und es dauert eine Weile, bis ich zur nächsten Auffahrt gelange. Weit und breit kein Schatten. Ich setze meine Sonnenbrille auf und werfe mir mein Tuch über. Komplett verhüllt stehe ich am Straßenrand und kann mir kaum vorstellen, dass ich in dieser Aufmachung mitgenommen werde. Die wenigen Autos fahren an mir vorbei, als wäre ich unsichtbar. Einer hupt. Dann bleibt ein schwarzer Kombi stehen, und der Fahrer beugt sich vor, um das Fenster herunterzukurbeln.

»Du willst nach San Francisco?« Er deutet auf mein Schild. »Ich fahre in die gleiche Richtung und kann dich in Richmond rauslassen. Das ist ganz in der Nähe!«

Als ich zögere, lächelt er mich mit freudlichen Augen und schiefen Zähnen an. Sein lichtes Haar fällt ihm in dünnen Strähnen auf die Schultern.

»Hi! Ich bin Clay«, sagt er und reicht mir fröhlich die Hand.

Seine kurzen Finger sind mit schweren Ringen verziert. Clay trägt ein schwarzes T-Shirt und eine glänzende Lederhose, die an den Seiten fest verschnürt ist. Im Auto ist es brütendheiß.

»Clay, wie Ton? Ton, den man formt und im Ofen brennt?«

»Genau der!«

»Trägst du deshalb eine schwarze Lederhose bei dieser Hitze?«

Er lacht und winkt mich hinein.

»Keine Angst, ich laufe nicht immer so rum.«

Ich werfe meinen Rucksack auf die Rückbank und setze mich auf den Beifahrersitz. Zwischen uns steht ein riesiger Thermosbecher. Der Motor knattert unter unseren Sitzen, als Clay beschleunigt und wir auf den Highway fahren.

Er kommt gerade von einer Comic Convention. Einer riesigen, dreitägigen Comic-Buchmesse, bei der sich die Besucher als ihre Lieblingsfiguren verkleiden. Als seine Kinder noch klein waren, ging er mit ihnen jedes Jahr zu der Comic Convention in San Diego, wo sie damals lebten. Sie sind mittlerweile erwachsen, er ist sogar schon Großvater. Dieses Jahr traf er sich mit seinen Töchtern in Sacramento.

»Sie lieben es fast noch mehr als ich! Jedes Jahr haben wir neue Kostüme, die wir aufeinander abstimmen. Letztes Jahr entschieden wir uns für Star Wars. Ich war Yoda, natürlich. Meine Töchter sahen wunderschön aus. Die eine war Leia, und Sarah, die kleinere, war Padmé. Im Jahr davor sind wir als Hobbits gegangen. Ich war Bilbo, aber der alte. Und dieses Jahr, na, rate mal!«

»Robin Hood vielleicht? Ich habe keine Ahnung.«

»Nein. Der trägt Leggings.«

»Oh.«

»Sieh mal! Ich hab sogar die schwarzen Schnürstiefel. Mein Pelzmantel und das Schwert liegen im Kofferraum! Na? Klingelt da was?«

Enttäuscht sieht er mein ratloses Gesicht.

»*Game of Thrones* natürlich!«

Ich erinnere mich vage, von der Serie gehört zu haben, weiß aber nicht, wie die Charaktere aussehen.

»Gibt es Menschen bei *Game of Thrones*?«

Der arme Clay heult verzweifelt auf, und wir fangen laut an zu lachen. Er erzählt von den Wochenenden auf der Messe, von den Unsummen an Geld, die sie ausgeben, allein schon für die Kostüme. Und wie er sich jedes Mal wieder auf das kommende Mal freut. Es ist eine Welt, von der ich keine Ahnung habe und die ihm alles bedeutet.

»Was machst du beruflich?«

»Ich bin Elektriker, seit fast zwanzig Jahren.«

Siebzehn Jahre hat er auf einer Pferderennbahn in San Diego gearbeitet. Dort wurde auf die besten Pferde der Welt gewettet, und er kam ihnen durch die Arbeit als Elektriker näher als kaum ein Zuschauer. Sein Lieblingspferd nannten sie *Cigar*, es war braun und schön und schnell wie der Wind.

Sein Vater war bei den Peace Corps, und Clay hat seine Kindheit in Liberia verbracht. Er überlegt, ob er zurückkehrt, sobald er pensioniert ist. Liberia oder Mexiko, je nach Gesundheitszustand. Dass Trump jetzt Präsident ist, kommt ihm vor wie ein schlechter Scherz. Er würde die Mexikaner dazu bringen, alle Weißen zu hassen. Trump sei ein gieriges, dummes, Frauen begrabschendes Arschloch, das von Glück reden kann, wenn er seine vier Jahre im Amt bleiben darf. Amerika sei ein Land voller Angst, ein Land, in dem die Angst zum Geschäft wird. Überall Überwachungskameras, jeder trägt eine Waffe. Die Angst sei es gewesen, die die Amerikaner dazu gebracht habe, Donald Trump zu ihrem Präsidenten zu wählen.

»Es ist verdammt traurig, was in diesem Land passiert. Traurig und gefährlich.«

In der Ferne kann man schon die Berge der Bay Area erkennen. Die Landschaft wird allmählich grüner.

»Kann ich dein Mobiltelefon benutzen?«

»Klar.«

Clay reicht mir sein Handy, und ich wähle die Nummer von Dirty Face. Ich weiß nicht, ob er überhaupt zu Hause ist oder bereit sein wird, mich bei sich aufzunehen. Er hebt ab und erinnert sich schnell an unser Treffen bei den Railroad Days. Ich erzähle, dass ich gerade auf dem Weg nach San Francisco sei und morgen zurückfliegen werde. Er lädt mich sofort ein, in sein Haus zu kommen, und gibt mir die Adresse durch.

»Woher kennst du einen Mann, der sich Dirty Face nennt? Und du warst auf irgendwelchen Railroad Days? Mädchen, was ist das für eine eigenartige Reise, die du machst?«

Ich erzähle ihm kurz von den Zügen und den Hobos. Von Red und seinem Caboose und von Dirty Face, der sein ganzes Leben auf Zügen verbracht hat. Clay ist ganz von den Socken und will alles erfahren. Von den Hobos hätte er zwar gehört, aber nie darüber nachgedacht, dass es heute tatsächlich noch Leute gibt, die auf Güterzügen illegal durch das Land reisen.

»*Großartig!* Einfach großartig. Ich möchte alles darüber wissen. *Alles!*« Dann fragt er, ob ich etwas dagegen hätte, wenn er mich bis zum Haus von Dirty Face fährt. Er sei tatsächlich noch nie in San Francisco gewesen, obwohl er nur eine halbe Stunde entfernt wohnt. Ich freue mich über das Angebot und nehme dankend an. Ich erzähle weiter von den Zügen und meiner Reise, von den Menschen, die ich getroffen habe. Dass ich einen Großteil der Strecke tatsächlich getrampt bin. Clay fragt nach der schönsten und der spannendsten Fahrt. Ich erzähle von John Kelly, dem pensionierten Polizisten, und von Barry, der sechsundzwanzig Jahre im Knast saß.

»Er war erst seit ein paar Monaten frei und fuhr zum ersten Mal nach so langer Zeit wieder ein Auto. Das war schon verrückt.«

»Du saßt bei einem Typen im Auto, der sechsundzwanzig Jahre im Gefängnis verbracht hat? Heilige Scheiße. Ich kenne diese Typen. Mit denen ist nicht zu spaßen!«

Und er erzählt von seinem neuen Job, den er vor etwa einem Jahr angenommen hat. »Ich arbeite als Elektriker in San Quentin.«

»San Quentin, dem Gefängnis?«

»Ich sage doch, ich kenne diese Typen!«

»Gibt's ja nicht. Ist ja wunderbar. Zuerst werde ich von einem Polizisten mitgenommen, der vielleicht gerade noch den Typen in den Knast gebracht hat, der mich ein paar Tage später mitnimmt, und du hast dem dann wahrscheinlich noch die Glühbirne ausgewechselt! Ha! Wie ist die Arbeit so?«

Weniger unterhaltsam als auf der Pferderennbahn, aber an sich sei es eine gute Arbeit. Er kommt mit den Insassen gut zurecht, niemand mache ihm Ärger.

»Sie sind alle froh, wenn ich komme, um ihre Sachen zu reparieren. Bei den Neuankömmlingen gibt es manchmal Probleme, aber nie mit mir. Tatsächlich sind die Insassen im Todestrakt am ruhigsten. Ich denke mir: Egal, was sie getan haben, jeder verdient eine funktionierende Grundausstattung. Egal, ob sie ihren Todestag kennen oder nicht. Über sie urteilen soll ein Richter. Ich mache nur meinen Job.«

Eine Traurigkeit huscht über sein Gesicht, die ich bisher noch nicht gesehen habe. Er fragt die Insassen nicht, warum sie einsitzen, und möchte es auch gar nicht wissen. Seine Wohnung liegt direkt neben dem Gefängnisgelände, nur sieben Minuten zu Fuß entfernt.

»Ich bin froh, dass du bei diesem Typen eingestiegen bist. Diese Jungs brauchen ein bisschen Vertrauen, um da draußen wieder zurechtzukommen.«

Für eine Weile fahren wir schweigend durch die Hügel. Die Temperaturen sind von zweiundvierzig Grad Celsius in Roseville auf achtundzwanzig Grad gesunken. Wir fahren über die Bay Bridge, die San Francisco von Oakland trennt, und wenig später geht die Sonne unter. Als wir über den Sunset Boulevard fahren, zeigt das Thermometer nur noch dreiundzwanzig Grad.

»Schau dir diese Bäume an!« Clay zeigt auf die alten, großen Bäume die mit ihren riesigen, knochigen Ästen die Straße säumen. »Das ist eine Straße, die man entlang*gehen* muss! Sie mit dem Auto entlangzufahren, reicht nicht aus, um diese Kunstwerke zu würdigen.«

Wie sich herausstellt, ist Clay ein Hobbygärtner, den die Natur fast noch mehr fasziniert als Fantasiewelten und Comicfiguren. Wir fahren langsam den Boulevard hinunter, machen uns immer wieder auf ein besonders schönes Exemplar aufmerksam. Wir halten an jeder Ampel, bis sie rot und dann wieder grün wird.

Dann parken wir vor dem Haus von Dirty Face und stehen direkt neben einem der größten Bäume. Clay steigt aus und geht direkt auf ihn zu.

»Schau dir das an!«

Ich sehe den Baum und das Haus dahinter. Sehe, wie sich die Tür öffnet und Dirty Face aus seinem Haus tritt, mit gebücktem Gang zum Gartentor geht und uns mit offenen Armen entgegenläuft. Er trägt sein ausgeblichenes Bandana um die Stirn, helle Turnschuhe und ein verwaschenes T-Shirt, über dem ein Ying-und-Yang-Anhänger baumelt.

»Es ist schön, dich wiederzusehen. Danke für die spontane Einladung!«

»Du bist jederzeit willkommen«, sagt er, und wir geben uns die Hand.

Clay kommt von der Baumexpedition zurück, und ich stelle die beiden einander vor. Wir reden alle durcheinander, während Dirty Face uns zu seinem Haus führt.

Auf die Fußmatte ist ein Peace-Zeichen aufgedruckt, und ein nicht zu aufdringlicher Duft nach Räucherstäbchen und

Ölen zieht sich durch das ganze Haus. Die Wände aller Zimmer sind tapeziert mit Bildern, Karten, Fotografien und Schildern. Am Kühlschrank hängt ein großes Poster. Ein Fahndungsbild von George W. Busch mit weißem Rauschebart und Turban prangt in der Mitte. *Wanted! Terror! Murder!* steht an den Seiten. Ihm wird die Ermordung von unschuldigen Zivilisten in Afghanistan vorgeworfen. Darunter stehen einige Details. Die Regale sind mit Büchern beladen, sorgfältig thematisch sortiert und an den Enden gestapelt. Weitere Bücher liegen auf dem Boden, den Fensterbänken und dem Kaminsims. Vereinzelt hängen Fähnchen mit chinesischen Schriftzeichen von der Decke, vor dem Fenster tanzen tibetische Gebetsfähnchen im Wind. Vor dem Kamin liegen mehrere Matten übereinander, ganz oben ein ausgerollter Schlafsack mit einem Kissen und einem Stoffteddybären am Kopfende.

»Setzt euch, wohin ihr wollt, macht es euch bequem! Jeder ist willkommen in diesem Haus!«

Dirty Face kommt aus der Küche zurück mit zwei riesigen Flaschen Bier. Clay greift glücklich zu und füllt seinen Thermosbecher, den er aus dem Auto mitgenommen hat. Dann führt uns Dirty Face in seinen Keller. Die beiden gehen voraus, und bevor ich die letzte Stufe erreiche, höre ich Clay bereits jubeln.

»Wahnsinn! *Wahnsinn!* Wo hast du das nur alles her?«

Als ich den Raum betrete, verstehe ich, was er meint. Die holzvertäfelten Wände sind über und über mit Sachen behangen, die Regale und Tischchen überfüllt mit allem, was man zur Kultur der Hobos finden kann. Karten, Bücher, Fotos, Schilder, Postkarten, Nägel, Konservendosen mit »Hobo-Soup«-Aufdruck, selbst gedruckte Hobo-Dollars, Schlüssel, Zeitungsartikel, Fahnen, Anhänger, T-Shirts mit Lokomotiven, selbst gezeichnete Karten mit Hinweisen für gute Hop-Outs, gebrauchte Rücksäcke, Bandanas, Aufnäher, Anstecker, Messer und eine Mundharmonika. Ein Hobo-Museum. Alles ist sorgfältig geordnet und sortiert. Dirty Face hat aus seinem Haus einen Hobo-Schrein gemacht.

Ich sehe mich in Ruhe um, während Dirty Face alle Fragen beantwortet, die Clay so einfallen. Er ist ganz aus dem Häuschen. Er kommt gerade aus seiner Comic-Con-Welt und stolpert in eine neue Welt, die ihn genauso fasziniert, nur das diese hier real ist.

»Warum nennen sie dich Dirty Face?«, frage ich dazwischen.

»Den ersten Zug, den ich gefahren bin, damals von Salt Lake City den ganzen Weg nach Kalifornien, den nannte man *Dirty Face*, und danach wusste ich auch, warum. Ich sah mein Spiegelbild in einer Fensterscheibe. Nur zwei helle Augen, die durch eine schwarze Dreckkruste blitzten.«

Er war so schmutzig, dass die Leute dachten, er wäre ein Automechaniker, der sich seit Wochen nicht geduscht hatte. Ein paar Tramps sahen ihn durch die Stadt laufen und konnten an seiner Schmutzigkeit die Route erraten, die er genommen hatte. Seitdem nannten sie ihn nur noch Dirty Face. Er verbrachte einunddreißig Jahre seines Lebens auf den Güterzügen.

»Hast du schon einen Road-Namen?«, fragt mich Dirty Face.

Als ich lachend verneine, besteht er darauf, sich bis zu meiner Abreise einen zu überlegen.

»Ihr müsst mir unbedingt erzählen, wie man das macht! Das mit den Güterzügen. Wie findet man überhaupt den richtigen Zug? Kann man einfach so aufsteigen?«

Clay scheint am liebsten sofort auf einen Zug springen zu wollen. Dirty Face sieht mich vielsagend an. So sympathisch wir Clay auch finden, er ist definitiv zu übermütig. Ich würde ihn nicht auf einen Zug mitnehmen wollen, und Dirty Face scheint es nicht anders zu gehen.

»Du solltest warten, bis du in Rente bist. Du hast Kinder, richtig?«

Dirty Face hat dreiundzwanzig Jahre mit einer Frau zusammengelebt, bis sie vor wenigen Jahren verstarb. Er hat keine Familie mehr. Keine Verantwortung. Wir gehen zurück nach oben und lauschen seinen Geschichten. Er ist ein großartiger Erzähler. Er verstellt die Stimme und mimt seine Protagonisten nach, und es gelingt ihm, uns von einer Minute auf die andere erst zum Lachen und dann zum Weinen zu bringen.

»Das sind alles Geschichten, die es nie auf Papier geschafft haben. Bald werden sie für immer verloren sein.«

Er hat recht. Ich erinnere mich, wie liebevoll sich Dirty Face während der Railroad Days um Guitar Whitey gekümmert hat. Diese Gemeinschaft wird es nicht mehr lange geben. All die Hobos, die seit Jahrzenten auf den Zügen reisen und alle Geschichten kennen, werden schon bald nicht mehr da sein.

»Wenn Road Hog jetzt hier wäre. Der könnte Geschichten erzählen, da stehen euch die Haare zu Berge! Er war wirklich der Beste!«

Road Hog ist vor sechs Jahren verstorben. Er war eine Legende unter den Hobos, 1992 wurde er zum Hobo-König gewählt. Ich habe seinen Namen schon öfter gehört und niemanden getroffen, der schlecht über ihn geredet hätte.

»Ich erzähle euch etwas über Road Hog, damit ihr versteht, was für eine Sorte Mensch er war.«

Road Hog wuchs in verschiedenen Heimen auf. Seine Mutter hatte ihn verstoßen, als er noch ein Baby war. Von den Heimen rannte er immer wieder davon, er wollte einfach lieber unterwegs sein. Als Teenager gelang ihm schließlich die Flucht. Er lebte auf der Straße und durchquerte sein Land auf Güterzügen. Eines Tages wurde er am Strand von Miami festgenommen, wo er seine Matte ausgebreitet und geschlafen hatte. Das zählt in Florida als Straftat. Road Hog ließ sich abführen, protestierte aber, als sie ihm verboten, sein Bündel mitzunehmen. Er erklärte dem Officer, das sei sein ganzer Besitz, er könne es nicht zurücklassen. Aber der Officer verwehrte ihm den Wunsch, und als Road Hog nach zwei Wochen Inhaftierung zum Strand zurückkehrte, waren seine Habseligkeiten natürlich verschwunden.

Er setzte sich in den Sand, und je länger er dort saß, desto wütender wurde er. Er fühlte sich vom Staat beraubt. Er hatte kein Geld, kein Essen, nichts, was er gegen einen Schlafsack oder eine Jacke eintauschen konnte. Er stand auf und suchte in den umliegenden Mülleimern nach einer Papiertüte. Dann lief er in die Stadt und ging in die erste Bank, die er finden konnte, schnappte sich einen Überweisungsschein und schrieb fein säuberlich: *Das ist ein Überfall. Bitte geben sie mir das ganze Geld.* Dann reihte er sich in die Warteschlange ein, und als er an der Reihe war, händigte er der Angestellten den Zettel und die Papiertüte. Die sah ihn erschrocken an und ging dann seiner Bitte nach. Mit der prall gefüllten Papiertüte verließ Road Hog die Bank und stieg in den nächsten Bus. Nach fünfzehn Minuten stieg er um in ein Taxi.

»Bringen sie mich zu irgendeiner billigen Bar!«

Sie fuhren los, und aus dem Funkgerät des Taxis ertönte eine Durchsage. Eine Bank wurde gerade ausgeraubt, sie beschrieben den Banditen und forderten die Fahrer auf, wachsam zu sein.

»Das klingt ganz nach dir, Kumpel«, soll der Fahrer gesagt haben.

Wie versprochen brachte er ihn zu einer billigen Bar.

»Reicht das, um die Fahrtkosten zu decken?«, fragte Road Hog und reichte dem Fahrer ein Bündel Hundert-Dollar-Scheine.

»Ich habe nichts gesehen«, antwortete der und fuhr glücklich davon.

Road Hog ging in die Bar und sprach den Besitzer an. Er sei gerade zufällig an einen Haufen Geld geraten und wolle das gern feiern, indem er allen ein paar Runden spendierte. Er reichte dem Besitzer hundert Dollar Trinkgeld, der daraufhin auf die braune Papiertüte starrte und die Zapfhähne aufdrehte. Es dauerte nicht lange, bis sich die frohe Botschaft verbreitete und sich die halbe Nachbarschaft in der Bar versammelte.

Es war ein großes Fest, alle tranken und lachten und gratulierten Road Hog zu seinem Glück. Er hatte weder versucht zu fliehen noch die Scheine gezählt. Als schließlich nach ein paar Stunden die Polizei kam, um Road Hog festzunehmen, hatte er das ganze Geld bereits in Bier investiert oder verschenkt.

Vor Gericht erklärte er dem Richter, er sei schuldig, denn er hätte die Bank nicht ausrauben dürfen. Aber er habe sich von der Polizei ungerecht behandelt gefühlt, die ihm seinen Besitz nahm und behauptete, im Interesse der Gesellschaft zu handeln. Deshalb habe er die Bank ausgeraubt.

»Jetzt sind wir quitt«, soll Road Hog gesagt haben.

Er wurde zu fünf Jahren Haft verurteilt, von denen er zweieinhalb absitzen musste. Wenn man ihn später fragte, wie es im Gefängnis gewesen sei, antwortete er, es sei wie Urlaub gewesen.

»Ich habe mich *jeden Tag* geduscht, und das Essen war ziemlich gut.«

Er hegte keinen Groll, weil man ihn so lange wegsperrte.

»Ich wusste, worauf ich mich einlasse. Natürlich kommt man ins Gefängnis, wenn man eine Bank ausraubt.«

»Road Hog war ein guter Mann. Egal, wie wenig er hatte, er gab jedem etwas ab.«

Dirty Face lächelt, und gleichzeitig blitzen die Tränen in seinen Augen.

»Es ist wichtig, Menschen zu finden, denen man vertrauen kann. Nicht nur auf der Straße. Jemanden wie Road Hog gibt es nur einmal.«

Plötzlich erscheint mir alles viel größer. Es geht nicht nur um Güterzüge oder um ein paar Andenken in irgendeinem Keller. Eine Größe, der meine sechswöchige Reise nie gerecht werden könnte.

Clay verabschiedet sich wehmütig. Er würde am liebsten die ganze Nacht bleiben, wenn er nur am nächsten Morgen nicht zurück bei der Arbeit sein müsste. Noch knapp vier Jahre muss er in San Quentin »absitzen«. Dann kommt die Rente und mit ihr die ersten Güterzüge, wie er nun hofft.

Er füllt sich seinen Thermobecher auf, dann verabschieden wir ihn am Gartentor.

»Danke für diesen wunderbaren Ausflug!«, ruft er uns noch aus dem Fenster zu, dann rauscht er unter den schönen Bäumen davon.

Dirty Face fragt, ob ich müde sei oder noch Lust hätte, mich mit ihm zu unterhalten. Wir setzen uns in sein Wohnzimmer und legen uns erst schlafen, als der Himmel sich wieder rosa färbt.

Mo., 19. Juni
San Francisco

Ich wache am späten Vormittag im Keller auf. Umgeben von Hobo Geschichte. Es riecht nach Holz und alten Lederriemen. Zu meinen Füßen stehen fünf Rucksäcke, von deren Besitzern ich nichts weiß und deren Abenteuer ich nur erahnen kann. Meiner steht an das Feldbett gelehnt, auf dem ich liege, und neben den anderen sieht er fast unbenutzt aus.

Alles ist ruhig. Die Reise ist zu Ende. Ben hatte mich gefragt, ob ich nicht länger bleiben will. Red, ob ich wiederkommen würde. Ich bin nicht traurig darüber, dass ich nach Hause fahren werde, denn ich habe ein Leben gewählt, zu dem ich gern zurückkehre. Ein Leben, von dem das Fortsein ein großer Bestandteil ist und in das jede Wiederkehr neue Veränderung bringt.

In weniger als dreißig Stunden werde ich zurück in Deutschland sein. Zwei Tage später fliege ich weiter nach Afghanistan, um dort an einem Dokumentarfilm mitzuarbeiten.

Sechs Wochen. An manchen Tagen schien das Ende dieser Reise nicht schnell genug kommen zu können. An anderen wollte ich, dass sie nie zu Ende geht. Selbst nach sechs Monaten oder sechs Jahren hätte ich nicht das Gefühl bekommen, es gäbe nichts mehr zu sehen, nichts mehr zu lernen, nichts zu erleben.

Und doch reicht mir die Welt der Hobos nicht aus. Sie befriedigt nur einen Teil von mir. Den wilden und abenteuerlustigen. So vielseitig die Welt der Hobos auch ist, sie verläuft in ihren eigenen kulturellen und auch örtlichen Grenzen. Ich genieße das große Privileg, einen Pass zu besitzen, mit dem ich in alle Länder der Welt reisen kann, und ich übe einen Beruf aus, der diese Reisen rechtfertigt. So lange ich kann, will ich dieses Privileg nutzen.

Wenn es an der Zeit ist, werde ich wiederkommen. Es wird nicht mein letzter Zug gewesen sein, von dem ich abgesprungen bin. Ich kann jederzeit wieder aufspringen.

Wenn man nur für sich selbst verantwortlich ist, braucht es zum Glück nicht viel.

Einen Schlafsack und genügend Tampons.

Und einen Ort, an den man zurückkehren kann.

Dirty Face hatte das Glück, das Haus am Sunset Boulevard in San Francisco zu erben. Er bekommt bis heute oft Besuch aus seinem Hobo-Leben. Er sagt, die besten Menschen hätte er auf der Straße kennengelernt. Road Hog und Guitar Whitey, Northbank Fred und Red. Das sei seine Familie. Seine Frau, seine *Lady*, ist vor ein paar Jahren gestorben. Sie war Diabetikerin, und er hat sich um sie gekümmert, als ob »jeder Tag ihr letzter« gewesen wäre. Er hat sein Testament schon geschrieben. Sein Haus erbt eine Organisation, die sich um Waisen kümmert, sein Geld bekommt Frog, ein alter Freund, der auf der Straße lebt. Alles andere geht an Red's Gemeinschaft in den Bergen am Lagerfeuer.

»Wenn ich heute sterbe, dann in Frieden. Ich hatte ein spannendes Leben und habe die besten Menschen getroffen. Wenn ich gehe, ist für alles gesorgt.«

Wir verbringen den Nachmittag am Strand. Der Himmel hängt tief über unseren Köpfen und verschwindet im Meer. Wir sammeln Muscheln, was verboten ist, und lachen bei dem Gedanken an Clay, der kommen und unsere Glühbirnen wechsel würde, wenn wir dafür ins Gefängnis kämen.

»Ich habe über deinen Road-Namen nachgedacht.«

»Und?«

»Ich denke, Tamina passt am besten.«

Danksagung

Ich danke allen Menschen, denen ich auf dieser Reise begegnet bin, für ihre Offenheit und ihr Vertrauen.

Ich danke Fiza, der für mich da war.

Ich danke Matthias Teiting, meinem Lektor, der sich meinem widrigen Arbeitsrhythmus anpasste und mir die Freiheiten gab, die ich brauchte.

Ich danke dem riva-Verlag für das Vertrauen, das diese Reise überhaupt ermöglichte.

Ich danke Hans-Peter für seinen Rat und den Glauben.

Ich danke meinem Großvater, der sich über jede Postkarte freut.

Ich danke meiner Mutter für einfach alles und entschuldige mich für die schlaflosen Nächte, die ich ihr bereite.

Und schließlich Alexandru, für die Geduld und unglaubliche Unterstützung, die ewigen Nächte am Schreibtisch und vor allem für das Zuhören.

Scheichs, Scharia und schräge Sitten

272 Seiten
16,99 € (D) | 17,50 € (A)
ISBN 978-3-7423-0068-3

Toni Riethmaier

Inside
Saudi-Arabien

Mein Leben als Deutscher in
einem der verschlossensten
Länder der Welt

Denkt man an Saudi-Arabien, kommen einem schnell Scheichs, Öl-Reichtum, verschleierte Frauen und drakonische Strafen in den Sinn. Doch über den Alltag weiß man so gut wie nichts, denn außer Mekka-Pilgern dürfen nahezu keine Touristen in das Königreich zwischen Rotem Meer und Arabischem Golf.

Der aus Nürnberg stammende Gastronom Toni Riethmaier hat zehn Jahre lang in Saudi-Arabien gelebt und gearbeitet. In seinem Buch erzählt er, wie es ihm in seiner Wahlheimat ergangen ist, wie man eine Wohnung in einem guten Viertel findet oder wie man die Gebetszeiten geschickt für einen stressfreien Einkauf im Supermarkt nutzen kann. Aber auch die Schattenseiten dieses Lebens in einer völlig anderen Kultur kommen nicht zu kurz: Ob omnipräsente Security, das Diktat der Religion oder das Gefühl, Teil einer absoluten Minderheit zu sein – *Inside Saudi-Arabien* lüftet den Schleier und gibt faszinierende Einblicke in eines der verschlossensten Länder der Welt.

riva

Auf 8000 Metern. Ohne Sauerstoff. Ohne fremde Hilfe. Und jeder Fehler kann dich das Leben kosten.

JOST KOBUSCH

ICH OBEN ALLEIN

VOM ÜBERLEBEN EINES JUNGEN SOLO-BERGSTEIGERS

riva

Auch als **E-Book** erhältlich

224 Seiten
19,99 € (D) | 20,60 € (A)
ISBN 978-3-7423-0079-9

Jost Kobusch
Ich oben allein
Vom Überleben eines jungen
Solo-Bergsteigers

Der Boden bebt. Menschen rennen. Eine gewaltige weiße Wolke geht auf sie nieder. Es ist der 25. April, als das Everest Base Camp von einer Lawine getroffen wird und von einem Augenblick auf den anderen 18 Leben auslöscht. Der damals 22-jährige Solo-Bergsteiger Jost Kobusch hat diese dramatische Szene wagemutig mit seiner Handykamera festgehalten. Sein Video wurde auf YouTube über 23 Millionen Mal angeklickt und sogar in der »Tagesschau« gezeigt.
Aufgewachsen im Norden Deutschlands, weit entfernt von irgendwelchen Bergen, begeistert sich Jost schon von Kindheit an für das Klettern. Mit seiner Free-Solo-Besteigung der 6812 Meter hohen Ama Dablam in Nepal knackte er mit nur 21 Jahren einen Weltrekord. In seinem Buch erzählt er unterhaltsam und pointiert, warum es ihn immer wieder nach oben zieht, er auf Sauerstoff und fremde Hilfe verzichtet und ihn Angst zu immer neuen Spitzenleistungen antreibt.